袁世凱內幕

新華秘記 －全編本－

許指嚴　原著・蔡登山　主編

導讀

許指嚴的《十葉野聞》和《新華秘記》

蔡登山

許指嚴（一八七五－一九二三，一說一九二五），近代小說家。名國英，字志毅，一字指嚴，又作子年，別署甦庵、不才子等，江蘇武進人。南社社員，出身仕宦之家。

清末曾執教於上海的南洋公學（今交通大學前身），文壇名家李定夷、趙苕狂等皆為其高足。繼受商務印書館之聘，編寫中學國文、歷史等教科書，兼教該館練習生。入民國，主講金陵高等師範。繼而赴京，任民國政府財政部機要秘書。兩年後辭歸上海，除一度曾任某銀行文書外，皆以賣文糊口。一九一七年曾編輯《說叢》。生計窘迫，又極嗜酒，曾向世界書局經理沈知方預支二百元，為其杜撰《石達開日記》，居然銷路甚好，重版數次。又為天臺山農（劉介玉）代筆，劉介玉得其名，許指嚴取酬資。亦曾懸牌賣字，自謂：「兔毫禿盡身垂老，換得人間賣命錢。」其貧困可知。

許指嚴自幼多聞祖父講述官場秘聞，故作品多為掌故性雜記，如《清鑒易知錄》、《清史野聞》、《天京秘錄》、《三海秘錄》、《新華秘記》、《十葉野聞》、《南巡秘記》、《京塵聞見錄》等。又作小說頗多，僅長篇即達十餘部，如《泣路記》、《近十年之怪現狀》、《民國春秋演義》、《電世界》、《模範鄉》、《蠆尾毒》、《醒遊地獄記》、《劫花慘史》等；短篇小說輯為《許指嚴小說集》、《許指嚴小說精華》。另有《埃及慘狀彈詞》、《小築茗談》、《指嚴餘墨》等作品。

許指嚴是民國初年聲名顯赫的通俗作家，他寫小說，也寫掌故。范煙橋曾評價道：「許指嚴之死，掌故小說與之俱死。」時人有詩為證：「騰實飛聲紙價高，飫聞字字勝醇醪；人書俱死煙橋語，四字真堪為汝褒！」由此足見許指嚴掌故小說在民國文壇上的重要地位。

《十葉野聞》是許指嚴整理的史料筆記，上起明末，下迄民國初年，事涉清代十世掌故，凡四十三條一百卅八事，內容龐雜。包括逸聞軼事、中外戰爭狀況、宮廷爭鬥陰謀、官場腐敗、朝廷醜聞等，揭露了清朝統治的種種黑幕，對慈禧太后的專權和奢侈、太監李蓮英的驕倨婪索、慶親王奕劻的賣官鬻爵及其他貪官酷吏的劣跡等等，冷嘲熱諷，躍然紙上。本書敘事生動，雖有小說家之言，但對中國近代史研究有一定的參考價值。

《十葉野聞》是許指嚴的掌故筆記力作，原書名：《清秘史十葉野聞》，下署「毘陵許指嚴著」，最初於一九一七年由國華書局出版，出版後多次再版。

而一九一六年，許指嚴北上財政部任機要秘書。時值袁世凱稱帝後暴斃不久，這對於嗜好史事的許指嚴來說，不失為尋覓創作題材的一次好機會。於是，他在「友朋設宴之餘，里巷傳布之末，掇拾叢殘，續此襪線」，掌握疏理出大量有關袁世凱稱帝前後的鬧劇及其腐朽生活的傳聞軼事，據此寫出了《新華秘記》前後編。一九一八年該書交上海清華書局出版後，成為搶手的「奇貨」。

《新華秘記》所記載袁世凱官場秘聞、私人軼事和家庭生活，雖來自於社會傳聞、里巷瑣談，但因時間較近，基本事實還是真實的，大多數內容可與歷史事實相參證。許指嚴在《新華秘記・自敘》中說：「夫時代滄桑，文章官樣，讀史者之恨，不於其文繁事簡，而於其失真。則下求之野乘，往往是非不徇，忌諱胥捐，而恩怨之左右袒，又復若風馬牛然，是則存真之可寶也。」可見其在創作時「求真」的意向。

許指嚴把袁世凱這個一代奸雄的權詐、桀黠、殘暴、陰險以及對洪憲帝制推波助瀾的各種人物的媚態刻畫得唯妙唯肖。想當年，袁大總統稱帝之時，苦於少民贊同，於是乎便暗中大肆招呼各界人士爭獻「勸進表」或組織「請願團」，因此演成一幕幕喜劇、攀龍附鳳之徒比比皆是。最令人掩鼻的是，所謂的妓女請願團和乞丐請願團。可謂荒唐至極。

但書中對袁世凱次子袁克文反對其稱帝，給予過高的評價，此是與史不符的。而書中某些具體情節的描寫，言之鑿鑿，其實完全出於作者的想像，已經是小說的筆法，並不能據為信史使用。因為許指嚴雖然是位掌故小說大家，但畢竟不是專業史學家。他的掌故小說在許多地方都流露出很明顯的「獵艷」傾向，此讀者不可不明者。

蔣序

天氣新涼，晚風拂拂，豆棚瓜膍間，聚二三野老，縱談往代事。雖支離怪誕，無實錄可稽，而士君子恒樂聽之，耳或為之眩，神或為之迷。非習於妄也，其所言多繫於治亂興衰之故、人心世道之微，與夫朝章國典治革廢存之數，故搜古家遂從而揣摩之。夫以野老家言，荒雜不經者，而耐人尋繹猶如是。則夫士君子本其窺察治亂興亡，挽救人心世道，與其探索朝章國典治革廢存之所學，融創見創聞，著為成書。以餉此之好奇者，其人手一編，可斷言也。世界進化，蒸蒸日上，而國家社會上之活劇，亦愈演愈奇，幾入於不可思議之一境。特非親加搜索，則傳見傳聞，不足據為實錄，其荒誕乃等諸野老。既搜得矣，而或拙於為文，描摹難於盡致，無引人入勝之能；或工為文矣，又疏於治亂興衰之故、人心世道之微，與夫朝章國典治革廢存之數，不足以鑒古，不足以徵來。故吾以為國家社會之活劇，非善為文者不能寫，更非邃於史者不能工也。

許子指嚴，兼此二長，久客春明，搜羅以富。其近著《新華秘記》，事事得諸實在，不涉荒誕。與坊間行本之宮闈秘史等，有天壤之別。士君子苟取而讀之，既以擴見聞，更以徵治亂興衰之故、人心世道之微，與夫朝章國典治革廢存之數。吾知焚香讀經，下酒讀史，此味不讓前人也。於其行世之日，為志數語於耑。

民國七年八月會稽蔣抱玄箸超氏識於海上箸廬

俞序

今之世界，一權術之世界也。無權不得以眩時，無術不得以濟時。此非吾憤激之詞也。共和告成，於茲七載矣。觸於目，刺於耳，鐫於心肺者，儔非「權術」二字。為之顛倒錯亂者，袁氏以推倒清廷為己功，南面而稱總統，此袁權術之精進也。綜計袁氏一生，無不運其權術，而一歸之於詐。蓋有權而有術，固皆所謂眩時濟時之具也。有權而益之以詐，則必僨其身矣。嗟嗟！八十一日皇帝，僅博夫蓋棺附身之死榮。權詐之極，抑何可悲可慘耶？吾人屈伏於專制淫威之下，凡有血氣者，莫不願共和成立，得以一伸吾氣。袁氏即利用此民氣，濟之以權術，創遜位之名義於前，抱九五之尊榮於後。其處心積慮，蓄之以二三年之陰謀，固欲一逞其君天下之宿抱也。吾人方日望其守誓養民，為共和之圭臬，適足為慣用權詐之袁氏一笑。所不能自料者，一「死」字耳。死則權詐亦無所為力矣。論者謂袁之稱帝，實禍起於家庭，策劃於肘腋，斯則吾儕鄉曲之士，所未曾知者。第揭此權術、權詐之區別，以為《新華秘記》之發凡耳。

七年秋海虞俞天憤志於寓廬

吳序

上自國家大事，下迄里巷瑣聞，莫不有記載之以供後人傳誦者，是即所謂史也。然則史者，固所以使後之人士奉為圭臬，有鑒於前此之得失存亡，而以資借鏡者。然亦未可盡信也。蓋天下無真是非，有毀之者，亦必有譽之者。則記錄其事，亦未必遂能公允。況處專制之世，一言不合，立遭慘禍。故凡屬食毛踐土之士，無不當傾其天王之聖明。即奉命以修史，亦必多方改竄，委曲求全，以符明哲保身之旨。其事之正確與否，固可勿必加問。則史尚真可信耶？且文人無行，自古已然。苟有啖以利者，恐趨之猶慮不及，何能若董狐之秉直筆以誅奸！譬諸揚雄美新，蔡邕德操，在其一身而論，固有知己之感，而誓竭盡所長以報。然設以此類人物修史，而勿淆亂黑白，顛倒是非，譽操、莽為堯舜禹湯之流者，吾不信也。故正史之略者，轉不若求諸野史。蓋撰述野史者，與書中人氏，初無若何恩怨，僅知秉筆直書，殊不必故加以若何毀譽。斯則其事尤為可重，他日得輯入正史，而傳諸萬祀，亦未可知也。

試以今日之我國察之，豺狼當道，百鬼夜行，可謂舉國無一完人。然而跋扈陰狠若袁氏，猶大有歌功頌德者在。則他日之無信史可觀，固已明矣。是故有心之士，為抱杞憂，則故輯其事以為野史。雖體仿秘辛說苑，未必得遂傳諸於後。然其苦心孤詣，要亦足以傳矣。吾鄉指嚴先生，為僕父執，亦為近世俊彥，文壇健將。而出其餘技，以為稗官家言，亦已著作等身，洵有以誇《虞初》而赫《夷堅》者。史學一道，尤為所擅。近因受有種種感觸，復退而執筆，續野史家言。若《南巡秘記》、《十葉野聞》諸書，皆屬煌煌巨制，與眾特殊。一編既出，光焰萬丈，要為歷久不磨之作。今復以其近著《新華秘記》交本局刊行，於袁氏家庭及政府之種種瑣聞，無不列入，結構之精，文詞之雅，以較前作，且有過之。雖屬野史，而即以當洪憲一代之信史觀，亦無不可也。嗟乎！袁氏未竊位以前，席捲南北，睥睨孫、黃，固亦一世之雄。乃曾不剎那，身亡國滅，僅留此崔巍之新華宮殿，供後人之唾罵憑弔矣。而後來者猶方興未艾，亟起直追，亦步亦趨，罔有顧忌。苟覽及斯文，恐亦將有廢然以返矣。則是書之作，又豈徒然哉！

中華民國七年相月八日同邑綺緣吳惜偶撰

自敘

國命不辰，迭遭顛沛，於是有操、莽者起而覬覦。不達時變，不知分量，行復肸肸蚤蚤，至偽造民意以欺天下後世。此洪憲八十三日之戲幻，所以遺羞神冑，騰笑友邦也。其事實大耑，自有董狐秉筆者在，不賢識小，觚生寧無其責！顧爾時既以病廢，不復親睹內幕。迨寄食國門，則海蜃之帝制，已先泯沒者數月。憾吾遲晚，思有以彌之，乃友朋設宴之餘，里巷傳布之末。經過遺臺老樹，或泥爪宛然；偶讀斷簡殘編，亦徵信未遠。自託於《夢華》、《翦勝》諸家，掇拾叢殘，續此襪線。自慚無狀，未敢以質大雅。會嗜痂同病者辱問僂及，用最錄之，遂成函帙。雖然腆事丹彖，妄備乘牘，主鉛恉有數者，亦不敢知，曰：此亦傷心人不得已之所為也。

夫時代滄桑，文章官樣，讀史者之恨，不於其文繁事簡，而於其失真。則下求之野乘，往往是非不徇，忌諱胥捐，而恩怨之左右袒，又復若風馬牛然，是則存真之可寶也。易世而後，雲日共見，清濁攸分，固理勢有當然者。乃或巧詞脫過，隻手蔽天，莽大夫往事無徵，狗官兒故態復作，紅丸梃擊之案可翻，《燕子》、《春燈》之箋可譜。長袖善舞，何妨覆雨翻雲；國破家亡，我輩富貴自在。特藉禹鼎溫犀，象此盧藍秦削，是則鋤奸之為貴也。黃袍加身者私室嬉笑，攀龍附鳳者醜態難堪。袁公路稱帝百日，郭彥威快活一時，乃復竭意鋪張，任情淫縱。朱溫遍亂張氏之室，祿山盡括河北之財。郿塢之金銀器皿，劫奪易空；咸陽之鐘鼓帷帳，一炬殆盡。以彼方此，尚為幸事。而多財厚亡，悖入悖出，天道好還，人心大快。其理固不可掩，其事罔不可稽，是則垂戒之當務也。

神仙方士之錄，識祖龍所以亡；《西京》、《十洲》之記，覘漢武不足治。下逮秘辛雜俎，外傳遺事，山海迷樓可志，六郎婉兒可傳。月殿秋宵，則長生譜其私語；銅屏春色，則控鶴矜其秘聞。野史可補方書，拾塵亦充談助，是則博聞之有資也。學殖既荒，珍斯敝帚而已。若夫安雅之彥，斥為淫哇；方聞之家，嗤以齊語。則又何說之辭？

高陽氏不才子指嚴

目次

新華秘記前編

瘦馬陰謀

友人薛君為予言：袁氏實排滿倒清之主動人物，且惟一實行家也。薛固久任袁氏幕僚者，予詫其辭，而知其必確有見地，因詳叩之。

薛曰：「此事在當時絕秘，洪憲盛時，尤罔敢道隻字。今洹上之墓草青矣，言之固無害。且日人稻葉君山著清史，已略揭其隱，惟內幕未盡披露。今破工夫一道之，為子秘記作資料可乎？袁之知滿人不足有為，而處心積慮，施其破壞之陰謀者，實始於辛丑回鑾而後。及榮中堂既死，則進行益猛矣。

「庚子拳匪起，袁方任魯撫，獨不附和諸親貴，而與東南同盟，為河淮間保障，使義和拳之壇案，不敢越雷池一步。諸滿人銜之甚，必欲殺之，特以在外省緩焉耳。惟榮知袁有雋才，私相倚庇。袁亦感激，故未遽萌異志，且以為滿員中尚有人也。時端剛等私繕一書致袁，速其贊成拳匪，並令調和江鄂兩督，須一致排外，否則即將復更其位置。袁意頗動，乃遣心腹走京師，私詢以榮中堂，願聽指授機宜。榮乃以『守定主張，顧全大局』八字報焉，袁遂決計拒絕拳匪，與諸親貴抗衡，皆榮相力也。時革命黨之旗幟，時揭起於滇粵間。及回鑾後舉行新政，勢益飄騷。袁知大禍將至，嘗因燕見榮相，從容進言曰：『國家大計，當防患未然。今默觀兵力財力，及民情輿論，較之庚子以前，大相逕庭矣。強鄰逼處，復在在棘手。而黨人俶擾其間，東竄西突，其勢未可撲滅。一旦變起，恐非教匪髮逆之比也。公忠誠體國，歷有年所，似宜早為根本解決，俾祖宗基業，磐石萬年。某願奔走疏附其後，萬一不效，亦有以答皇太后、皇上之恩遇耳。』榮沉吟良久，喟然曰：『君言良是，予亦知近日朝廷敷衍新政，浮費無益。但皇太后春秋高，狃於成見，未易破除一切。皇上敗於前事，威信已墮，更不足言矣。予幼蓄於太后，雖貴顯，殊無特異之權力，且老矣，尚何能為？他日繼吾志事者惟公，幸好為之，此時尚非機會也。』袁肅然起謝，既而曰：『立憲、練兵二事果何如？』榮曰：『立憲非朝廷所信，老佛特以此牢籠中外而已。兵事積弊甚深，國家歲糜巨款，收效殊鮮。新兵習聞民權等說，未必忠於朝廷。吾懼他日之禍，即中於練兵也。君如柄政，能維持之，則祖宗社稷之幸耳。』袁既退，語其親信曰：『滿員中止一榮中堂，而暮氣已甚。餘則非屍居，亦乳臭耳，尚何能為？』自是一變其態度，始有予智自雄之意。凡新自留學東西洋歸國之學生，竭意延攬；而於東洋歸國之昌言革命自由者，尤嘉納無忤，且私有所饋遺甚厚。幕僚咸詫異，袁知之，一日，私室燕談，笑謂諸人曰：『蘇長公論戰國養士，謂智勇辯力，苟有人收而養之，則天下靖矣。今革命黨氣焰方張，吾將用此術翦其羽翼，是或藉弭將來之亂，未可知也。吾聞吳中村嫗，有蓄雛女於家，比長，飾而售之者，諺稱「瘦馬」。用意又毋乃類是，與其供盜匪略賣，毋寧為村嫗之瘦馬也。』眾笑而服。

「復論及皇嗣事，袁歎曰：『當必有攝政王出見。渠狃於前事，不顧大局，吾行且受挫折。雖然，虛驕之氣、孱弱之朝，其與能幾何？苟吾言不中，尚可支拄殘局；幸而言中，則必有安受其燼者。檀道濟謂：「壞汝萬里長城，與吾為仇。」與渠果何所利耶？』眾亦為之太息扼腕。

「無何，兩宮晏駕，宣統帝嗣立，醇王果攝政。以戊戌政變德宗失勢事，銜袁次骨，譴責交加。袁知不可留，遂以足疾罷職，退居彰德，杜門卻掃者三年。顧此中歲月，實非閒暇，乃正製造革命黨之良好機會也。時留東學生之歸國者，必繞道謁袁。袁分別其才之高下，以為待遇。其私邸中談宴遊觀，無不座客常滿。而尤親密者，則有金某、陳某等，設有盟誓，誼若父子。旋由金等受袁之囊金，四出收買『野馬』（『瘦馬』自引其類），或助黨中爆發之資。故宣統紀元後二年間，無月不有革黨揭竿之舉，皆袁之金錢蒸發力也。

「某黨人嘗述其經過事蹟曰：『初，予等以袁為黨敵，列其名於暗殺之單中。會將往滇南接談黨務，而資斧無著，告貸於密友。密友屏人謂予曰：「爾以吾為富有資財乎？予之揮霍，實有人供予取求，非予所固有也。」予問其所主，則附耳告以袁之別號。予駭詫見於色，友曰：「子勿爾。袁實惟一贊成革命之人，且將來實行家必袁也。子倘有所需，渠固無不應者。屈子玉趾，吾當以介紹自居。」予姑應之。蓋心中方有出入，以為得近袁氏，自有作用。苟睹其意不誠，尚不妨作暗殺之階梯耳。遂從友往謁，及至，見私邸閎麗，園林池館，擬於王侯，且警衛環列，檢視綦嚴。獨友人悄然前行，與警卒數語，警卒略視予，遂不復過問，聽予隨友直入。歷堂宇數折，得一園門，其中花竹蕭森，池沼幽暢，復有司閽臧獲輩，咸鵠立以肅予友。予友曲折引予入一館，題井雕繪，庋架琳琅，壁間多法書名畫、商周鼎彝。友乃指一榻坐予，旋出至廡下，手按柱旁一牙釘，知為電鈴呼僕者。須臾，一衣履華潔之少年趨入，友乃舉予所預備之履歷書付之。且喃喃有所語，語殊細，靜中諦聽，亦不可悉聞，似為有急事求見云云者。僕唯諾而去。良久，又有二僕入，則擔一食槃，其中羅有餅餌湯餃糖果之屬，約十數事。友謂予曰：「子來當餓矣。渠出尋常點心，盍嘗之？」予亦不辭，試餔啜其三四，咸可口。食竟，僕復進茗撤具。越一二小時，其間煙酒供奉，絡繹不絕。頃之，一僕始入，曰：「請。」友顧予曰：「可入見矣。」乃振衣行，歷花壇橋榭數處，始抵一精舍，簾幕四垂，異香馥郁，庭前花鳥迎人，怡然心醉。僕揭簾讓客，予側身入，則數年來懸於心目間之目的物袁氏，斜倚醉翁榻上，見客至，擲書而起，走就中楹之一長桌旁肅客坐。友與予俱行鞠躬禮相見畢，逡巡就座。袁氏豐下微髭，目光炯炯，然態度殊甚樸誠。略詢予之在東狀況，旋以最簡單之語獎美，亦無溢詞。其時左右絕無僕從，似預告戒令暫避者。予心怦怦然，以為苟欲行事，此豈非絕好機會。顧彼如此誠懇，且有禮賢下士風，絕不似前此所傳之奸惡。昔鉏麑見趙盾忠於所事，遂觸槐而死。百聞不如一見，古今同軌。予雖不效鉏麑之捐生，顧安能不因此而心折？將來革命事業，未始不出此偉人之手，焉敢復作仇視想哉！予因收拾妄念，亦復振作至誠以相應答，袁亦賞予樸願沉毅。略談時局變態，及政治改革學說，予舉東西各國大概以對，意殊侃侃。袁似首肯，末因引友語謂予：「聞君南行，已備贐儀，戔戔之數，幸無峻卻。儻此後緩急有需，盡可相告，勿見外也。」予感激之私，幾難擇語以對，唯唯而已。旋即辭出，袁復與友密語，友唯唯。予即隨友出室，袁送之簾外。尋與友循路出園抵一處，知為會計室，有人出酬應，言語甚和。少頃，一夥持紙出謂友曰：「此某銀號七百金支券也，以五百金奉貴友為贐，其二百金則某項使費，請公代發者。」友頷而受之，即偕予出府，立往某銀號取金，以五百授予。予略事摒擋，瀕行，友謂予曰：「昨袁面囑，渠已匯金萬五千至滇邊法國某銀行，有支取證券在此。君其善藏之，勿洩於人也。」予亟允諾，遂行。及抵河口，則黨務方以窮窘阻滯。予立宣布袁助金事，歡聲雷動，遂定三日後舉事。雖未奏功，而使滿政府受無窮之影響者，皆此急救金錢之活力也。』

「及辛亥事起，袁出而組織內閣，卒醞釀以成議和退位之局。固由清政不綱，時機已至，不知皆袁之樞紐其間，實有以促成之耳。時黨人之與聞機密者，皆知袁為排滿第一大功。故當南京孫文辭大總統職，令蔡元培等授命北京時，黨中領袖某偉人宣言曰：『袁氏功不在孫文下，今為繼任總統，宜也非幸也。』眾議遂決。是可見黨人之服膺袁氏，蓋有素矣。」

玉嬌

袁氏明警多智，當機立決，且能好名自克，不為情私所留戀。固蔪然辦事才，惜不學無術耳。當督直時，凡裁決庶務，進退人才，自李文忠後無與匹者，一時翕然稱最。而權不旁分，嚴杜女謁，尤為當時口碑所重焉。

有愛妾玉嬌者，吳產而樹豔幟於津門者也。某觀察以八千金得之，獻於袁，美慧冠諸姬。袁寵之專房，衣飾玩好之物，有珍異者，靡不先玉嬌。而一顰一笑，又無不先意承志，一時家人私號曰「如意珠」。

玉嬌固敏妙善解人意，然以恃寵而驕，久之漸肆。且恃己之有才也，益復無所顧忌。不肖屬吏，百計鑽營，聞此機緣，視為奇貨。於是臧獲輩因緣慫恿，輾轉關說。玉嬌利令智昏，亦復忘袁之為人，以為顛倒魔力中，無難聽己指麾。是丹非素，紛無虛日，用人黜陟之權，大有移入中闈之勢。袁氏覺之，時微諷或峻責，玉嬌初亦震悚失度，事過輒復懈弛，蹈襲如故。且百計彌縫，其計益加工密。嬌啼佯嗔，百態紛起，袁厭苦之，而惑其媚豔，不能斥遠，旁觀者竊竊議其禍水矣。

一夕，玉嬌置酒餪袁，且斥去廚娘，手調珍膳以進，則紅蒸稚牛肉也。珊融酥潤，甘美無倫。

袁固嗜此，而今夕尤非常品，不覺醉飽。玉嬌靚妝褻服，秀曼風流，軟語膩人，頓沁心肺。袁乃如入洪武之溫柔鄉，終老不願出也。方惺忪間，玉嬌縱體入懷，牽帷呢枕，嚦嚦而語曰：「妾有一言，願將軍垂察，生死不忘。」袁朦朧問何謂？玉嬌知已入魔，乃放嬌音，以輔貼頰曰：「某觀察辛苦得官，感公如二天。甫獲署河北，聞為僉人所構，公將加以督責。願念其誠懇，始終保全之。」袁聞此語，忽若為蛇蠍所螫，驚顧舉視，乃強自鎮定而問曰：「卿何以知某觀察？」玉嬌曰：「吾有中表曾受厚恩，而吾母又常受中表之贍養，故為言如此。願公恕妾狂愚，稍假顏面，則妾銜環結草，將為鳥雀蟲魚以報，亦所甘矣。」語畢，涕淚垂膺，百媚橫溢。袁閉目良久，忽躍起曰：「吾今夕有公事忘卻，將出了之。」語畢，不復顧視，披衣而出。玉嬌驚疑宛轉，揮涕淋浪，仍為之拂衣整履。袁匆遽而出，絕不返顧。

無何，中軍持令箭入寢室，聲言提姨太太就刑。琅璫喧嚇，聲震一室，婢媼聞之，皆驚竄不敢問。玉嬌披髮大號曰：「爾等盜耶？主公安在？」既而哭曰：「得非夢乎？」須臾，面縛出庭院，玉嬌見衙齋所在，知為袁常坐處，乃牽曳不肯行，曰：「主公言有事，必居此。願一見乃死，死無恨。」軍士不許，急持而過。時某君客袁幕，夜臥齋中，親聞呼號聲。謂歷數時猶在耳，不知袁氏當日何以為情也。比明，袁竟宣告罪狀，謂一婢私通關節，敗國典，業已正法。而別以某姬暴疾訃於外，仍為經紀喪事各禮。內外奴婢皆不敢洩其情，至洪憲初，始稍稍傳播云。

小王爵

隆裕太后允下退位之詔，其內幕實出於某親貴之勸逼。隆裕事後頗悔，然已無及矣，故哭泣數月即薨。而某親貴者，乃受袁氏之運動金五十萬，及許以永久管理皇室之特權，始不惜毅然為之者也。親貴在宣統朝已正位揆席，顧其人闒茸巽懦，嗜利無恥。初頗惡袁之為人，當袁退居彰德時，屏不與通聞問。及武漢事起，朝列震動，倉猝欲議兵籌餉，迄莫得要領。於是諸權要僉推袁，謂非袁不能弭此巨禍。而親貴亦見風使帆，且欲特別見好，以為自保計。乃先遣心腹某甲，夙與袁氏契洽者，持重幣馳往彰濱迎迓。某甲如簧之舌，竟將一席話聳動袁氏，深信親貴之為迎袁主動者，其恤民愛國不得已之苦衷，及能識英雄之巨眼，一若中朝惟彼一人有此見機。袁氏雖明知其無能為，而得此奧援，供吾利用，寧非絕好機會？遂亦施其牢籠之伎倆，殷勤款待，立引某甲為上賓。既入都，則首謁親貴，與之密商三晝夜，始而組織內閣，以大權歸袁，竟推倒老慶，且使老慶亦俯首貼耳，惟命是聽。所以能然者，則彼最得隆裕太后之寵信故也。

初，親貴之引袁氏，尚欲以爵相自居，而使袁總軍務。及內閣議起，知時勢變遷，實權已不可必得，不如坐得實利。乃使某甲風袁，但得使老夫終養天年，子孫毋轉溝壑，則一切事可不問。袁慨然許以三十萬金，並約畀其子若孫以若何官職，親貴遂力聳太后專任袁氏。不一月，而馮、段仰承意旨，忽贊成共和。隆裕即慨舉二百六十餘年之大寶，公諸民國，拱讓袁氏措置。此中樞紐轉移之捷，都中人莫不駭詫。豈知袁之處心積慮，非一日矣。

當袁既攫得內閣名義，知第一步已告成功，於是著手為第二步之運動。先以密電致意前敵馮、段兩軍帥，俾以傾向共和意表示朝右，以試內廷之情狀。及覆電至，果舉朝震駭失色，宮中幾至時聞哭泣愁歎聲。貴族咸倉皇戰慄，莫可為計，但願保全身家性命，不敢復爭宗廟社稷，並權位亦不妨割讓。袁氏徐起而覘之，知事機已熟，乃特密約親貴至邃室，屏人而請曰：「公世祿高位，誼當與國同休戚。今革黨勢盛，京師動搖，旦夕且有肘腋變起。公願坐視其破壞乎？抑尚願保全之耶？」親貴扼腕流涕曰：「奈何不思保全！顧自問綿力，恐無以勝此重任，故舉一切委公，今仍舉國以聽公命耳。前誓俱在，公胡忽見疑？」袁正色曰：「非此之謂也，公意固然，下走無庸複議。但茲事體大，形勢瞬息萬變，稍縱即逝。上有皇太后、皇上，公雖明達果斷，其如掣肘何？」親貴毅然曰：「皇上幼沖，未能親政。攝政王久已引嫌不問政務，公所知也。主大計者惟太后，太后視吾猶骨肉，凡所言無不從。公但有命，吾自能為公了之。」袁起致謝曰：「然則今日之排難解紛，非公莫屬。願公開拓心胸，破除成見，創此千古未有之奇局，拯彼百萬無辜之生靈，而且可保萬歲祖宗之血食。公如有意，則報酬之價值，當惟公命是聽。至我將來優待，更不待辭贅矣。」

親貴聞言，似略有遲疑，旋乃答曰：「吾既許公舉國以從矣，第暢言之，罔不可商。」袁乃舉退位以謝天下之說進，且言：「苟能敦勸太后及早辦理，則引各國憲法優待皇室之條，更當適合中國國情，使之雙方美滿，從此休兵息民，共用福利。此不朽之盛業，他日必鑄像以祝公。公幸勿觀望，以失時機。」親貴默然良久，忽躍起曰：「吾犬馬餘生，苟獲目睹太平，死亦何恨！今願犧牲身家作孤注，玉成公之壯志。明日即入宮辦此事，誓不反顧矣。」袁亦欣然稱頌，出酒食盡歡而散。越一日而開特別御前會議，凡王公大臣蒞會，均相覷不發一言，更越一日，而退位之詔書下矣。

隆裕召袁入見，掩袂痛哭，袁亦淚下如綆縻。時內監持詔候隆裕批發，隆裕哭泣不止，意猶遲遲。親貴方跪御前，恐中變，急抗聲曰：「願太后以民命為重，早一日下詔，即早救生靈一日。此盛德事，勿過悲也。」隆裕知不可已，遂畫行付內監捧出，命袁等副署，而清祚告終之最後五分鐘即在此時矣。

聞宮中人云：先一日，親貴入宮陳退位之說，隆裕太后猶艴然拒絕，曰：「吾召袁世凱來京，與卿會同組織內閣，為保清祚也。今且比而斷送天位，卿等辜恩負德，何以對祖宗於地下！」親貴大懼，頻以首頓地，稱：「奴才死罪，願太后懲治。」良久，太后顰蹙不語，既而曰：「畢竟何法可解此厄？」親貴知太后已無督過意，乃嗚咽而泣，頃之，悲聲大縱，且號且語曰：「民情風靡，士不用命，大事去矣。奴才無狀，實不能有所計議。」太后亦泣曰：「竟至此乎？」親貴乃歷舉馮、段電報及各省回應訊息以告，且引袁世凱中外大勢及善後事宜等稱說。哀音掯口，娓娓動人。太后曰：「吾一人斷不固執成見，坐視荼毒生靈。第宗親勳舊咸在，不可不徵集眾見，決此大計。異日勿謂祖宗三百年基業，斷送於婦女之手也。」親貴叩首受命，且引「今茲退位，係極光榮之事，與歷姓亡國不同。願太后分別此意，明白宣布」。乃立請下徵集御前會議懿旨，並正式下諭。太后即口授親貴大旨，命付內閣速行撰擬，蓋皆親貴一人敦促之力也。

下詔之次日，袁氏即命人賫送銀券五十萬於親貴邸中，又致手書，謂：「民國政府成立，即當任公為永久管理皇室事務長官，以酬大德。」親貴欣然受命，意此後子孫當不失富貴也。或洩其事於隆裕太后，太后大恚，詈親貴全無心肝不置，深悔前此不應輕易允許，授彼發財之機會，因誓言寧死不願見某。親貴聞之，以三萬金賄小德張，為之說項。太后亦自認己過，不便顯加譴責。然終鬱鬱不自聊，疾革之日，猶呼某名詬詈云。

京津兵變

改革之始，孫中山以十七省投票當選大總統，開府南京。時退位之詔猶未下也。及袁氏之大計畫既遂，而總統問題之競爭以起。袁初與黨人通聲氣，固慨然有成功不居之高度。然在黨人意見，亦以中山之政治能力，不逮袁氏遠甚，惟其野心必當限制。此論頗得多數贊同。故袁氏覬覦總統之陰謀，在黨人並非絕端拒卻，所爭者南北地點之差異耳。黨人以為北京係專制魔窟，且為北方民族君主習慣所薰染，一時以新鮮之共和空氣輸入，恐格格不能相容，故有請袁氏來南京就職之議。當日輿論頗激烈，袁氏頗難依違。初以北洋軍隊，必賴鎮攝，勢不可遽離京都為辭。南京政府則固請派人留鎮，務令袁氏南下受職，而不知其中密謀，早布置悉定也。往來討論至再，袁氏不得已，姑以吞吐之詞，揶揄黨人。黨人不察，信以為真，乃派特使賫盛儀至北京迎迓。既見袁，袁殊殷殷，仍絕不露反對之詞色。其下屬僚睹南使，莫不恚憤怨詈，惟一二親信心腹，則陽陽如平常。識者早知袁之別有用心，斷無俯首就南方軌範之理，然終莫測彼用何法以拒之也。

時軍界自中下級官以降，莫不怒斥共和為無謂，民國為不經，公然敢為推翻之論。而袁氏不禁，與平日約束森嚴之狀夐異。且於南使適館時，又故令軍界作奮激跋扈態以示之。如明謂己之萬分為難，苟不羈縻，即不可一日居者。口有言，言南方；手有指，指南方。則皆疾視飲恨者也（南使中蔡大學校長其一也）。南使頗意沮，知旦夕必有變，然堅持約法，不肯退讓。袁意怏怏，謂客曰：「吾昔求一江督而不可得，而南京以總統職迎我，寧有不願？但此間軍隊數萬人，皇族旗丁，處置迄未妥貼，我去後，誰可與言鎮撫者？此事殊未易辦。吾寧願辭職歸洹上，謹以此破天荒之總統讓賢者耳。」客攘臂曰：「渠等皆持私意相責難，妄人之策，安可信從！國都數百年根本所在，而吾輩權力所及，尤不可輕議變遷，此行徒自擾耳。公勿過慮，吾輩當斥南使而返之，毋令其溷跡此間也。」袁沉吟良久，曰：「公等意固佳。但彼一時此一時，今南方氣焰方張，倘以空言搪塞，猶水濟水，愈甚無益也。當必有術以處此，俾自知難而退。雖投鼠忌器，或致有所損失，然兩害相權，則取其輕。第使一勞果可永逸，則忍痛數小時，享其利且數世，亦何憚而不為哉？」客唯唯間，似猶未喻其指。

而某大僚者，袁氏之子房，清季時即有能名者也，默然無語，興辭而出。客既退，袁氏忽於密室得一祕密函：「願有所陳，乞屏人賜見。」袁果斥退僕從，獨坐齋中。某大僚微服徑入，即低語曰：「頃間主公已了喻，業面諭某某兩軍官，促其以明日調發為鼓激計。一方面告戒警區，防護要地，無使過甚。同時發電致津門某統帥，亦遙為聲援。但使犧牲小民數家之產，不令傷及元氣，則口實有資，各事易辦矣。」袁氏聞言，歎賞者再四，並親密諭及寶刀各一，俾便宜行事。又命撥銀券十萬授之，以充祕密犒賞及善後救濟費。某僚遂唯唯退。

是夕，南使方宿迎賓館，約兩夜，忽於睡夢中驚醒，但聞喧嘩聲、號泣聲、槍炮轟隆不絕聲。館人倉皇走告曰：「事殆矣！內外城同時兵變，勢頗熾，闖市被掠者已十餘處，今且及此間。聞軍等怨袁總統將南行，遽離根本地，故激成此變。聲言必殺南來之使，要求總統留北，則立可投戈歸命。否則將另舉統帥，劫袁而與南方對壘。公等盍早為計？是時所賴維持治安者，趙長官之警兵耳。力護本館，不令軍隊任意蹂躪，皆趙公力也。」南使聞言，正倉皇商脫險計，忽趙長官派密使來慰問，且言此間大危，速遷入趙之公館中，以避凶鋒，然後從長計議可耳。南使明知中計，顧已入陷阱，無法可施，姑依趙為保障。

此一日間，危辭險狀，紛至遝來。趙疊作擁庇計畫，且報袁已允各軍官不南遷。軍官亦允懲辦倡亂者數人，為交換條件。幸漸磋商就緒，又賴各方面彈壓解散，亂機大致消釋。南使聞之，感謝而已。比晚，趙又遣人謂南使，須速電告南京以兵變劫袁之故，其勢萬難南下，且非留袁，則北洋半壁，將無一日安等語。南京黨人夙抗直，不疑其詐，遂慨允之。即電覆就南使在京，便宜行總統授受禮，不復別派專使。於是袁之狡計竟售矣。雖犧牲人民之生命財產，所不顧也。

或傳煽動兵變之策，係籌安巨子所進，而不知已落趙大金吾之後塵。且趙亦實係袁之授意，但較人敏悟耳。袁嘗於事後密謂所親曰：「南中欲以虛榮厚禮，誘吾就彼範圍，此調虎離山之計。施於他人，寧不如願！若嘗試於我，夫亦太不自量矣。豈真三十年老娘，今日竟至倒繃孩兒哉？雖然，亦綦險矣。非苦肉計，曷以解此圍？知斯意者，惟趙君與楊生耳。楊他日當係荀文若一流，若奉令承旨之曹司令，其勇固大可用，而智謀則未及也。」後所親洩其語於人，聞者莫不為之吐舌。

修改新華宮

郿塢漳臺，動人憑弔。古今權奸之厚自封殖，當其志得意滿時，罔不大興土木，用壯觀瞻，為子孫萬世計，固如出一轍也。而袁氏之粉飾新華宮，則更有奇妙不可思議之軼事，可供談助者。

先是，袁受總統職權時，尚居鐵獅子胡同宅中。屬僚策士，咸謂此私邸不足為總統公府，宜遷清室於熱河或瀋陽，而改宮殿以成新民國之最高機關。或言宜就天津江海四達之區，以綰交通樞紐，如歐西各國新都會之建設法。或更言宜遷漢口及上海等處，以集文明灌輸之中心。袁閱之，俱一笑不置可否。

一夕，袁置酒召其寵信之臣屬十餘人會宴，從容語及民國善後事宜。及建設公府機關一節，諸臣咸知前此建議者俱不洽袁意，不敢再蹈故轍，而欲覓新地點以對，又苦無適當者，於是相覷躊躇，莫能先發。袁氏停杯瞻顧，其態似笑非笑，閱視諸人顏色，一若挾有一種用意，不即表示，惟默俟誰之猜度中否。其勢等射覆隱謎，無可捉摸。諸人中有面皮稍嫩者，不覺羞暈低首，袁氏益視之而笑。

無何，獨籌安巨子白面書生首告奮勇矣。其言曰：「自古真人首出，必有朕兆，或見於圖讖，或流為童謠，或隱於名物。如當塗典午、新年餘慶之類，載於史乘者不可枚舉。其理雖微，其事固可確證也。今大總統甫膺天眷，而京師謠諺，即有前清「頤和園」三字，適與「與乎袁」同音之說。是兼童謠與名物之兆而有之，可見天意人心之有在。竊願執事諸公於此注意焉。」語畢，袁掀髯大噱，曰：「楊君誠智囊也，見幾燭微，且與予意差合，惜事實上稍欠便宜。蓋頤和園僻在西隅，公府機關事繁，恐不能如專制君王之安逸，令人僕僕往來耳。至清宮一說，則礙於遷徙事宜，予方優待清廷，雅不欲遽為已甚，故亦止可作罷。願諸君更思其他。」於是諸人又相對無言者片晌，袁乃復語曰：「在昔天子以四海為家，何處不可建設？今總統制度，固自不同，然亦當有適中或重要地點，以尊統治機關。乃習於歐化主義者，乃輒指天津、上海、廣東沿海邊疆。豈天子以四海為家，而總統當以三海為家耶？」語次，笑視諸人，目光閃爍不定。諸人中有前此主張遷都天津、上海者，方慚恧失色。

而謬托宗潢、攀鱗附翼之袁乃寬者，竟福至心靈，一觸即覺，殆其發財之機會，汩汩而來矣。乃避席進言曰：「某不敏，久蒙總統噓植，愧未能報答涓埃。今從諸大人先生後，願貢區區之見，特未知有當於總統意旨否也。」袁笑曰：「第言之何害？」乃寬曰：「公府建設，宜注重京師根本，一時安可更張。而其地點，則又宜在觀德習慣之所在，便於趨仰。而清宮以優待皇室，仍以不遽議遷徙為是。然則愚見以為最適當者，其惟三海乎？三海殿宇疏敞，水木清華，極合文明建築。但須將數處修改，及遮斷交通處稍事更變，則規模一新，允符民國體制矣。」袁不覺喜形於色，曰：「此意正與吾合，吾家千里駒（乃寬自稱侄輩），固當所見略同耳。且聞子長於稽核工作，今即以修改三海工程畀子，幸好為之，毋令後人笑汝拙也。」乃寬整衣起謝，受寵若驚，諸人競起附和，稱頌良久，而心中則莫不妒其獨獲上眷焉。袁旋謂乃寬曰：「爾歸，可速估計工程，詳繕說帖以進，即當令會計處支銀動工耳。」乃寬唯唯，諸人豔羨不置，但悔己之不能中上意而已。

小袁於是攫得美差，任意浮支工銀物價，竟立致五十餘萬圓。談者謂其即豐澤園中一水亭，可中飽二十五、六萬金云。初，此亭為道光朝所築，其基址皆滇南文石及西域玉根白石砌成，而亭頂有五色大塊寶石，檻間嵌入翠琅玕、碧霞璽，均無價之寶。及修改時，因表面為風雨所蝕，狀甚斑剝，接構處亦形傾圮，然實稍加磨琢整理，最多不過一二百金工資，即可煥然一新矣。小袁察知寶物重值，遂生異心，力請於袁，謂非拆卸更築不可。袁意在鋪張，所請無不照准。外國某珠寶公司聞之，百計夤緣與小袁商洽，遂以二十萬金訂定合同，為之如式改造，一切形式，絕無更動，但使天然物易為人造物而已。改造資僅去二萬餘元，某公司且未受一金，盡為主事者所攫得，而特別酬贈金又益四萬圓。蓋小袁前後共得二十六萬金矣。

又中間陳設各品，盡多奇古可喜之物。津門有古董商某甲者，曾得一青綠天雞壺，以金銀片嵌成，形制絕古，殆唐以前物，索價五千金，云係內府流出者。好事者以三千金得之，轉售東瀛，竟得六千金焉。洩其秘者，則云此三海中物，乘修改時攜出者也。此特其最小者，獲利尚如此，其他倍蓰於此者，不知凡幾。小袁每擇其心好留為己有，餘則輾轉出售，流入東西國人之手居多。聞英商某公司，但販賣此項品物，竟達三百萬金之巨焉。當時物力之富，煞是可驚。而小袁之遭際，亦可謂得諸意外者矣。

或詢小袁胡忽計及三海修改事，小袁謂：「此非我所獻策，實即總統詔我耳。」蓋袁之「總統以三海為家」一語，實不啻授人以廋謎。小袁忽先眾而覺悟，故能投其所好，攫此數十萬金之厚利耳。自此事流傳，諸附袁者莫不以猜度語謎為能事，顧有中有不中，大都不及小袁之一語破的也。

及帝制議起，改建三殿題額藻井，以及擴充清華宮之制度等，又修造正陽門樓，皆由小袁一手經理，其浮支更甚於初任總統時代。蓋袁固判擲巨金，以博帝制一日之榮赫，故鋪張揚厲，敻非曩日之比。而小袁發財機會，亦與大總統之程度，同為繼長增高者也。據調查者言，所費不下三百餘萬。正陽門樓為德人包造，計金八十萬，小袁攫得十六萬。三殿等之題額，係小袁延請某遺老為之，一一精撰，請袁閱之。袁頗多不洽意者，別命彼之所謂荀文若輩更換焉，或自為涉筆。及懸出，語或欠通。小袁固胸無點墨，但知御筆之勝人而已。頗誚責某遺老，某遺老大不平，曰：「袁老四少讀書，鬧此笑話。還有小袁湊趣，無端顛倒皂白，誠令人悶絕也。」或解之曰：「古今皇帝，能有幾個讀書？今上已算得天亶聰明矣。至於攀龍附鳳之婁敬輩，更不足責。姓尚可改，遑論其他？但攫得金錢巨萬，即頤指氣使，心目中已無餘子，此外更何所知也。」又聞當修改時，經費皆出自三項：一、外國借款；二、中國、交通兩銀行之基本金；三、救國儲金。此三項悉供袁之揮霍以盡，而小袁則間接中飽，至今逍遙海上，尚賴此侵吞之造孽錢云。

皇室遷居議

袁之處心積慮，欲取清室而代，固匪伊朝夕。及既攫得總統，乃以優待皇室條件，敷衍一般親貴遺老。然當時輿論，本以遷徙皇族於熱河或瀋陽為合法。此說在袁之心理中，亦自當樂為贊成。而乃獨排眾議，卒不逼令皇室遷居，尚使延殘喘於乾清宮內，如古人所謂臥榻之旁，容他人鼾睡者何耶？是蓋有數種特別原因：

袁初應詔再出時，對清廷力持主戰，惟以籌餉無著為辭，奏請務令諸親貴解囊資助。諸親貴聞之，咸有難色。袁乃施擒賊擒王計，謂非先得老慶提倡不可。於是陰邀老慶計議曰：「吾此次出山，熟計南方革黨不難平定，惟籌餉無著，實為棘手。吾聞諸親貴中盡有饒富者，但莫肯首倡捐輸。吾今思得一術，公為親貴之首，吾欲假公作一幌子，令彼等各解慳囊，而於公則實不忍使之增後顧憂。計惟有俟措集後，仍以提倡之數還公，則公得倡捐之美名，而實則未損絲毫也。」老慶信之，果於御前會議時毅然首認百萬金。越日，老慶向袁索償，袁曰：「吾誓忠於皇室，故出此救急之計。他日事機平定，必當倍稱以償，即以今上為證人可也。」老慶無奈何。及既任總統，老慶又索償。袁曰：「吾年來庇護皇室，措費不貲。苟皇室一日未動，此款亦一日不能償也。」於是各親貴聞言，咸以皇室苟有移徙消息，即當群集袁氏之門索償云云。計其數不下千萬，此袁主張緩遷皇室之一原因也。

袁初任總統時，南方即有將來必至帝制自為之謠。及毀宋案起，謠益甚。迨掃平二次革命軍，則其跡愈顯矣。然袁以事機未熟，恐致中途破壞，故竭力掩飾。雖至親信之人，亦不肯自認為有帝制思想，惟廋詞隱謎，使人人各願奔走耳。是時京內外競傳如皇室遷居，袁即據故宮而登大寶。袁頗有所聞，恐倉猝之際，激起輿論，致釀禍變，計不如先行禪讓，然後徐圖芟除之策，較為穩健。此即緩遷皇室之第二原因也。

實則袁之迷信最深，凡陰陽、避忌、堪輿、星命之說，罔不奉若神聖。當新華宮建築之始，即命某青鳥家相度吉凶。並乘勢以清宮是否當令速遷為詢，青鳥家尚抱舊思想，意在忠於故主，欲藉其術以保全皇居。乃詭言：「乾清宮內氣數已盡，無復生龍王氣，大非新朝所宜。不如三海山明水秀，真靈未鑿，氣脈尚鬱積而未用，一若天造地設，留以待興朝真主者。而且居震、離兩方，帝出乎震，儼然文明氣象，足以壓倒巽、坤。《易》曰：『齊乎巽，致役乎坤。』凡事必有陰陽奇偶，留巽方以配齊新出之震，正見有利而無害。況坤方可供役使，如奉令承教然。故為今日計，宜正位三海，而暫留皇室不遷，以扶養氣脈。俟他日歲行脈轉，更議改革，最為正當。至清宮部位，尤與大總統之命宮相沖犯，非特不宜入居，即平時亦不可身臨其境，尚祈慎之。」袁聞此言，信為極確。蓋袁自再出後，每入宮一次，必覺體有不適。且於議和之初，入宮奏事，幾為炸彈所斃，心常震怵。按之青鳥家言，益信沖犯有驗。此又袁不遷皇室之真正原因也。

北海射鴨

馳馬試劍，鬥雞走狗，為袁少年時之常事。見於梁星海之參摺者，人皆知之。而不知其既為總統後，習性依然未改，且因此引起饒有趣味之談助焉。袁既修改三海為新華宮，備極壯麗，然以民國制度，重在開放交通故，乃舉前清禁止通行之金鼇玉帶橋，盡出宮外，以便通行。遂為往來東西城間之孔道，而中海、北海之接壤處，因之遮斷。故新華宮名為盡踞三海，實則僅有南海、中海。以北海在橋外，雖禁止民間自由入覽，而以界劃分明，總統非所常至，特派駐衛隊保護，以備不時之遊觀而已。

袁以政務殷繁，殊無暇晷過此，且自炸彈之險發生後，出必多方戒備。北海空曠，恐遭人伺隙而動，尤不敢輕率蹈險。以故衛隊知車駕罕臨，漸就廢弛。惟宮中子女姬妾輩，則時來其間賞覽耳，或貴族舊家挈其眷屬來遊。凡與侍臣武官或公府中官屬相稔者，亦可自由出入，苟非總統親臨，則固不加締束也。

一日，袁以事煩懣，遂宣告微疾請假。府中人咸以為其必深居養疴矣，乃於傍晚時忽發遊戲散悶之興，輕裝跨馬，挈從騎三五，悄然遊北海，出景福門。衛隊大驚，亟下令清道擁衛，業已無及。袁搖手示意，令勿張惶，遂入陽澤門。其日天氣清和，風景佳麗，貴族眷屬，頗多私入瓊島攬勝者。一時讓避不及，且衛隊承命不敢宣告，則亦絕不知總統之將至也。靜心齋前，遠帆樓下，盡多白袷紅裙，衣香鬢影，點綴其間，宛然如公園狀。想數百年帝王行樂地，一旦開放，芻蕘雉兔之歡，不啻身逢盛世。個中人之樂趣，直無權位勢利之見，存乎胸中。惟衛隊等頗恐遭詰責，惴惴不寧。及袁之馬首馳入御道中，舉目四顧，見遊人歷落掩映，不啻一幅士女嬉春圖，顧盼自如，亦無忤色。衛隊始稍安，遂擁之登瓊島，歷小西天，緩轡張蓋，一塵不驚。遊者爭相瞻矚，咸竊竊議不知將軍誰氏，竟有此輕裘緩帶風度也。或有識為袁氏者，則颯然驚異，變色耳語，逡巡引避。袁亦見之，陽陽如平常。最後至遠帆樓側，縱目一望，波平如鏡，碧色映眉宇，恍憶三十年前莫愁湖之遊，不覺神移者久之。

正注目間，第見波心多野鴨，飛翔上下，若飽吸共和之新鮮空氣，以為於人無害，與世無事，而自樂其樂者。袁氏不知何所感觸，忽回顧侍者，指其手執之快槍曰：「以此畀我。」侍者應聲而前，即擎槍奉袁。袁受而持之，鞭馬馳去，至海壖空曠處，忽聽「砰訇」一聲，見碧波瀠洄中一野鴨折翼而墜。於是遊人咸瞪目注視，心理中以為此將軍者，射擊甚精，殆睹此飛鳴者而技癢耶？須臾連發數彈皆中，袁意甚得。遊觀者神遊目想，呆若木雞。

無何，悲聲發於岸旁之柳陰草色間，眾號呼曰：「殺人矣……」「殺人矣……」且係女子。袁似聞之，即勒馬馳回樓下，略與衛隊長官數語，仍挈數騎縱轡出園去。此間衛隊聞呼號聲，循聲往視，見橫屍路曲湖石下，乃一麗姝。霧鬢風鬟，衣飾豔冶，狀似貴家姬妾。飛彈貫其顱，血殷紅被面，面雖已蒼白，而杏臉櫻唇，猶可辨識。衣水碧淺色，桃花斑斑漬其上。旁伏而哭者，為以老嫗及小鬟。老嫗乃慟絕，撫之而咦曰：「某姨競死於此乎？已氣絕乎？誰為惡魔，青天白日，竟敢殺人於此公共場所？」眾亦譁然和之。或詫曰：「此某總長之第幾姨也。奈何遭此厄！」正紛擾間，衛隊長偕醫官至，排眾而前曰：「請諸君勿嘩，當舁此令娘入樓下，施以手術，或者尚可得活。」眾咸憤憤不平，謂：「須捕犯罪者，乃公等之天職。奈何聽其揚長而去？」隊長恐犯眾怒，因緩頰曰：「已命輕騎追捕付警署矣。」有知底蘊者則牽衣耳語曰：「是人安可捕！當今最貴之第一人也。」聞者稍稍吐舌緘口不敢言，逡巡散去者過半。

是時，樓下之死姬及嫗婢，與數十衛隊醫官等，雖簇擁一處，而檻外遊人，則漸被驅逐已盡。無何，某貴官已得報告馳至，撫屍悲慟，蓋此寵妾為數月前新自南中娶歸者也。然已悉殺人之來歷，飲泣不敢聲，但與衛隊長官商舁出之法，曰：「雖氣絕，而胸口猶溫，肢體綿軟，乘此可舁入汽車，可擇一寺廟而殯之。若輿屍歸，則世俗無此例也。」老嫗聞言大慟，曰：「吾兒來京甫五月，無端遭此凶厄，又不許殯於內寢，未免殘酷已甚。求大人哀憐之。」貴官顰蹙低語曰：「姑挾之入汽車，吾決不薄待。徒在此爭持何益也？」遂命老嫗、小婢與死姬同入一汽車，而已則別乘一車隨其後。於是此射鴨射人之案乃告終。聞其後袁使所親私慰某貴官，並嗾某屬員購美姬贈之，以補其缺憾云。

玉龍杯

當新華宮粉飾之際，春藕齋中陳列品，有最奇異者，乃居中供奉之一玉杯。庋以文几，薦以古錦雕晶之龕合。其尊重名貴，有若國璽。人咸疑為袁之先世傳家物，而不知非也。左右有洩其秘者，謂此即發生帝制之主要分子，雖其時方為民國總統，而不啻將此物表示己之為天命攸歸而已。

先是，袁在直督任時，常寶一于闐羊脂白玉杯，每晨盛燕窩湯以進，主其事者則某寵僕。一日，僕持湯入室，袁尚酣睡未醒。其雛妾披衣下床，袒服褵褷未整，僕對之嬉笑，妾趨近援其腕。蓋僕貌甚俊，固素與妾有曖昧者也。不意妾之手力過猛，僕覺酸痛難禁，所持物受此震動，勢難牢固，「砉硠」一聲，玉杯墜地碎矣。僕亟拾之而遁，妾亦面無人色。幸袁體過倦，略一惺忪，仍復睡去，並未及覺。

僕既出，自以為彌天大罪，死期已至，急奔老僕某處問計。蓋僕固老僕所進，以父子相稱，情誼至密者也。老僕見其神色大異，知受驚已甚，頗憐之。尋思良久，乃曰：「吾智慮淺薄，實不能為子畫妙策。惟梁師爺夙號智多星，渠嘗賞汝，盍哭求之？」寵僕如其言。梁師爺者，即後此大名鼎鼎之梁財神也，時尚為幕府。聞僕言即軒渠曰：「此易耳，幸勿嚇壞也。子來前，吾耳語汝。」

僕果投其懷，梁小語再四，僕旋喜躍而去。

須臾，袁起，僕易他杯盛湯以進。袁果嚴詰易杯之故，僕忽長跽而前，曰：「小子無狀，罪該萬死。頃間，小子持杯入室，見床褥間金龍五爪，攫拏如生，其勢欲挾小子而噬之。小子驚悸失魂，遂仆於地，亦不知手中之杯作何態也。比蘇，則大人高睡如故，而玉杯碎落於地矣。小子罪萬死，求大人寬恩。」袁沉吟間，忽呼雛妾問曰：「渠入室時，爾安在？」妾曰：「妾入床後更衣，實未知此事也。」袁頷之，乃謂僕曰：「爾言信乎？」僕頓首曰：「小子於大人前未嘗敢毫髮虛誑。」袁曰：「然則非爾罪也。爾速取碎杯來！」僕乃於後肘一囊中持杯底及碎片出，曰：「謹藏於此，用敢呈獻。」袁曰：「爾置此，可速請某師爺來。」某師爺者，值庶務之屬僚也。某入，袁謂之曰：「此間有玉工最精良者，可令治此杯。其破片接合處，須以人造象牙手術製成一龍，隨破裂痕線，而為蜿蜒蟠屈狀以粘附之。務使人不能辨其為業經破損之物，雖重值不惜也。」

庶務某受杯而出，越數日，則進稱著名玉工某氏者，能任其責，但索千金。且云：可俟大人審其工程之合否，而後畀之也。袁唯唯。及杯至，則雕鏤墳起，與玉色無二。膠合處尤天衣無縫，宛然係一玉刻削而成者。袁視之，大加歎賞，連稱為鬼斧神工。命於索價千金外，更賞千金，且召之入，問其曷能工致若是。玉工曰：「吾家業此七世矣，補玉之秘法，得自西域異人，實中土所無也，而其質料尤不易猝得。蓋由于闐採玉人，得玉之嫩軟如石膏者，以丹藥燃火，煉而藏之。遇有破玉片，用此玉膏膠粘，即能泯合無跡。吾家祖傳僅存一器，平常不肯取用，即用亦必雜以石膏、卵殼之類，調而糊之，其色稍次。今因大人所付玉杯，非他物比，故純用原藏之玉膏補之。所製蟠龍，皆此膏也。即論膏質，且值千金，工貲實所未計。所以如是克己者，因大人為一方保障，功德在民，故不敢有所圖利耳。今蒙大人加賞，實出意外，有頌天高地厚而已。」袁聞其諛言，大喜，即命更製錦合文几，供之密室，秘不示人。惟至親信者始得一廣眼界，然其歷史，則終不肯一吐也。第曰：「此實碎杯，巧遇良工，竟成佳器，亦一奇緣耳。」其意蓋以為玉工之絕技，天所以賜彼成全此紀念物，決非偶然。特不知梁財神輩竊笑其後焉。顧其後洪憲議起，梁等又出死力助成帝制。殆以己之詭謀，亦為鬼神所弄，故卒成開國之讖緯。因自疑前此之竊笑為非耶，而今竟何如？

金妃

袁有第二妾為高麗人，其人大有功於袁，且有援命之恩，故袁始終敬禮焉。相傳有金妃之稱，亦一段特殊之歷史也。

初，袁往韓為吳壯武公幕客，碌碌未有奇節，因思得一出頭地，以功名自顯。會韓漸有獨立、事大兩黨之爭，暗潮甚烈。袁知機會可乘，將刺探韓宮秘事，以操縱韓王，因而攫得權位。意欲結納韓之貴戚或宮監等，而苦無其階。適攜來老僕瞿克明者，袁之心腹也。頗留心韓中之習俗及人物姓名，偶問之，輒能略述端倪。袁乃密囑以物色事。瞿曰：「此似不煩多費周折也。主公官位未顯，欲與貴戚往還，其勢不易。至內監等，則韓宮法律，防範頗嚴，亦非易於聯絡。今但獲一知宮內情形者，探詢端緒，始可著手耳。」袁亟稱善，而難其人。瞿曰：「此間有名妓曰花子者，本出韓貴族金氏女，曾入宮禁給事三年餘，後因事放出，遂流落煙花。而以能談天寶遺事，從遊者眾，迭享盛名，頗自貴倨，雖馬龍車水，渠視之若欿然也。惟聞中國人至，雖寒峻亦邀青睞，尤喜與書生談中國文字。或語以中朝風土古蹟，則諮嗟豔慕，恨不身臨其境。泥人娓娓，終日忘倦。若主公更加揮霍，則能得其歡心必矣。且彼姿質警敏，於韓宮經過情形，俱能言之鑿鑿，而言詞巧令。苟習熟之，為將來酬應之階梯，亦不無小補也。」袁聞之，意大動，立措纏頭貲，馳入勾欄。果獲見花子於枇杷巷底，雲容盛鬋，落落大方。袁一見傾心，銷金無算。初猶不諳語言，花子時為調舌，漸就明瞭，於是舉其三年中所經歷之事實，傾吐無遺。

花子之言曰：「今王李熙以閔妃為謀主，實忠於清國者。其執權者皆閔氏族黨，意在藉清廷勢力以壓伏新黨。而大院君者，憤己之失權位，清廷之不助己，乃岸然自為新黨領袖，而外倚日本聲援。公如欲得韓中政務要領，但與諸閔結納，許以擁護閔妃。殆權勢既獲，徐圖制其死命。此所謂鷸蚌相持，漁人得利也。如公才略，不難取而代之，他日幸勿忘女良平可耳。」袁笑諾之。

時韓京內亂復作，大院君指揮新黨以兵攻閔妃，欲攫政權。袁方從吳駐兵濟物浦，警報至，吳欲率全隊往援，而部署頗需時日。袁既從花子偵悉朝鮮內情，覺胸有成竹，乃毛遂自薦於吳，請自將三千人為前鋒，立時出發。吳壯之，袁偕軍士兼程進，七小時即抵漢城。正值兩黨各督死士酣戰，屍橫血溢，毒霧迷漫。袁下令姑勿與彼黨戰，但分布隊伍於街市要隘，而預留一道，使人宣告於新黨曰：「大軍不忍盡誅爾曹，故網開一面以待，爾曹其速退。否則大軍十萬，包抄爾曹於中，縱火焚之，恐爾曹無噍類也。」亂兵懼，乃遵路而逸。適過日本使館，日人疑亂兵襲己，為自衛計，出槍射擊。亂兵亦疑日人堵截，困獸猛鬥，遂致交綏。袁見嫁禍之計已遂，乃抄間道徑詣韓王宮。時大院君已率暴徒執其子李熙及閔妃，劫讓政權。袁兵突至，竟獲大院君，盡殲暴徒，釋李熙、閔妃，擁之入宮，以兵護之，亂黨咸鳥獸散。部署既定，吳之大軍始至，亟賞袁之調度有方，問處置大院君之策。袁曰：「彼不去韓，恐亂黨終借為孤注。愚見宜送往天津，俟李爵帥發落為是。」吳然之，於是袁之名譽，大播於韓中，而不知皆花子之原動力也。

吳壯武知袁大有才，且熟悉韓情，因與議壓伏朝鮮之策。袁以韓既為藩屬，宜嚴杜外邦覬覦，故今日內訌不足患，惟外禍乘間而入為大患，即日本是也。故我師既扶韓王復位，即當力圖善後，助使自強，而以兵力為後盾。彼苟能出與日抗，則我之聲援益壯，而藩屬亦永固矣。吳深服其論，縱使與韓王商建設各策，不加掣肘。於是袁之第二步大功又告成矣。

蓋袁從花子言，知韓王優柔寡斷，閔妃女流無遠見，已正當乘勢攫取其政權。而國中黨派林立，非有實力，未易服人。且己所部兵皆客籍，與韓人情誼不洽。乃進說李王，延己代練兵隊。王不能決，遂用花子之導引，潛入宮晤閔妃，竭力慫恿。不匝月，韓廷竟聘袁全國練兵大使。袁陽勿許，陰使人說吳請與李文忠，竟獲允諾，而袁赫然與統帥爭衡矣。未幾，吳調援粵軍帥，袁竟代其位。爰為花子脫籍，挈之至韓京同居，無異正室夫人也。臧獲輩以花子出身宮闈，而袁權勢赫濯，不啻韓王，且花子亦時入宮，與閔妃話舊，竟稱花子為金妃云。

袁既得統帥權，第三步已告成功，而野心勃勃，方興未艾。蓋袁固納花子言，深窺韓宮秘奧，大可取韓王而代之故也。於是新黨益側目，時時作死灰復燃計，而獨立黨首金玉均尤桀悍。袁欲使兩黨互相攻擊，因以為利，佯許金玉均可資助，而召諸閔告之謀。兩黨驟起衝突，激戰甚烈。時各國公使慮殃及，因謁袁請處理，袁仍陰助諸閔，獨立黨金玉均僅以身免。事平，袁以韓王終無力鎮內亂，急起直追，欲令心腹刺殺韓王，遂代其位。花子助之布置羅網已成，而日人之責言驟至，迫定新約，勒令兩國撤兵。袁氣大沮喪，蓋不啻一場好夢，為大聲警醒矣。旋挈花子歸國，意鬱鬱不平，自以為於韓功敗垂成，一臠之味，安能遽捨？乃運動送大院君歸國，乘機嗾其宰相金元植等矯韓王命，電致李文忠，請以袁監理朝鮮國政，得旨竟照允。而金元植者，自稱與金妃同族，於袁有外戚之密誼者也。時名義上金妃雖未正位，而實際則儼然韓之國母，目無閔妃焉。袁之正室于夫人及第一妾未往韓，故金妃無異匹嫡。

正得意間，獨立黨陰結日兵大舉，局勢驟變，萬難支拄。於是老僕瞿克明獻計，令袁改衣廚役衣，花子毀容為鄉婦，由漢江內渡。獨立黨人偵知之，募死士數人，將要於途為狙擊計。花子頗有所聞，勸勿行。袁不可，乃以花子付克明保護，緩日束裝，而已獨從間道西走。至山谷間，時已薄暮，悲風四起，木葉颼飀有聲，星月無光，不辨形影，心頗疑懼。忽林間有婦人聲呼曰：「申君，來何遲也？」袁辨其聲，酷似花子，駭詫不敢應。而草間復有人細語曰：「吾以為袁至，乃申君耶？」袁悟有異，立操其純熟之朝鮮語答曰：「時已遲乎？然今速行，當猶可及也。」於是急尾婦人行。所謂草間人者，亦似素識鄉婦與申君者然，任二人遄行不之問。未幾，至江邊，袁躍登舟，鄉婦從之，果花子也。互相喜慰，袁問花子何以能來。花子曰：「勸公不從，知此間必遇險。故飛奔而前，尚能及之，誠天幸也。公之後福，豈有涯哉？」袁笑曰：「洵不愧金妃之魔力矣。」既歸，待花子有加禮。及洪憲議起，袁顧謂花子曰：「昔不得為韓王妃，今將為中華大皇帝貴妃矣。不猶愈乎？」

綠牌豔語

當袁自直督入掌軍機時，姬妾已有十餘人。自奉極為豪侈，一切儀制，漸仿宮廷成法，惟事至秘，外人不得而知。迨為總統，則稍稍傳播於外，人皆知其有帝王思想非一日矣。

清制：帝幸妃嬪，於寢門懸綠頭牌，書列妃嬪姓氏位號。每晚定更後，欲有所幸，則摘牌召之，宮監捧而進。袁慕之，遂事仿效。惟稍異者，則清制須將所召妃嬪，盡褫衵衣，裸而裹以氈，宮監挾持之，疾趨帝榻前，由帝足後啟衾塞入，妃嬪即蛇行衾中以就帝。

而袁不然，凡被召者，必盛服靚妝，薰香刷鬢，命婢攜榼具，中置酒食餅餌糖果之屬，務以奇巧勝人，不犯雷同。苟有鉤心鬥角，獨臻異味者，袁必特獎之以衣飾金錢。故袁氏姬妾，莫不善於烹調釀製之術。或善歌者，則婢嫗攜琴箏笙笛之屬隨之，既入，淺斟低唱。袁雖不甚解音律，而藉此以自遣，亦若欣然有會，其獎勵往往而有。或其人意態倦怠，技術疏漏，不能當袁意，則竟斥之使去。當夕即不得侍寢，乃別召一人以充之。故競為媚悅，必使若輩智盡能索而後已。而又不許嫉妒攻擊，設有蜚短流長，是丹非素者，則袁且嚴行懲治，俱傷兩敗。時或默察其舉動以劫制之，咸驚以為神，故不敢有閒言。此袁御姬妾之術也。

而論其裡幕，則暗爭甚烈。相傳最狡黠能得袁歡心，而擅作威福者，惟四姬及七姬為著。四姬津人，七姬則金閶產也，南北對壘，各不相下。兩姬之進幸時亦最多，其暗中奮鬥也，不以毀而以譽，不以激烈而以平和，不以勢力相壓而以利益均沾，不以內訌敵仇而以排外禦侮。在袁只知兩人之握手交歡，而不知其實勢不兩立也。他姬以拙於言詞，又怵袁之禁令，不敢發其奸，聽秦楚之爭衡，但遙作壁上觀而已。

四姬尤桀驁，而利用其嫗及婢小鶯為爪牙，四出構煽，無所不至。七姬之婢緋桃，更為狠毒。六姬系出滿人，性稍愚戇；八姬雛年，多孩子氣，恃袁之寵愛，喜評騭人之是非。小鶯與緋桃等，即藉此兩姬為兵器，在實際互相激鬥。六姬善治膳，烹鮮炙脆，絕勝廚娘。然不能偵察袁之意旨，往往於肥甘濃淡之間，未能適合。知七姬性靈敏，揣測無不中，且進御較密，熟諳袁之習性，故時慫為指導。七姬默計其可欺，偽相親善，使緋桃奔走其間，初為小忠小信以餌之。六姬不悟其詐，惟緋桃之言是聽。緋桃乃與七姬比而謀六姬，凡飲饌知袁所不喜者，則故使六姬烹治以進。其有特製之法，乃偽言七姬將贈某戚，求六姬代炊爨，實則密以供夜度時之行樂者也。六姬長厚，且不善偵察，常為其所蒙蔽。七姬以六姬有知味之殊能，轉忌之甚，欲使不得近袁。於是以賄勾結綠牌宣召之婢嫗，凡袁指及六，必以疾病或入月返報。而六不知，袁亦不問也。

一夕，他姬入侍寢，袁飲啖歡甚，忽思六姬之炙雞，謂：「惜渠方染疾，否則此一臠之味，可無虛度此良宵也。」他姬不知個中情事，突起答曰：「六姬固無恙，妾今午猶與之同遊後園，飽看芍藥也。」袁色變作錯愕狀，既而不語。旋即令宣召六姬持牌入對，仍以疾請假為辭。袁赫然震怒，立令撻持牌人付總管鞭責，而別命他奴往召。六姬至，蓋不進御已三閱月矣。倉卒受命，未及施妝，鉛華不御，衣履樸素。然光采豐溢，確可證其無疾，且一種安雅肫篤之態，亦可動人。袁不覺有感，憐其被屈，約略詢其近況。六姬以未奉使命對。袁知有弊，乃慰藉數語，即命烹治所索之肴以進。侍坐賜飲，寵遇逾恒。一方飭總管人嚴懲持牌人，並追究主使，務絕隱蔽，期明日親鞫。是夕，他姬知袁意，起讓六姬薦枕，袁欣然允之。及晨起，將究持牌人事，則已報畏罪自盡矣，蓋四姬及七姬等賄殺以滅口也。袁尚欲查勘，驗其傷痕是否自縊，于夫人勸諫而罷。實則于夫人亦受七姬等之欺蒙矣。

自是，持牌人相戒不敢為非，而七姬銜恨甚，日夜思有以報。會六姬戇直，復以細故忤袁意，終不得固寵。而七姬以善媚，且長於製芙蓉膏，深得袁歡心。袁之吞雲吐霧，一枕懵騰時，非七姬為之搵擋不懌也。會夏日，袁思飲冰梅湯，物固六姬所善治者。七姬慫恿袁，令召六姬奏技。而六姬夙有肝疾，發輒委頓，舉止失常。顧以袁性卞烈，違則恐遭譴責，必力疾赴命。然方寸瞀亂，或致味不能適口。是時疾又發，欲不往，懼失袁旨，扶掖以進，不敢面袁。入庖廚少憩，指揮廚婢操作。既畢，捧心攢眉而前，自陳所苦，袁頷之，命速回院休養。六姬方謝恩而退，忽聞豁琅有聲，擲杯於地，袁厲聲曰：「爾病可不來，安得以惡物死我耶？」追六姬還，指示之，則湯內一死蠅在焉。六姬泣曰：「妾雖抱恙，然謹慎清潔，固夙所自勵，縱昏暈不敢有疏忽。吾目吾手，尚不至失其能力。當妾進時，固曾檢視，未嘗睹此物也。」袁聞言愈怒，曰：「然則乃吾取蠅置其中以誣汝邪？」六姬見袁怒，長跽請過，袁命罰去俸給一月，且追還前所賜之衣飾等。不二月，六姬以憂抑成疾斃命。後始有婢嫗洩其事，謂湯內死蠅，實七姬預置囊中，適六姬進湯時，袁之呼吸正酣，七姬起投湯，傳遞而進，即於此剎那間逞其伎倆也。而六姬竟以是死，冤哉！

自是而後，惟新寵九姬，最為七姬等所側目。顧九姬便慧狡黠，袁嬖之甚，七姬畏其勢，姑屈意結納之。時時欲乘間傾軋，以快其私。及退居洹上，從容多暇晷，時與群姬賞花品茗，或鬥雀牌為戲。九姬恃寵好勝，輒欲爭善博名，袁常故負以媚之。九姬自是益驕，對群姬之不遜者，輒加誚讓。顧袁性卞急，不喜人私哄，群姬有勃谿者，必兩敗俱傷。而於肯委曲婉勸者，則垂青特至。七姬知之稔，又知九姬方驕，必不受屈抑。乃於鬥牌時忽密匿其所亟需之牌，而故以所不亟需者餂之，佯示親暱，陰實阻其成局；或以牌贈他人。九姬連負數局，憤不可遏，詬厲頻作。七姬笑而受之，不與辨，九姬益怒。群姬爭勸之，不聽。袁見九姬如醉如狂，怒之以目，群姬咸危之，九姬終不肯斂霽。袁不復能忍，斥九姬使退。九姬入御以來，未受此辱。嬌嗔懊惱，至於泣不可仰。袁實愛憐之，然礙於群姬，不可公然自破其規範也。九姬負氣而去，去時頗聞哭聲。袁佯怒，命總管曰：「宜加約束，以懲其過。」實則使之慰藉耳。局已，袁潛行親往視之。蓋此為破天荒之舉動，在他姬所未嘗有，故九姬亦萬不料袁之遽行紆降，而於是禍作矣。

初，九姬豔冶而性放誕，袁姬妾眾多，雨露未能遍及，且不奉宣召，不克進御，雖寵甚，而得侍巾櫛時無多。各院分居，消閒遣日，僕役往來紛如，其間不能無罅漏。況袁之宅中，狡童俊僕頗夥，有甲乙兩僕者，丰姿尤美，以九姬有寵，趨承無所不至。九姬遂並以色身救度之，而使二僕各不相知，意甚得也。是日，聞九姬受屈，爭來勸慰。頃之，乙僕有事出，甲僕潛入闥中，效花底秦宮故事，而袁猝至，小婢亟投報，然不能阻袁之步履也。及九姬與甲僕驚覺，甲僕赤身由後牖躍出。顧已為袁所見，乃佯視檻外之花，徘徊玩賞，良久始入，則九姬已衣裳楚楚，背釭獨坐矣。袁略詢寒暖，突然拔佩劍起，曰：「頃間何人，當速告我！否則即血吾刃。吾所惡欺罔耳，若爾年稚齒淺，偶有所遇，亦屬人情。且吾姬妾眾多，何惜一人，以逞己怒？今吾既知爾性放誕，夫豈不能殺汝？然好生之德，人所皆有。吾何必以殺為能，故不如因而玉成之。爾當善體吾意，為吾一傾胸臆。」斯時九姬知不言亦遭橫死，而夙好俊爽，竟直認不諱。袁怡然曰：「是亦何害？吾今許爾攜千金及常御之衣飾，偕彼少年遠去，切勿復來。他日爾夫婦當念吾再生之恩也。」九姬不得已，遂摒擋即行。袁立命召甲僕至，坐視二人攜物出門始已。須臾，召九姬之侍媼，謂之曰：「子可告乙僕，主公遣彼二人，欲死之也，此功非爾不辦。苟以二人首來者，賞千金，升總管職。」乙僕聞命，奮袂而去，果提二人首至，且繳衣飾而乾沒其金。袁忽震怒曰：「吾命甲僕奉九姨至某山進香禮佛，汝奈何敢擅殺之！且劫其金，罪大惡極，殺無赦。」乃立拔佩刀斬乙於階下。謂眾妾曰：「九姬以一恚故，欲進香懺悔，反殞其身。人生禍福無常，然無故惱怒，實為禍根。爾曹當以九姨為鑒也。」語罷，長歎不止。時各院事不相聞，諸妾未悉其詳，咸唯唯聽命。後漸知其隱情，則益懼袁之威福，惴惴不敢失檢矣。

籌安會裡幕

袁氏偽託民意，實藉籌安會諸人之說為護符。當其說鼓吹之時，袁氏輒諉為書生之見，置諸不問。似無預己事者，而不知皆彼之所直接主使者也。

先是，楊晳子等因二次革命事平，袁黨俱有世襲總統之議，遂私相謂曰：「此非策也。我主之意，在皇帝乎？」然以袁就職時有誓言在，不敢輕於嘗試，以自取戾，姑作一泛論以謁楊杏城。杏城然之，以示袁。袁閱後，作淡漠之語曰：「書生見地，殊昧於世界大勢。要知此事不患不適於國情，所患外情未洽，或東西鄰之責言耳。」杏城尋思半晌，曰：「聞外人亦頗多持此議者，第使亦作一文如晳子此篇者，以為鼓吹，則事有根據矣。」袁首肯曰：「明日爾可偕晳子來。」

次日，杏城即偕晳子入見。袁問外人有持此論者乎？晳子以古德諾對，其人今在華，可以代價得之也。袁即命晳子與之接洽。數日，古果獻一文，晳子為之對譯，以進於袁。袁召古入見，辯論良久，覺其理由充分，詞旨正當，乃贈以五十萬金。因謂晳子曰：「言論則然矣，顧事實如何？」晳子曰：「自改革以來，一載三變，國力疲矣，人民實不堪命，此皆共和政治不適國情之明證也。欲研究此事真相，非徵求民意不可。《書》云：『民之所欲，天必從之。』帝制為民意所同欲，則名正言順，且可永久。愚意不如就某等設一研究會，徵集全國人民意見，造成帝制輿論。總統若不知此事者，第置之不問可耳。及民意僉同，事機已熟，則一旦實行，事半功倍。期以周年，可必成也。」袁曰：「此研究會名義奈何？」皙子曰：「去亂即安，在此一舉。某意宜名『籌安』。」袁大悅，立命國庫支十萬金與皙子，充開辦費。皙子稱謝而出，自是草定章程，招集同類，儼然以開國元勳自居。而乾沒之金，亦足以供其揮霍焉。

初，皙子有所眷妓曰「小賽花」，銷耗殊不貲，擬藏金屋久矣。小賽花戀其揮霍，亦頗以白首盟羈縻之。顧索身價奢，皙子方旅食京華，自嗟潦倒，苦無以應，乃乞貸於梁財神。財神曰：「子有發財機會而不知，是不智也。沿門告貸，朝不謀夕，何益？」皙子請問。財神曰：「元首有子孫萬世之想，而上下之情，末由自達。子能以之乎者也發揮之，其功當畫凌煙。區區金幣，奚患不能坐致耶？」皙子躍起曰：「公真神人也，某甘拜下風。」於是意氣自得，望富貴唾手間耳。告於小賽花曰：「姑待我二十五月不富而後嫁。」小賽花諾之。

至是挾乾沒金首先投效，凡一夕中衣飾酒食犒贈之費去二萬金，而脫籍迎娶之貲不與焉。歷匝月，而十萬金已罄。小賽花既從皙子，驕奢無度，供給漸不敷。於是復與財神謀推廣會務之策，謂各省宜設分會，以鼓吹輿論，只待民間習聞帝制之佳處，則請願書連篇累牘，自可不勞而獲矣。財神左顧而笑曰：「極峰借重於公，自當求公始終其事，且資用固無所惜。但果有效，公如有所需，予取予求可也。」皙子曰：「欲計畫分會經濟，非先支三十萬不可。」財神頷之。

皙子歸，則會中主要分子孫、胡、嚴、劉等爭來問訊。皙子蹙額曰：「元首將使吾等為無米之炊，奈何？蓋與財神磋商再四，僅得允撥五萬金耳。」孫少侯曰：「此必不敷，鄙人與胡君已各賠累三萬金矣。」皙子曰：「賴公等之力，苟事克有濟，則吾願犧牲目前之利益。彼五萬金盡公等分派可也。」眾遂無言。

無何，孫、胡偶往晤顧巨六，述會中經費支絀事。巨六愕然曰：「昨梁曾語及此，已允十日內支付三十萬金，當時立付五萬。皙子奈何作此狡獪也？」孫、胡知有異，色變相顧。巨六恐為怨府，乃變其詞曰：「皙子或以未取得之金，行且中變，故先指已取得者而言之耳。」孫、胡亦支吾應之而罷，密使人探諸梁，則果如巨六言。孫、胡以告嚴、劉，大憤，因開祕密談話會於他所，共籌對付之策。孫曰：「若明證其事以相詰難，楊必不承；而面詰諸梁，亦恐不得要領。蓋此係祕密授受之款，梁領極峰密囑，安肯宣言於眾？吾等與梁某關係，必不能如楊之密切，則此交淺言深之舉動，徒遭梁某戮辱耳。吾意不如直接以萬金賄巨六，慫其進言極峰，奪楊之權，使彼失此利藪。則雖不能分攫其利，亦庶幾一吐此氣，知吾輩非可魚肉也。」胡曰：「巨六與楊頗投契，安知彼不有所賄托，而吾等乃擲黃金於虛牝乎！似不若直接與之詰難之為愈。吾行少侯之計，恐兩敗俱傷，於吾輩亦甚不值得也。」李某躍起曰：「皙子明欺同志，是安可忍！公等不言，吾必為斗膽言之。與其供人愚弄，雖兩敗俱傷何害？」胡知眾怒不可遏，遂歎息而止。

無何，皙子僅支得第二期之十萬金，而財神忽中變，謂皙子曰：「極峰以各省解款未至，因欲請君擇要地暫設分會，其餘可緩者緩之。前後已支二十五萬金，大可足用矣。」皙子愕然失措。梁正色曰：「極峰傳諭，以明年請君入府。設尊意別有在者，可面質也。」皙子知不可有言，唯唯而退。因思此中奧窔，必大有人在，特未知萋斐成錦者，誰適與謀耳。

一日，晳子與巨六偶及會事，且言經濟之掣肘。巨六曰：「吾國集會之難，其病在名為團體，實無固結性質。見利思攫，則傾軋攻訐，無所不至。如是則會事安得而不敗？」晳子覺言中有物，因附耳請曰：「吾固疑有暗擊者也，乃出於同盟中人耶？」巨六讀韓退之文曰：「彼落阱下石者，固即握手出肺肝相示者也。」晳子悟，歸而稱疾不問會事者數日，對友輒作憤悶灰心語。居久之，孫走告晳子曰：「吾輩修私怨而忘實禍，俱傷兩敗，言之可痛。《詩》有之云：『兄弟鬩於牆，外禦其侮。』會吾子辛苦艱難，組成此會，乃兄弟也。而不知人之眈眈伺隙思逞者，項背相望。今外侮至矣，彼財神者，乃挾其金錢之勢力，以攫吾輩垂成之功。而手段之敏捷，心思之乖巧，竟實過之。吾子獨不聞彼等之新組織，正有所謂請願團者出現乎？」晳子初不欲聞其說，至是忽心動，瞿然曰：「請願團乎？孰主持是？其宗旨又若何？」孫曰：「聞財神老斗等之所為，因籌安會迂緩，為極峰所詰，而有此緊一步之文法者也。此團將以官僚勢力，強姦民意，直接上請願書。較之僅文字語言相鼓吹者，其遲速為何如？」晳子扼腕而起曰：「大事去矣，乃為豎子所欺。雖然，失之東隅，收之桑榆。吾輩終當作挽回萬一之計。」孫曰：「吾思之竟夕，彼所謂上請願書，不知指何等資格而言，又將以何種手續促成之。此中當可一供研究，倘有得，吾輩即於此占一著地可乎？」晳子憬然曰：「極峰既迫不及待，則所謂請願者，決不在真正之民意。然則惟有授意各省長官，使指定代表，全體一致投君主票，而後上推戴今大總統為皇帝書。如此手續，庶直捷痛快，且又完全無缺耳。」孫曰：「然則速上策請電各省辦理，極峰必喜形於色，而前此之頹波可振矣。」晳子亦以為然。策既上，袁氏果大喜，曰：「畢竟楊生是逸才。」

越月，各省所謂國民代表者抵京，投解決國體票，凡九百九十三人，居然一致贊成君主。晳子聞之，投袂而起，曰：「此其時矣！」亟與代表中之接近官僚者言曰：「此時宜即上推戴書，除爾輩各省自為政外，吾已擬一總推戴書稿，但由諸君簽字，即日可呈遞。此事萬不可緩也。」諸代表咸唯唯。晳子走告袁氏說如此，袁氏索稿閱之，大喜。既而問曰：「受此書後，其對付若何？直任與否，何者為宜，卿盍為我決之？」晳子未及答，杏城方在座，從容對曰：「此書上時，當然以辭讓不受為是。」袁聞言，色頓變。晳子曰：「初次申令，謙讓未遑，以明天下不與之本心。再由臣等接續上第二次請願書，書詞宜加迫切，然後由第二次申令承受。於是我皇上因天與人歸，其難其慎之至意，庶幾曉然共喻矣。」袁氏始囅然嘻笑曰：「手續固應如此，卿等真予之良平也。」晳子與杏城俱起謝，袁氏顧而言曰：「此申令草還當屬楊君，即時奏筆可乎？」晳子領命，即在袁氏秘書室中起筆。旋袁氏問曰：「第二次請願書何如？」杏城曰：「自當速辦。」袁氏乃謂孫少侯曰：「卿亦建策者，此草即以相屬，何如？」孫正觀望徘徊，惟恐不得袁意。聞命不勝欣喜，佯為遜謝，即持札就旁案構思。二人皆文豪，夙有倚馬萬言之譽，須臾脫稿矣。以陳於袁，袁獎勵備至。

其初次申令文中要語，謂：本大總統遭遇時變，勉出維持。捨身救國，然亦無裨於國計民生，追懷故君，已多慚疚。今若驟躋大位，於心何安？此於道德不能無慚者也。民國初建，本大總統曾向參議院宣誓，願竭能力，發揚共和。今若帝制自為，則是背棄誓詞。此於信義無可自解者也。在愛我之國民代表，當亦不忍強我以所難，尚望另行推戴，以固國基云云。

第二次推戴書中要語，謂：創練陸軍，授以文明國最精之兵法，魁奇桀特之才，多出部下，而全國陸軍之制，由此權輿。此功在經武者一。懾服拳匪，保障東南半壁，中外翕然，和局始定。此功在匡國者二。任北洋大臣時，厲行文明諸新政，實為中國進化之先河。此功在開化者三。革命事起，景皇后舉組織共和政府之全權，與夫保全皇室之微意，悉挈而付託我皇帝，始有南北議和、優待皇室之條件，清廷遜位，苦心調劑，南北復歸統一，卒成共和四年之局。此功在清難者四。民國初建，暴民殃徒，攘臂四出，贛寧暴動，東南各省再見沉淪，幸賴神算早操，三軍致勇，未及旬月，逆氛盡掃。此功在定亂者五。外交一節，尤所軫念，遇有困難交涉，一運以精密之謨猷，靡不立解糾紛。此功在交鄰者六。至於今茲創業，不無更姓改物之嫌，似有新舊革除之感。明諭引此為慚德，尤見慈祥忠厚之深衷，而不自覺其慮之過也。二十載以來，往事歷歷可證，始終對於清廷，洵屬仁至義盡。愛新覺羅之政權早失，自無故宮禾黍之悲；中華帝國之首出有人，咸睹漢宮威儀之盛。千古鼎革之際，未有如是之光明正大者，而我皇帝兢兢以慚德為言。其實文王之三分事殷，亦無以加此；而成湯之恐貽口實，固遠不逮茲。此我皇帝之德行，所為夐絕古初也。前此宣誓，特民國元首循例之詞，僅當時就職儀文之一。蓋當日之誓，根於元首之地位，而元首地位，根於民國國體。國體實定於國民之意向，元首當視民意為從違。民意共和，則誓詞隨國體為有效；民意君憲，則誓詞亦隨國體為變遷。今國民厭棄共和，國體已變。民國元首之地位，已不復保存；民國元首之誓詞，亦當然消滅。凡此皆國民之自為，固於皇帝渺不相涉者也。要知我皇帝功崇德茂，威信素孚，中國一人，責無旁貸。宜亟頒明詔，宣示天下，正位登極，以慰薄海臣民喁喁之渴望云云。

第二次承認中令，則略謂：國民責備愈嚴，期望愈切，竟使予無以自解，並無可諉避。第創造宏基，事體繁重，洵不可急遽舉行，致涉疏率。應飭各部院就本管事務，會同詳細籌備。一俟籌備完竣，再行呈請施行云云。於是籌安會之大功告成，而洪憲皇帝之新紀元發見矣。皙子得酬庸金，揮霍無度。及帝制取消，袁氏遽歿，皙子窮窘南竄。寵妾小賽花遂席捲所有，復落風塵，管領宣南風月，猶能道當時軼事云。

國民推戴書

予曾於某名流家目睹此書，錦帙牙籤，裝訂繕印極工。據云：當時止石印一千部，取消洪憲帝號時，即命盡付銷毀，不准私藏。故外間流傳甚鮮。所存者只有承印人私印及司檢收者匿報數部而已。民國六年而後，欲購得此書者，其值頗昂，須二三百金焉。書中臚列代表姓名，盡多重要人物，故欲購而毀之以掩其醜者亦眾也。於是此書益復難得矣。聞其初懲辦帝制罪人，曾有擬借此興大獄者，黎總統意不謂然，遂止。而一般列名牘尾之熱衷名士，已飽受虛驚矣。

於時河南有某巨紳者，所受之影響尤劇，然兩造相爭之情態，頗近滑稽，亦一趣聞也。初，某巨紳與袁氏有姻誼，而於克定皇長子尤投契。常出入新華宮，銜袁氏之秘命，疏通舊官僚中之有名望者，頗得效力，袁氏德之。及推戴書事起，河南省區，當然以某紳為領袖。紳有侄某乙者，曾留學東瀛之新中國主人翁也，與民黨夙通聲氣。至是益非難其伯父之所為，暗潮業已甚烈。而更有一端惹起兩造之惡感者，則金錢上之供求不能劑平是也。某乙以交遊寖廣，用度不貲，恒取求於伯父，顧十不一應。或致逢彼之怒，來峻厲之詰責。乙漸不能堪，於是效漢劉季不以力爭而以智取之故智，雖相遇之際，噤若寒蟬，至其伺隙而動，處心積慮，則不可問矣。

帝制說盛時，巨紳趾高氣揚，自無乙置喙之地。且其聯絡民黨之蹤跡，有時披露於乃伯之心目中，大遭斥責。幾欲援大義滅親先例，自執其侄以首於有司，乙逃匿海上始免。及帝制敗，共和恢復，逮捕八罪魁，勢頗洶洶。乙謂密友曰：「時哉不可失，吾輩籌款之機會至矣。」乃懸百金覓購得《國民推戴書》一部，密約同黨數人，束裝北行至京師。先賄律師某，使走告某紳曰：「帝制係當受民國法庭懲以相當之罪，公所知也。今有公民某某等，業已購得推戴書所列公名為證據物，提起訴訟。公願往法庭待罪乎？抑願設法彌縫之耶？」某紳性狡健，且老於官場，知律師語涉恫嚇，談笑付之，不復置理。顧心亦惴惴，欲效梁財神等步武，遷居海上以避其鋒。

寵姬黃氏者，出勾欄中，與十三太保等之篷室多手帕交。聞梁等俱避之南國，方日夜聒於某紳前，意在速出虎穴。乙見律師之言不售，乃嗾所眷妓某者，與紳妾故相稔，因告以黨人等方促政府捕帝制餘孽甚急，已設計擬圈禁某紳於京都，便不得越雷池一步。苟不信者，門前警士森列，暗探梭巡，其明證也。蓋乙已運動吳警長派警某紳之門，偵察其舉動矣。紳姬大懼，幾致泣下，問計於妓。妓曰：「但求某律師設法，當可脫險。」姬果自請於律師，律師謂：但得五萬金為之布置，則彼警士者，將變監視為保護，令主公與令娘可款段出都門矣。姬諾之。姬固代紳掌財政權者，立出銀行支券五萬金，然後偕某紳赴滬。乙大得意，除律師等瓜分外，坐致二萬金，大肆運動，竟將為總統府秘書官。某紳勢利成性，恐乙近水樓臺，擇己短長，竟輾轉挽人致贈萬金，以釋前嫌為請。乙欣然允之。在某紳以為仁至義盡，而不知久落後塵矣。

初，姬以五萬金賂某律師，紳時尚未知。蓋金貯某銀行，而券契在姬手。平時姬驕甚，凡事獨斷獨行，不許紳贊一辭。且寵任甚至，故絕不之疑。而姬則以紳故吝，金既去矣，亦遂不復告知。他日有問，然後自陳未晚也。因是閱數月而某紳仍未悉底蘊，更以萬金擲虛牝焉。會歲暮要計，銀行以帳單郵致紳，紳睹之大駭，以詰姬。姬正色曰：「此買命錢也。公亦知所以出險之故歟？」因歷述前事，且言所以不即告者，恐公為財而輕性命耳。紳聞言雖怨憤，而回思當日警探追蹤之狀，亦大寒心。又出於愛姬之救己，遂亦徒呼負負而罷。一日，閱報載帝系某不肯以金助黨人，遭炸彈暗擊幾斃。乃撫姬而笑曰：「卿真愛我者也。」

救國儲金

民國四年春，日本提出酷虐條件，強迫我政府承認。當日民氣激昂，殊達沸點。蓋意在力矯前清苟且蒙蔽之弊，欲藉此一振民國氣象也。而於是恐政府以財力不及為推諉，一旦決裂，將致束手無策，乃倡議由國民捐輸，集成巨資，以備最後之對付，謂之「救國儲金」。皆百姓之脂膏汗血所聚，且聲明如外交終結，此款決不入官，即以之創辦實業，期後來之幸福，可謂深切著明矣。不意袁氏處心積慮，惟在帝制自為，見好外邦，以為要求承認之地。竟有五月九日簽字定約之痛，而於是救國儲金失其效力矣。然使此累累者果用於實業，則以國民之資本，還養國民，而又為國民增長財力，尚不無桑榆之望。豈知大謬不然，則梁財神等竟提此款以供袁氏之醞釀帝制，任意揮霍。而仰其餘瀝以自潤者，僅齷齪無賴之官紳，以及聲色嗜好之靡費而已。數百萬金錢，吾民忍痛以割讓者，竟為帝制妖孽揮霍以盡。是可忍，孰不可忍哉！

京師有巨商某甲，曾受基督戒，以熱心愛國自命。當中日交涉起，首倡儲金之說。於某地開大會，登壇演說六國之慘痛，及國恥之難忍。慷慨淋漓，聲淚俱下，即以小刀自割其臂，撥血書於帛曰：「同雪國恥！」並言願毀家紓難，計予有資產三十萬金，以十萬金作救國儲金，二十萬金供社會公益事業。敢渝此誓，天神殛之！既而聞五月九日簽字之痛，更開大會勸眾永久勿忘。掩袖痛哭，全場感動。遂立紀念碑於市場之衝要處，使人人遇而增感，蓋比於夫差立庭之呼也。

無何，籌安會議起。某甲告眾曰：「向吾儕捐汗血以備政府後盾，為國恥耳。夙有明約，倘交涉終結者，即以此金興實業。今其時矣。否則彼挾帝制野心者，將移花接木，而此金歸於烏有矣。」眾以為然，乃為請願書，向政府要求提出此金。先是，眾議謂此金純係社會集合性質，但託商業機關保存，不可遽授政府。蓋懲於昭信等之前事，深防政府以乾沒為能也。特其時有商業巨子而饒官僚氣味者，在社會上頗得信用勢力，支配金融，輒經其手。於是勸眾以此款存於半官性質之銀行，眾不虞其有他，多數贊成，而於是如投肥羊入虎口矣。

某巨子者，實袁氏之心腹，狡黠多心計。外見好於國民，內實供帝魔之奔走，因得自飽囊橐。設計之工，一時無匹。當事前集議時，猶對眾以提出存款自任，及散會，則走謁袁氏獻策曰：「我皇日患度支不給，而不知巨款自有在也。彼小民輸誠愛國，積貲以求紓難。我皇為國造福，即民之主也。此款不用，將求何款？」袁氏大悅，即日命將儲金移用。可憐輸此汗血之民，猶在夢中也。

一日，某甲擬提資興辦實業，開會討論，請某巨子蒞會。某巨子首先反對，謂：「今茲國難未已，強國之政府未成立。外則歐戰，內則凶荒，夫豈從容興辦實業之時？日前大總統軫念邊地凶災，已借用此款百萬；又因賠款期迫，亦借若干萬。而軍費、教育費，一時借款未來，亦當移用。且奉明令，後日於某項下撥還。並謂國內乂安，政體悉定，則當合各省所儲之款，辦一絕大之實業銀行。此時緩急相通，理由充足，予安能無端拒絕之哉？想諸同胞當亦無不贊成也。」眾雖相顧失色，然金錢已入彼之掌握，亦無可奈何。一二過激者則質問何不事前提議通過，巨子則謂存款性質，銀行自有流通之權，斷無先經報告東人，始行放出之理。今大總統明明以移借為言，如是交易，安得遲疑！此金存行，自當生息。諸同胞之儲金資本，已獲至可信託之利息，尚復何說之辭？某甲知不可以空言爭，遂宣言：「此金既歸某公擔保本利，則吾儕組成事業，即當由某公活動金融，正不必斤斤於放款之為誰某也。今但要求某公定一放款期限可耳。」巨子起答曰：「此說雖屬普通交易性質，則於此儲金之特別手續，殊未適合。蓋此金既以救國為名，即當以國家適用為主體。大總統軫念民生，救災弭亂，皆為國家用財。則此款之移用，實屬正當開支，與前此儲金之本義，毫不相背。豈得以尋常借款目之哉？故他日之撥還與否，皆應由大總統特別申令，我輩安有限制提索之權？蓋此金既供國家之用，直謂之大總統以特權提用可也。」巨子語未畢，眾大嘩，謂：「乾沒人財，又為政府作說客，乃吾輩之公敵。」巨子拂袖竟走，曰：「公等自有權力提還，鄙人又安能為？」眾起欲毆之，忽警士十餘人上前救護，擁之登汽車，飛馳而去。眾徒望塵痛詈而已。

於是會員提議上書大總統，請提還儲金興辦實業，且數巨子詐欺違法之罪。書上，不報。再上，始下令批飭，著向地方廳提起訴訟，毋得越級瀆呈。會眾聚議，知訟亦不得已，且各省儲金數甚夥，皆由暗幕中銷耗已盡，不獨京師為然也。然某甲自以提倡此款，責有攸歸。今以汗血之資，供惡政府無名之揮霍，不得不商求最後之對付。又復開會討論，將聯合東南各省，推舉代表到京，環向大總統要求解決，不得滿意辦法不止。無何，輦轂之下，耳目眾多，已為政府所偵知。托言某甲結社集會，形跡可疑，指令警士逮捕，付軍政執法處訊辦，蓋已決計置之死地矣。某甲家屬知之，急求救於基督會之主教者，旋由公府西人某高等顧問提起抗議，立請釋放，始免於禍。

聞某甲告人，初入執法處，即禁錮一室，如待死囚，亦不加以審鞫。時處長即大名赫赫之陸建章是也。殺人手段之酷烈，莫不寒心。某甲自知覆盆之下，萬無申雪之望，亦挺胸以待槍斃矣。越日，忽守衛二人入室，挾某甲速行，亦不作他語。須臾，抵一堂皇，上座者略問姓名及現狀，即言汝有私通黨人證據，應處死刑。某甲自言：此時聞言，亦不復惶懼，但祝上帝佑我，我為救世主之親兒，犧牲己身以代公眾也。方命在呼吸間，忽主者命停刑，總統府已有電詔至。既而命暫釋縛，置高等拘留室。守衛私語曰：「有公府外國人保汝，可無憂矣。」語次似有德色，欲以此佳音索犒賞然者。某甲解其意，許以出獄後各贈五十金，書券與之。遂至一室，室中陳設，夐異尋常。蓋儼然一西式之客廳也，知為優待處所。未幾，一衣履華潔之人，形似幕僚者，特來寒暄慰藉，兼問所需。其人且能操英語，自陳亦係基督教徒。周旋良久，忽侍者傳一手諭至，乃命以馬車送某甲歸家矣。有此經歷，某甲始知軍政執法處之黑暗，及外人勢力之浩大。一天風雨，幸即消散。然自此救國儲金之消息，淪於大海深淵，誰復有敢為饒舌者哉！

大典籌備處

予以民國五年秋抵京，時袁氏死已四閱月。共和復建，帝制之陰霧消散殆盡，欲覓片痕殘影，殆不易得。惟新華宮之門額，及三殿之丹楹碧瓦，題匾金書，輝煌在望。

一日，過中央公園遊覽，因邐迤登三殿，繞出天安門。友人指紅牆之下赬色新修處，謂予曰：「此間有一紀念品，大足供人談助，而亦為對外國恥之一小本歷史者。想吾子亦樂聞之也。」予唯唯。友曰：「此範圍以內，即袁皇帝之行樂窩，亦今日之傷心地。當其盛時，凡六君子、十三太保等，不知幾許元勳傑士，命世文豪，奔走往來於中。運籌行策，陶堯鑄舜，規模三代，超邁漢唐。種種之奇夢幻想，憑空構造，將組成一奇異新巧之朝儀，然後扶洪憲皇帝登臺。則所謂大典籌備處是也。而此牆間，即其大書特書，揭櫫於榜之所在。此榜書法高妙，突過顏歐，實出前清遺老文學掌故大名流之手。故非特新朝勤求禮數，締造艱難，為歷史上增光。即此法書墨寶，已足為百代之紀念，宜令人景仰不置矣。」予曰：「君方裝點生花之舌，滔滔不已，而此榜尚無下落，未免窮人說金。奈何？」友曰：「請勿躁。彼之下落，乃至可貴。恍如白樂天之詩，為雞林賈購去；又如清乾隆帝之神主，拳匪黃蓮聖母之肉體，移入巴黎、倫敦之大博物院中。其於我祖國之榮光為何如乎？」予曰：「此榜將為外人攜去耶？」友曰：「當袁氏盡室偕行時，此榜獨不甚愛惜，任其孤懸牆外，為風雨所摧殘。某西人者，碧眼識寶之賈胡也。獨過而愛其書法，竟向吳警監索購。警監乃為之言於庶務管理人，以五百金之代價，而此名人手蹟，遂落外國籍焉。」予笑曰：「便宜哉！此大典籌備處，不知縻去數百萬金錢，而後成此局面，而後可懸此榜。今其售出之數，乃不逮原資本萬分之一。便宜哉西人！彼市井商肆之年久者，或局面稍宏者，出售於人，俗所謂招牌字型大小，往往值千金或萬金不等。至租賃之費，月或數十百金。肆主倚為子孫世業，輒靳而不肯售。今皇四億兆方里，四百兆人民之中華帝國，新朝開幕之招牌，而乃僅售五百金，不亦可恥之中，更有可羞者在耶？」相與拊掌失笑，既乃諮嗟太息，若有不勝其慼愴者。

七十萬金之龍袍

大典議起，首及服制。籌安健者進而稱曰：「皇上德邁唐虞，功超漢宋，宜復古衮冕之制，與三代盛王齊烈。其文即用山龍華蟲藻火等，製作須極工細。若有變通損益之處，仍候皇上聖訓。」袁氏尋思半晌，毅然曰：「方今時局變遷，情勢大異。既不可以泥古，亦不宜盡壞舊儀，斟酌適當，頗費躊躇。予意諸君各竭心意，詳定體制，然後集思廣益之中，折衷一是。庶可規模百代，傳之子孫，為萬世法式。諸卿以為何如？」眾皆唯諾，稱頌皇上遠見，漸次退去。

袁氏獨留籌安領袖楊氏及內史阮氏密商，以二人能通新舊兩法故也。楊氏請參用英德兩君主冕式，而其衣制，則大禮服用西式而加長，襟裾稍寬博，色尚黃，繡金龍五爪。如是則新舊咸宜，未知可採用否。阮氏曰：「愚見似宜用圓領長袍，但較漢式稍窄，較滿式稍寬，亦不過長，以便於乘騎登降，親臨武事。至祭祀大禮，則更放寬大如古衮衣之制。禮冠用冕而去旒，帶冠則用軍冠，以示尚武精神。請皇上聖裁。」袁氏撚髭微笑曰：「二卿言各有當，未嘗不是。但予之素志，亦宜申說，以備共同研究。蓋予意歷漢代以來帝王，俱服尚黃色，已二千餘年，氣數已盡，故有民國之變。今重建帝國，不宜再襲舊文。且帝王當陽，向南離明之象，色宜尚赤。火能壓土，以火德王，亦屬古義。故予主禮服用赤色。至其法式，自當中外合參，以符時宜之義。圓領以象天，且領為提綱之處，宜從本國之制。方袖以象地，對襟以象兩半球，既合西制，且便乘騎，隱寓全球服從之義。上繡金龍，兼用藻火，足令萬國觀瞻。二卿以為何如？」楊、阮俱起謝曰：「皇上洞燭古今，參酌中外，洵非臣工愚昧所能窺測也。此式盡善盡美，臣等悅服，何敢更贊一辭？」袁氏謙遜曰：「此亦予一人之偏見，還望諸卿詳酌，至於製作之所，前清本有織造大臣專理，今帝國草創，財用艱難，予何忍不務樽節。即託二卿飭人至南中著名織繡之肆，指示法式定造，以省浮糜。第宜從速製成，庶免臨時倉猝。」楊氏進曰：「今中國女紅馳名之所，首推湘繡。其工程之最佳者，能以繡為織。臣當令鄉人之深於工藝者前往監造，一切估價看樣，容即日查明進呈請訓。」袁氏笑頷之。

阮、楊方退，而內務總長朱氏入矣。朱氏者，袁氏之心腹，且夙以能事擅名者也。袁氏帝制之密謀，彼固無事不聞。茲即告以頃間服制之議，且及湘繡之說。朱氏聞言，心計頓生。以為此一塊肥羊臠，安肯為他人所啖！即言：「皇上既以節儉為懷，復因時期已迫，事宜從速，則莫若就近辦理。如京師所設之瑞蚨祥，包辦織繡諸物，厥名最著。且工料無不精審，估價亦極廉減。地近則可省運輸之煩，時省則自當從速辦理。且聞肆中多雇用南來著名之專家，即清季宮中服用，亦多取辦於此。」袁氏欣然曰：「吾幾忘之。瑞蚨祥者，吾家亦常常購物於此，果有名之巨肆也。其肆主吾亦識之，以此利益，惠及故人，自無不可，況加以卿之薦剡乎？晳子書生，徒惠顧其同鄉，而不知遠求湘中之無謂也。吾即日當令斗瞻止彼緩辦，即以屬卿可耳。」朱氏大喜唯唯，銜命而退。袁氏遂命人以電話告阮氏，而皙子之發財機會，竟冰消瓦解。宛如食已在口，無端為人攫去，其憤悶可知。

越日，朱氏以瑞蚨祥之圖式及估價進呈。則龍袍之工料，共計七十萬金，文襪一雙，且四千金。袁氏怡然曰：「皇帝登極之冕服，統計亦不過百萬金，不可謂不儉。較之前清，設立織造衙門之費，尚不止百萬金，而所織造之物尚不與焉。」朱氏乃續其詞曰：「我皇聖明洞照，彼商人聞帝制重光，新朝景命，不勝欣忭。自願略盡獻曝之微忱，折收半價。臣以為萬代創業之始，何惜區區經費。且此袍織工共三十六名，每名月薪火食須數百金，即應支數萬金。而其工料等皆購自他國，鑽石寶玉，動輒十餘萬。蓋其資本，已在百萬左右。臣以其半盡義務之請，出自至誠，未可固執。因即以二十萬金為犒賞費，共為七十萬，渠始承允。此亦我皇之特恩耳。」袁深獎朱氏辦事之允當。

既而楊氏走告阮翽子曰：「鄙人首創籌安會，於皇帝不為無功。而龍袍一役，皇上業已面許歸湘繡承辦，今忽反汗，為老朱攫去。吾會中經費又無著，綿力實不能支持，吾明日將呈請辭職，不敢復問籌備事矣。」語次，似淒然淚下者。阮翽子知楊氏受虧已甚，不免生狐兔之感，正欲為之畫策，以平其氣。忽皇侄袁乃寬至，因言索璽移宮等困難事，心力交瘁，利益未知安在。阮翽子曰：「公毋躁，今復有一事煩君，殊不費力，而可獲利若干。公願為之乎？」袁問所以。阮告以故，因言惟子可與老朱開談判，即以楊氏籌款為名，此亦雙方利益事也。事若成，楊君且感公刺骨，而老朱不敢獨吞奇寶，以愚弄我輩。公何憚而不為哉？」袁故作踟躕態，曰：「老朱非易與者，君又以難題試我矣。」阮翽子曰：「公勿假惺惺。老朱惟服公，微公不能辦此，幸勿推諉。」袁遂允諾而去。未幾，袁果得五萬金於朱，以三萬畀楊充會費，而自取二萬。語其愛姬曰：「汝前日欲索鑽石釧，今忽得意外之財，亦汝之佳運也。」

籌安會中孫、胡等聞楊得巨款，爭詣其家探信，且陳涸鮒待潤狀。蓋項莊舞劍，用意固自有在。楊測其來意，即先發制之曰：「小袁賚來五千金，不知費幾許唇舌而獲此。用以支給會中辦事人薪俸，及僕役工資諸雜費，尚虞不給，安能顧及其他？但諸公困難情狀，與鄙人如出一致，同病象憐，豈容坐視！無已，二君暫賚二千金，減成支用，以俟經費饒裕，然後各償所願。何如？」孫、胡知楊胸有成竹，不可與爭，乃忍氣攜二千金而出。

楊入室，妾小賽花責之曰：「此等窶人子，奈何引為同類，且慨擲千金而不惜？妾昨索某衣飾，僅三千金，猶吝不與。而瑞蚨祥之宿逋千金，遷延不即償，使妾往彼購物，殊受人冷落，招待大不如前。非因君出納之吝使然耶？君之輕重顛倒類是，奈何尚自命為見機識時之俊傑哉？況即以瑞蚨祥之龍袍論，君早能以賄聯絡皇侄小袁，略施運動，則大宗利益，安得入老朱之手？又何必持土老鄉人之見，袒護同鄉，定欲照顧湘繡。致為人所乘隙，觸皇帝之忌，反致入手之食物，為人奪去。見機識時之俊傑顧如是耶？君休矣！尚不如婦人之見解，奈何欲與人爭富貴？」楊氏笑答曰：「女子房錚錚逼人，吾不得不拜服。『南人不復反矣！』」

金匱石室

歷代帝王之制，即位後，先立皇后及太子。清代則書繼統者名號封固，藏於正大光明殿匾額之後。此特殊之法，亦即防弊之至密法也。

袁氏酷慕其術，故於洪憲建號後，即日夜議此事。自謂：己由總統為皇帝，乃受國民推戴，實萬不得已之舉動。迨萬歲後傳賢傳子，並無成見。故聲言：朕當書可繼位者三人，特緘固一處，以待其時啟視。於是乃與梁財神、徐相國二人密議於宮廷深處，凡三日夜，室中不容第四人旁聽，外間莫知所議之為何事也。旋召皇侄小袁入，命工匠精鑄銅質鍍金之方匱，凡高二尺五寸，長三尺五寸，厚五寸。外有扃鑰，四圍可以啟閉，中附以純金質之秘櫝，代價約十餘萬金。見者則以為袁皇帝將舉奇珍重寶，什襲而藏於此中，以傳後嗣者也。匱既成，又命皇侄鳩工造石室於中海之九曲亭後，室以天池白石為廓，上下不施棟宇，四周咸以石灰米漿等膠固。一面置鐵門，下管鍵焉。既成，袁氏乃於宮中齋戒祀神及祖宗，親書名字三軸，如誥敕狀，置金匱中，親加扃鑰。然後送置石室，即閉鐵門鍵，外仍施灰汁米漿膠固。雖在近侍僚屬，絕不知所書者為何人，甚至家族嗣子亦未由一窺秘奧也。

先是，袁氏之嫡妻于夫人，以己子克定為嫡冢子，自當即位。而長妾子克文，有才學，能為文章，亦欲一顯頭腳。而愛妾有幼子，生有異兆，誕時紅光繚繞，又聞空中有仙樂鼓吹之聲，而天庭日角，儀表不凡，啼聲亦異常兒。推造者按其時日，則皆曰大貴人也，由是矜異之。妾又為袁氏所鍾愛，大有奪嫡之勢。于夫人恐其有妨己子也，欲探袁意誰果得立。袁性素陰鷙，凡祕密之舉動，雖家庭燕處，不肯稍露口吻，以故不得要領。惟聞金匱石室未扃之前，與梁財神、徐相國密議三晝夜而已。梁財神狡黠，城府深密，探之亦屬無益。惟徐稍長厚，且待袁之子姓如己骨肉，極為優厚。故袁之家族無不信仰之，有棘手事輒求其排解。於是于夫人私語克定：盍詣徐一探金匱石室中語？克定果以問東海，東海正色曰：「此乃翁第一秘事，非老夫所敢洩。且子尤不宜問此，即語有漏出，誠恐於子不利。」克定知不可強詢，悚謝無狀而已。自是克文益不敢問津，且知袁氏尚武而已好文，強半不能邀眷顧，亦遂賦詩寄慨，托於操心慮患而已。

惟愛妾恃寵而驕，奪嫡念切，乘袁氏召入侍寢時，靚妝敬賀帝制告成之慶，因言：「妾幸徵蘭夢，天賜貴子，生異常兒。陛下雨露之恩，皆妾生平之奇福。惟願陛下及此春秋未高，新朝鼎盛，早為此子預籌一出頭地。則妾雖鉤弋夫人，從容就死，亦所願也。妾為袁氏萬世計，豈敢私為一人計乎？」袁氏聞言，知妾且將干預立嗣事，艴然曰：「予大寶未登，鴻功未集，爾一小婦人，乃先謀奪嫡，鞏固一己之位置。此風安可長哉？姑念汝平日忠勤警敏，又有孺子，暫不宣布汝之罪狀。今且禁錮於園後某密室中，令汝思過知悔，然後特赦。若更有他言，或語有漏洩，則不能恕汝矣。」愛妾大驚，即長跽投地，崩角有聲，淚流被面，哀求袁氏恕罪，不敢稍漏前言。袁氏不許，曰：「禁錮之法，宮中已有明條。予亦不宣布汝之罪狀，汝姑靜待後命。」語次，立命女宦扶愛妾出室，褫服幽禁於永巷。

蓋袁氏平時御姬妾極嚴，稍有違忤，立即處以相當之懲罰。此在前清官督撫時已然，及任總統，則更立一院，以備拘囚犯過之處置。中分三室，一為姬妾之犯過者，二為婢媼之犯過者，三為臧獲僕役之犯過者。姬妾拘禁室最清潔，床榻梳洗具悉備，惟飲食用物，均由孔中傳遞而入，運動不得自由。必待期滿具有悔過證書，方許出室。或減少飲食分量以為懲罰，罕有施鞭撻者。至婢媼等，則時聞捶笞呼號之聲矣。

是夕，以愛妾付永巷懲戒，眾皆竊竊議，不知何事忤帝意，乃竟中夜治罪。又或駭謂愛妾如此矜寵，尚不肯通融枉法，袁氏之不可測度，誠足令人悚惕。於是宮中重足屏息，不敢稍有異心。

無何，于夫人親臨徐相國家，拜問所以。徐曰：「非予固執，或有意欺夫人母子也。予苟洩此祕密，實於夫人母子不利。今上之威棱，孰敢輕為嘗試？願夫人母子毋過勞，他日大事，非夫人母子，又將誰屬也？他人予不敢必，若予與梁君，則始終忠於袁氏。請夫人母子勿疑可也。」于夫人曰：「非有所疑於君而出此也，實因驪姬之禍，使人寒心。彼妖狐者，方日肆其簧鼓，以異兆奇應欺人，日夜媒孽，欲使其胎雛攘大寶。是可忍，孰不可忍。聞金匱中有三人名，恐此胎雛在其列，故徘徊顧慮。杜後患於眉睫，不得已而乞憐於公耳。」徐曰：「此誠夫人過慮，下走請得以百口保此金匱中無幼子名。夫人母子第從容修德，以邀天佑，幸福之加正未艾也。」于夫人遂唯唯稱謝而退。於是家人推測，知三人名中之必有一克定在矣。

及袁氏既逝，黎黃陂命毀鐵門，啟金匱而視之，則赫然克定皇長子及徐相國、梁財神三人並列也。此二人者，名雖作繼位之備員，實則為嗣皇帝之輔弼。袁氏之密商三日夜，其計不亦狡且周哉？然而不能保西南之變，則天也。

六君子

戊戌之變，袁氏以轆轤之計，殺忠於清室之六君子。民國四年之禍，乃又有六君子以效忠洪憲、諂事新朝之籌安行為，反殺袁氏。所謂六君子者，籌安會發起人楊、孫、胡、嚴、劉、李是也。楊、孫、嚴、劉，皆以文學著稱之名士，而胡、李則武人，其性質不同如此，然其趨向行徑，亦各自有本來面目。楊主保皇；孫、胡、李乃老同盟派；劉亦以文字鼓吹排滿，與楊之主張，向相水火；嚴則依違其間，惟偏於舊學派，其信仰帝制，尤甚於楊，實與劉、孫等背道而馳者也。然以諂事新朝、縈情祿位之希望相同，遂強相牽合，竟成一雜糅混合之團體。

初，阮內史薦劉於袁，俾作一文以解釋國體，將與古德諾之西文並刊，期以此變改全國輿論。而劉文博引繁稱，詞勝於意，甚不愜袁旨，籌安會幾不得成立。旋由皇長子克定及梁財神汲引楊氏，袁氏悅之，歎為逸才。遂推楊氏為主幹，而籌安會得以三十萬金之特別獎助，大出頭地於帝制之宇下矣。

孫氏以安徽都督之爭，未能竟占優勝，時思出一頭地，以償其欲望而誇耀鄉里，雪前日之恥，且足以過官癮也。遂不惜一變其宗旨，而首先提倡帝制。楊氏見其為民黨優秀分子，兼有政治之才，有意聯絡，以誘起彼一方面之勢力，於是孫在籌安會中得占第二座矣。

胡亦光復偉人，以被第二次革命嫌疑，畏罪自首，幡然欲自表其效忠袁氏之誠意，故亦不惜犧牲初志，捨己從人。然究以負罪之徒，未必為袁皇帝所深信，故其勢力遠不及楊、孫。

劉申叔則以有文無行之浪人，忽思乘機攫取利祿，乃作帝制文章，欲以轟動袁氏。豈知袁氏者，乃奴使文士之曹瞞，非偽飾經術之新莽，而申叔之偽古文，遂不能邀其青睞矣。既遭批斥，宸眷自爾稍衰，位置人格，乃為皇帝之千鈞大力所壓，頓低二百四十級矣。幸楊氏以狐兔之感，臭味差池，分為同類。又復暗中為籌安會熱度所蒸發，升高數十丈，始從二百四十級之下，躋躋二百三十六級之上，而得廁六君子之列。

嚴氏以芙蓉城中先進之第一流人物，負譯書之盛名，哲學名理，超然物表。詎不足以追斯賓塞之塵，而奪達爾文之席，無如國師之讖緯，莽大夫之美新。偶思利祿，遂縛塵鞅，更一錢不值何須說！梅村懺悔之詞，竊恨其已晚也。然疏懶性成，高人習慣，尚未能脫盡凡胎，較捷足奔走者，仍復自歎不如。袁氏尊重耆宿，頗加敬禮，形式上優於楊、孫，何論胡、劉。實則投閒置散，僅視為新朝之陳列品而已。即會中亦以其篤舊不親世務，視若夏鼎商彝，所謂借重大名，供人牽曳者也。

而李則一介武夫，茫無知識，因光復機會，劫得資財，獵取高位，傲然自以為命世英雄。又恐為同黨所攻訐，固思托庇皇帝之宇下，以保其永久富貴之幸福，此則毫無宗旨者耳。袁氏忽接得其部將龔先耀者告發李之四大罪，頗滋不悅。間謂楊氏曰：「李燮和乃如此。黨人之言，雖未可盡信，然名譽既壞，會中何須此等人物！」故李始終不為袁所優禮，而會事亦不甚與聞。每有會議，李僅道得「贊成」二字。不過藉此會之幌子，居京師鬧架子而已。

龔先耀之告發原呈，初頗祕密，袁氏念其籌安發起之勞，匿不與發表。後漢、滬各報登載，京師始譁然。其文云：「具稟人前福山鎮守官兼駐浙光復軍第二團團長龔先耀，稟為軍官營私舞弊，病國殃民，並侵蝕淞滬運動各費甚巨，伏懇徹究追繳，以維軍紀事：竊查勳五位陸軍中將總統府顧問李燮和，當武漢首事之時，由湘至鄂，無所措手，乃潛至上海。其時先耀等皆供職浙滬水陸各營，默觀大勢，方議回應，徒以各營分立，勢如散沙。該中將探悉此情，乃以同鄉之誼，居中執奔走聯絡之勞。事成，各軍官及先耀等，以勢位相等，莫敢居首，該中將乃乘機設立軍政分府於吳淞，自稱總司令。以一寠人子驟居高位，誰肯相下？徒以大局所關，不可自相爭奪。先耀等皆以推位讓功之旨，隱忍遷就，以期無敗國家之大業。自獨立之始，至南北統一，先耀等皆在行伍衝鋒陷陣，於該中將之所為，未暇深計。及奉令解散，先耀等以共和告成，遂潔身歸田，口不言祿。未幾，聞人言該中將乘解散之時，浮報軍費將近百萬，在滬狂嫖闊賭，揮霍無度。先耀等猶未敢信，及先耀等親見該中將在滬高車華屋，姬妾滿前，遂不能無疑。迨詳加考查，始知該中將在其本籍地方，所置田房礦產及經營茶織等業，歷歷可數者不下三四十萬金。自去春至今，浙、漢、滬、寧等處，猶時聞該中將發售公債票。查該中將家本赤貧，至滬時猶衣衫襤褸，人所共見，何以一二年內暴富至此？更進而查該中將取消之呈文清冊，竟以先耀等應領浙滬運動各費，盡入其私囊。以多數人之犧牲，供彼一人之富貴，浮冒貪婪，弁髦法紀，實為神人所共憤，天地所不容。先耀等若不據實舉發，對於國家為不忠，對於個人為不智，更何以仰副大總統禁暴懲貪、綜核名實之至意。謹將該中將種種罪惡，敬為我總長縷析陳之：

「一、浮冒軍餉也。李燮和組織光復軍，其初包含黎天才、姜國樑所部軍隊在內。克復南京後，黎軍即直隸蘇督，姜軍始則就地籌款，後亦改歸蘇督，均與光復軍無涉。故號混成旅，其實僅步兵五營，炮兵一營，工兵一隊。當日官佐均在，可供質證。而報銷冊中，均按混成旅計算，每月所入，為數甚巨。此其浮冒者一。該軍第一團所轄步兵二營，於元年二月初開赴煙臺，由山東發餉；第二團為炮兵一營，工兵一隊，係辛亥十二月續招，亦於二月內編入第五師，由江蘇發餉；女子北伐隊二十餘人，軍費僅三百餘元。按之報銷冊內，其軍隊人數與成軍日期，均與此大不相符。此其浮冒者二。光復軍總數不過三千人，攻克製造局時，所取槍炮甚多，除自用外，餘者售與浙軍，索價銀數萬元，浙軍有案可稽。軍服一項，係由駐滬軍裝委員楊作霖經手，在上海安吉軍衣莊購製，有賬可查。而報銷冊內，所用軍餉，共計銀六十五萬一千九百餘元之巨。此其浮冒者三。光復軍司令部在事人員，不足四十人，當義軍初起，人懷報國之志，均不支領薪水，每人每月僅給津貼五元。該中將曾著《光復志》，亦經敘列，約計三個月，並火食雜用，極多不得過一萬五六千元。而報銷冊辦公費，開列三萬八千三百二十六元。此其浮冒者四。淞滬反正，李不過奔走聯絡而已。其實由於軍警兩界深明大義，自舉義旗，並非利誘。而報銷冊內所開運動費，共銀十三萬四千五百四十元。軍警兩界長官，如黎天才、姜國樑、黃漢湘、朱廷燎、陳漢欽、章豹文等，均稱未經領受分文運動犒賞各費。此其浮冒者五。李燮和以駐軍淞滬之故，聯絡陳其美，令其救濟軍餉，前後共由滬軍都督府領受餉銀二十餘萬。查報銷冊內收入項下所列僅數萬元，相差甚巨。調滬軍報銷冊清查，即可證明。此其浮冒者六。李之兵入南京，志在得財，乃即派兵前往接收大勝關、八卦洲等關卡並下關掣驗局。數日之內，約收入七八萬元，而所列報銷，不過數千元。若提訊當日經辦人陶夢蛟等，即可明白。此其浮冒者七。上海光復時，吳淞附近厘局十餘處，均由李派人接收，又清丈沙田，開辦彩票，提倡義捐及義務演戲等款，據當日在事人言，統共收入約二十餘萬元。而李燮和呈文內，以為數含糊了之。此其浮冒者八。總計浮冒各款，不下數十萬元。自應懇請傳訊明確，勒令繳出，以重國帑。

「二、侵吞公債也。查光復軍餉項預算及欠餉細算，於南京臨時陸軍部請調李任為旅長案內，曾經聲明籌備北伐，請領出發經費，曾發給滬軍公債票四十萬元。至二月十五呈請改組本部，奉批停止北伐。李燮和即乘勢將所領公債票四十萬元盡數開除，尚不敷六萬二千餘元。前後不一月，遽與前案大相矛盾。試取兩案比較參觀，其揑報之處，自能一目了然。但兩案俱在，則陸軍部何以核准。查其時軍衡司長，乃前槍斃之仇亮，係李燮和死黨。兩人勾串，由仇亮調卷，越權批准，強黃興畫押。仇亮之筆跡具在，可以對勘。當造報時，強秘書易鳳祺綜括已收之款，使之出入兩相抵銷。乃李更欲壑難填，復強令浮加六萬餘元，由部批發現金四萬元。民國二年，李燮和以此項債票不能行用，呈請掉換愛國公債，經財政部三次批駁，李燮和手段通神，卒達目的。而此四十萬債票，遂盡入私囊，故至今猶在各埠發售未罄。果係軍用，何至遷延數年之久，尚未清結？果係軍用，何以當時在事水陸軍官佐，未見搭配分文，乃為李燮和所獨有？且兩年來京外各報紛紛揭載，李燮和何以默不一言，白明心跡，其為侵吞已無疑義。

「三、敲詐商民也。招商局帳房施祿生由蘇至滬，李用擄人勒贖之法，派人跟蹤至下車時，即行捆縛，連夜用重價開手搖車，解至吳淞軍政分府，萬般凌虐，勒令供出盛宣懷財產所在，欲攘奪之。威逼施作手書，求救於招商局。該局董事不得已，出票銀十萬兩將施贖出。查報銷冊內載，此款黃漢湘、彭東垣等共領五萬元。據漢湘口稱並未領收此款，據彭東垣口稱，除受燮和託為娶名妓惜花別墅為第三妾身價銀，及用購妝奩衣飾花銷外，餘未領取分文，與軍餉毫不相干，此可一訊而知者也。南京都督府成立，即宣示無分滿漢，一體保護。燮和利令智昏，不遵命令，派隊四出搜尋旗人家宅，大肆擄掠。有駐防旗人穆布阿，聞風即將所有財產寄存鄰右雜貨店中。為李燮和探知，派團長李炯前往，抄掠一空。該旗人及店主在都督府控告，有案可查。李燮和駐軍南京時，派兵騷擾各廟，令其呈繳廟產，不遵者即以槍斃恫嚇。迫寶華寺僧光悅呈出房契一紙，價值萬餘元，勒令書必送契，揑稱售與朱崇如堂，以充軍餉。秩序恢復後，經廟僧在地方審判廳控告，判令發還。李燮和派胡伯營為朱崇如堂代表，互訴年餘。查崇如即李燮和胞弟之別號，胡伯營即其胞侄李剛所用之軍需官。因見報章揭載，恐生枝節，出銀數千元，與廟僧私和，一面由高等廳判結完案。似此鬼域行為，實屬有傷軍紀，應請傳集該僧，訊明懲辦。又派人向已故參政袁樹勳之侄袁思永威嚇，聲言如不勸令其叔捐款三十萬，即將不利於其家。袁不得已，將房屋數處，押款一萬六千兩，李不允。袁在南京有住宅一所，房屋數處，李燮和乘攻克南京之時，派其部下前往，劫掠一空。並占其房屋，使人示意，如能報效巨款即予保全，否則付之一炬。袁不為動，卒將其屋踐踏不堪，損失甚巨。此種強盜行為，皆為湘人所深悉，此可證於袁氏者也。

「四、濫保親屬也。李燮和係速成師範學生，於軍旅一事，學識經驗，一無所有，謬居總司令之職守，迄四閱月。其在上海，係得陳漢欽、章豹文、葉惠鈞、王楚雄、成富貴、楊勵身之功；其在吳淞，係得朱廷燎、姜國樑、黃漢湘、謝宏恩、徐占魁、楊承溥、章兆旗等之功；其協攻南京，係得黎天才、申猶龍、周德厚等之功。此非先耀等之私言，稽之案牘，信而有徵。即先耀等躬親戰陣，未敢告勞，雖曰無功，幸可免過。而李燮和以上諸人多未列保。至其胞弟李雲龍，於光復軍取消後，始由桂來寧，並未與聞戰事；其胞侄李剛，一臭味小兒耳，甫由日商船學校肄業返國，即畀以團長之任，皆朦保陸軍少將，加中將銜之崇職。李燮和固屬一門顯達，振耀當世，然而有功不錄者，抱屈難申矣。

「以上各款，均係實在情形。（中略）至應如何懲辦之處，法令具在。如王治馨等，貪贓犯罪，前例甚多。該中將罪案累累，如果同罪異罰，何以服人心，何以維國法（下略）」云云。然自是楊氏亦漸疏李，但以李富有資財，時助會中經費，故虛與委蛇耳。

魏文帝與陳思王

洪憲帝制之發生，袁氏長子克定頗於中效力，且金錢運動，往往自其手出，是袁氏之信任可知。而克文者自謂有才，能通書史，善屬文辭，獨不得被寵眷，恒怏怏不平。蓋袁氏尚武不好文，克文又多名士習氣，於袁氏性情不甚融洽故也。而最為違忤之大原因，則在克文不熱心帝制。彼以總統制之勢力，亦已無殊帝王，何必變更國體，徒啟國內紛擾。因克文與外間人士交接，時閱新聞報章，稍稍接近輿論，不若袁氏之久受蒙蔽。而克定則刻意象賢，亦屏報紙而不閱，故與克文之見解，復不相侔。並非克文果能超軼尋常，挺然為幹蠱之令子也。

顧克文自是以操心慮患，而不見諒於父兄，乃自比於古之孤臣孽子，賦詩見志，鬱伊不自聊。克定見其如此，益以為非，時加誚讓，且短之於父母之前。克文又庶出，既不得父歡，則其母可知。幸長妾年久，尚稍稍有家政權，故克文不至如趙王如意。然相形見絀，已覺難堪。又自以才華絕世，而袁氏方希蹤魏武，克定復以文帝自居，則天然之比較，直擬於陳思王矣。

一日，偶因事與克定有所爭執，克定頗持武斷主義壓之，使不敢不從。克文愈牢騷憤懣，因吟七步詩以自解。克定謂其詬己，大肆指斥，幾欲用武。家人僕役，皆附和克定，亦敢侮辱克文。克文愈不可堪，乃憤起嘩辨，聲達他室，為袁氏所聞，因使守衛拘二人就詢。克定能從袁旨，婉曲自達其意，且訴克文敢斥言帝制為不當，私受黨人煽惑。袁氏大恚，數責克文備至，謂他日更不悔改，則必付特別法庭判罪，今但削其每月之支給金以為懲罰而已。於是克文哭泣自傷，幾以身殉，為其母所勸慰乃止。而魏文帝、陳思王之喻，喧傳於外矣。顧當日之袁氏，為帝制之陰霧所籠罩，君主之惡魔所迷罔，無一人稍知大勢。惟克文尚有一線光明，是不得不推為庸中佼佼、鐵中錚錚者矣。

新華宮中之舊僚，能道天寶遺事者，則竟以帝制發生，歸咎於克定。其言曰：「項城推翻清廷，夙怨已雪，初無帝制自為之意。惟克定狼子野心，慫恿於項城之側，已非一日。癸丑之役，大亂削平，自以為雄兵遍海宇，何事不可為，始怦怦動。然袁氏意猶以信誓旦旦，外衡大勢，內審民情，回顧遲疑，不敢公然稱帝也。克定則蓄志既久，努力進行。始結合楊度、孫毓筠、周自齊、朱啟鈐輩，定謀畫策，先有古德諾之文字，代價至五十萬金。籌安會乃成立，疆吏手握兵符者，無一人得預聞其事。此實項城帝制失敗之一大原因也。楊、孫輩利祿薰心，擅作威福，通電各省，徵求同意。稍有遲滯不報者，輒貽書詬責之。京內要人，若段祺瑞、王士珍、張一麐、嚴修等，相率引疾辭職，初未敢明言反對也。

「項城有子十七人，能參預政事，手握重權者，僅克定一人。次子克文雖偶有建白，皆為克定所扞格。餘子咸稚弱，克文讀書識大體，默察天下大勢，知不可強為，進言諫阻。項城弗聽。克定知之，因嫉視如仇讎，陰遣人圖之。後項城微聞之，語克定曰：『克文雖不肖，手足何忍相殘？』

遂戒克文不得干涉政事。克文乃稱疾，累月不出戶庭。克定當帝制之宣布也，手諭府中人員，令皆呼之曰『爺』，而以『老佛爺』尊其母。蓋以前清宮內，呼光緒為『爺』，慈禧為『老佛爺』。其目中無父，而其莫大之野心，可想見矣。迨項城知其事，則已在垂近取消之時。

「克文別字寒雲，曾有一詩，題曰『分明』，登諸帝制轟轟烈烈時代之《亞西亞日報》，憶其時為民國四年十一月間也。詩云：『乍著微棉強自勝，陰晴向晚未分明。南回寒雁淹孤月（克文曾遊南一次），東去驕風黯九城（指日本交涉）。駒隙留身爭一瞬，蛩聲催夢欲三更。絕憐高處多風雨，莫到瓊樓最上層。』通體意旨，固明言皇帝不可為也。詩為一時所傳誦，當帝制興高采烈時，忽有此驚人之句，若在項城事敗後，必無價值之可言。彼時閱此詩者，皆為之擔憂，或舌撟不能下。至今日言之，則不能不服其見識加人一等也（按：此亦稍閱報紙、接近輿論之功）。」

又云：「去歲民黨孫洪伊等宣言書云：『項城次子克文，且不贊成帝制，況他人乎？』即根據此詩而言之也。觀此，則克文之比於陳思王，似尚能過之。」

瓊島古碑

梁、阮、楊、周、朱、顧等既欲攀龍附鳳，以帝制奉袁，而又恐袁氏進行不堅決，或致半途而廢，功敗垂成。於是日夜密商，務使袁氏持之甚堅，不為外界一切所搖動，始能戰勝各方面之勁敵，安然登諸大寶。然後分第賜爵，爾公爾侯，人人之富貴，可償夙願。故除將反對派之言論，匿不使袁氏寓目，或改造報章以進御覽外，更探知袁氏極信星命讖緯之學，乃奇想天開，仿效古代偽造瑞命之術，以堅袁氏之信仰。此實出於洪憲諸臣之權術，由不得已之苦衷而出者也。

當帝制議初起之時，袁氏尚遲回不能自信。乃每日於五鼓時，屏車騎，僅挈十餘侍從，親詣北海中瓊島高處，即喇嘛寺之白塔上，行禱拜禮。意蓋求天示以朕兆，以決進行與否。如是者約月餘矣，外間絕無知者，惟親密侍從及皇長子知之。一日，仍如前狀，甫及瓊島之麓，見林薄草際，微有火光熠熠，而色白如電。袁氏驟睹之，欲有所辨，乃一瞥間已黯然無睹。時曙光未盛，不能認其地點，即命衛士四出覓視，以窮其異。久之，衛士報云：瓊島之南，忽有一處泥土疏鬆，墳起若阜，殆其中藏有他物耶？餘則無所睹聞。袁未及語，時克定在側，乃請令衛士往掘之。袁氏以為然，因坐塔前以待。掘土約丈餘，果發現石碑一，碑式不甚高大，而斑駁陸離，的是古物。亟呈袁氏觀覽，其文字蒼古，非篆非隸，惟末有一行係唐碑楷體，乃辨為李淳風所刊。碑文約三十餘字，一時瞠目，無能辨識。克定乃請召梁士詒，令其解說。未幾，梁至，反覆審視，既而曰：「此繆篆也，臣不能識。請即召劉師培至，彼研究古文篆體有素，當必能瞭解也。」袁氏笑曰：「即前日作粉飾經傳，令人不能索解之君憲國體論文者乎？此人果奧博，以此事屬之，自極相當。速召之來！」未幾，劉至，乃譯成三十二字：

「龍戰玄黄，墜統失綱。庶民不和，洪範憲章。天命攸歸，安吉衣裳（吉字乃袁字之分析體）。新我華夏，山高水長。」

袁覽之大驚，曰：「千餘年前，乃已瞭若指掌耶？統者，宣統也。民國共和不成，洪憲二字，尤為顯明，新華之兆，亦已表示。惟安吉句不可解。」語未已，劉氏道賀曰：「吉衣二字，即我皇之受姓象形也。」袁不覺大喜曰：「唐時已定今日之局，語語命中，可不謂之天耶？」乃舉以遍示六君子及十三太保等。中有熱心貢諛者，又復多方解喻，粉飾其詞。竟似上天垂象，已成鐵案，萬無讓避之理。袁志乃決，自是進行益勇。雖外省或有異同，亦復置之不顧矣。

實則此碑乃克定與梁等商同偽造，其篆籀則即劉所摹撫，密召琉璃廠一精於刻石之某工，匿梁宅花園中奏技，工資百六十金。一切雕刻及偽製古石狀，使成苔蘚斑駁，皆此工為之。碑成，乃賄守北海之衛隊長，舁入埋之。又探知袁每日祈禱於此，故置往來之道旁。而又預伏一心腹之人，偽為衛士狀，攜有鎂質之化學電料物，先於暗中燃放，迨袁氏驚覺，即避匿草樹中，以掩耳目。袁氏為迷信所蒙，竟墮彼等之術中而不悟也。

又克定處心積慮，欲促袁氏之帝制。尚恐瑞應不多，無以堅乃父之信，於是復售一術焉。會冬至，袁氏戒命躬親祀祖，以祈福佑。克定諗之，乃與梁等密商，預購丐者捕一巨蛇，全身火赤，以法貯祖先神龕內。及袁率子弟輩入祭，侍官甫啟龕門，故放其蛇。袁氏瞥見赤蛇蜿蜒而出，驚異失色。衛士欲鋤而殺之，克定亟命止，謂宜設香花果供，跪拜恭送。袁氏頷之，亦不加阻止。及祭畢返宮，克定侍坐。袁氏問赤蛇事，爾何以知其為瑞應？克定徐言曰：「初常聞父訓，古帝有火德王者。而吾家系出姬宗，周人尚赤，亦火德之餘緒。今籌安會甫經發生，而赤龍即出於神主之前，可見天心有屬，正示我父以朕兆也。願我父勿違天，違天不祥。」袁氏瞑思良久，乃曰：「天既與矣，人心將何如？」克定曰：「我父盍一試之，以覘其向背？」袁氏頷之，遂有召集各省民意代表之令下，皆克定主謀之力也。然因此等迷信之行為，反對派乃伺隙而動，亦欲借此題目一逞其志。

初，袁皇侄之子號不同者，夙與黨人投契，熱心共和，深以袁氏背信叛國為恥。乃思為荊卿、子房之計，逞其一擊。而宮禁森嚴，末由潛入，乃偽為贊成帝制者，探訪宮中消息。嗣知梁等載古碑入宮偽埋，大喜得計，乃以炸彈裝置成花爆狀，偽言此物夜間能自燃放，成五色龍鳳之狀，可令袁氏見之，詫為祥異。梁等不知其詐，乃亦為之介紹於衛隊等官，潛令輦之而入。無何，至一土阜下，犖确難行，車頓覆，炸彈觸石遽發，全宮大震。逮捕運送者數人殺之，未鞫究真情也。不同已聞風遠颺，衛隊等因受賄屬，亦得罪懲處。自是門禁加嚴，袁氏遂深恐他人圖己，不似從前之酷信符瑞矣。

招待偉人

袁氏受職總統之始，恐西南革命偉人圖己，乃竭意聯絡羈縻之，且欲一覘其人之才能高下。故一切招之入覲，概加優待。偉人來京，無不有賓至如歸之樂。

如孫文入京時，袁氏乃處之特別迎賓館，以衛隊百名擁護，供張之盛，車服之華，事事俾與己相埒。孫氏已稱頌不置，而接談之頃，又復謙恭自牧，而盛稱孫氏光復之大功，且即日獎以大勳位。孫氏曾語人曰：「袁某真能辦事，氣度亦自不凡。雖好使權詐，然亦應時會所趨，不得不爾。」又言：「袁氏初見面時，頗含一副至誠推解之態度，絕不似權詐之流。及談吐稍進時，深心辨識，則覺其語有鋒芒，眼光四射，洵非尋常可以窺測之輩。然我終疑成見在胸，有意探測，其挾城府相臨耳。及考其行事，乃全與所言相左。然則彼固一魔力惑人之命世英雄哉？」孫氏此評，頗耐人尋味。

至黃興、陳其美連翩入京，袁氏對付之手段，乃完全變易。惟供張車馬之盛則同耳，至於招待，則必命其親密心腹之徒，有意窺伺。而已僅接見一二次，顏色雖極溫和，而中含嚴厲，語氣中頗多前輩自居之意。獎勵頻繁，然與恭維孫氏者絕不相同。黃氏曾語人曰：「袁氏嚴重不佻，自信力甚堅，確係辦事人資格，但少學術耳。」陳氏則謂：「袁氏乃一善於應變、閱歷較多之人物。其一語必審慎再三而後出，獎人之善，亦能確如其分，誠老官僚中之極有魄力者。」

袁氏則語其所親曰：「孫氏志氣高尚，見解亦超卓，但非實行家，徒居發起人之列而已。黃氏性質直，果於行事，然不免膽小識短，易受小人之欺。陳氏一跳動少年，姿質尚明敏。」聞者亦以為所評頗的當也。

時凡挾光復一部分功勞之小偉人，亦皆謁袁氏求資助，或期得一位置。或被裁撤之後，窮無所歸，乃來京師訴所苦。袁氏知其如此，特私設一招待機關，撥經常費接濟。酌量其人之位分聲勢能力，妥為對付，或與以金錢，或留備公府顧問，一時安插殆盡。其抱野心者，則特別設計摧鋤之，不一載而大抵就緒。故於毀宋、擒殺張方、安置各督軍之應撤者外，自謂英雄皆入吾彀，彼餘子碌碌，固莫予毒矣。故決計免贛、皖兩督，雖激起二次革命之亂而不顧，蓋於招待偉人時察之已審，知最後之勝利，終操之在己耳。然豈知帝制甫興，即有蔡氏之軒然大波起於西南，卒以覆亡八十三日之洪憲新朝而已哉！

石家莊慘劇

北洋系中軍人，皆非真能識共和政體者。其敢於推覆滿清，傾向共和，徒以大勢所趨，存冀幸富貴之私，且惟袁氏之馬首是瞻。個中人俱能知之，事實上絕無可掩者也。故袁氏敢於奉詔再出，迫隆裕主張退位，及其後即傲然帝制自為，咸本乎此。夫豈漫無把握而為此哉？因是知當時同處一系中而矯然獨異，欲本其良心作用，以造成共和民國者，其為袁氏所深惡痛絕，而務排除以為快也必矣。夫是以吳祿貞不得免於慘死。

先是，袁自督直及入掌樞密，皆陰與革命黨徒互相往來。其意在嗾使擾亂清室，兩敗俱傷，而已收漁人之利。故除南中老同盟會人物，性質夐異，不受袁之羈勒外。其餘凡屬新軍系統內，稍具排滿臭味者，無不在袁之涵蓋中，而北洋系為尤近。此等思想，並非真為國家改革起見，純係欲助袁推翻親貴之大勢力，而為己黨中造成嶄新位置，即謀個人之出頭地。故袁氏在朝在野，聲氣未嘗間斷，其人之將來應如何作用，無不往來於胸中。試問今日高居津要之袞袞諸公，能有一遁出此範圍者否？而惟吳公祿貞則翹然獨異，不與袁氏表同情，雖表面上虛與委蛇，而其嚴正之丰采，及平時之行誼，浩乎不能自掩。

祿貞，字綬卿。自陸軍學生擢至第六鎮統制，固由榮祿與袁氏之力，顧其初憤清政不綱，漢族受禍，欲根本改革，以遂重行建設之計畫。時與南中革命巨子，異曲同工，而於北洋系中之偽文明及蝙蝠派諸人，斥之甚力。此等論調，或時時見於著述。袁氏知之，密召與商榷。祿貞慷慨效命，而詞氣之間，則風袁氏當以民國為前提，而不可以個人之權位為目的。詞旨沉痛，與他軍官之感激私恩，願效前驅者敻異。袁氏心焉識之，謂此公非易與者。苟令得悉吾數十載之辛苦將成畫餅，而吾族且無噍類。遂注意防閑之。時僅為某軍之營務處而已，因抑之不復超擢。

及袁引疾退居洹上，蔭昌、良弼等當軸，頗賞祿貞之敢於任事，攝政王亦然之，累擢至第六鎮統制，實非袁之所願也。無何，革命軍起，袁既受清廷之命，組織內閣。時長江流域各省，已先後宣布獨立，而黃河流域之陝西、山西等，亦同時舉義。袁意以京師根本，不宜動搖，以固己身憑藉之地位。而山、陝為肘腋之患，設有變起，京師即不可保，而己之完全計畫，將歸失敗。然祿貞者，既醉心革命，志在實行改革，必不能聽己之指揮。若留之畿輔，行且潛為內應，其勢勃不可遏。惟有調虎離山及誘蛇出穴之術，可以施其摧鋤之慘劇。乃偽以舊部信用，保薦於清廷，使其統帥向西征剿。而召心腹之武人，密伺左右，偵察其舉動。謂苟能除此害馬者，黃金高位，惟爾所欲，必不有吝。心腹某甲者，亦彪悍之將校，今日赫赫之上將軍也。其時殊未露頭角，而欲乞憐於袁。袁以此責任屬之，且令便宜行事。

祿貞統師之石家莊，時山西民軍首領，係祿貞舊友，賫密書至軍中，責以大義。祿貞裁書答之，有此行非助虐之謀，本為反攻之計，容部署粗定，以待會師東行，擒渠掃穴，在此一舉云云。

孰知即袁心腹某甲之所為，竟私攫其覆稿，飛電報袁。袁即命就近圖之。某甲乃令其所蓄死士，乘夜入帳，欲得而甘心焉。是夕，吳方在行營司令部批閱公牘，忽一短衣窄袖之差兵，闖然而入，出勃郎寧手槍轟擊。吳急呼侍衛，欲起覓所佩手槍，俱已不及，胸前及肘後已連中數彈。然即奮起格鬥，掣得案上佩刀，格殺行刺者六七人始仆。副官某於別室聞聲出視，又為別一刺客擊中，同時慘殞。蓋其時袁心腹某甲，已遍賄其侍衛，俾遠離中帳，且預除異己者以滅口。聞副官某之死，因識刺客之為某部下，偶呼其姓名，故並擊殺之以滅口也。

山西軍聞耗，遂不敢近攻。而袁氏之個中勢力，乃益膨脹，公然惟所欲為。革命軍推翻根本之大計畫，全歸失敗，使千數百年之帝王巢穴，賴此一擊，遂克保全。議和退位，虛衍文章，卒成洪憲帝制之怪劇，其惡魔垢穢，至今未能掃滌。則皆袁氏之罪惡構成之也。予於丙辰秋適晉，過石家莊，見吳公有紀念碑在。雖貞琘玉立，題額輝煌，然身後之榮，何裨於時局？徒供追維往事者憑弔唏噓而已。

張方案索隱

張振武、方維之為袁所捕，人皆傳黎氏通電告變，令袁就近除之，而不知黑幕中別有一段歷史在。振武粗莽，黎氏長厚，實為袁之八卦軍師、萬惡偵探等所構諂而成，事後亦無人為之申辨，可歎也。蓋振武豪奢倨傲，舉止疏淺，宜乎其身罹刑戮。惟黎氏處此進退兩難之地位，乃甘為有名之傀儡，從此羅網已成，而瀛臺之幽囚，即其朕兆矣。

初，振武來京師，亦以偉人資格，受袁氏之優待。少年氣盛，以豪俠自命，亟思建樹功名，一躍登諸偉人之上。又熟聞黨人論袁氏奸偽，其暗殺吳祿貞、拒絕南下受職等情事，蛛絲馬跡，儼然有憑藉巢穴，因而挾天子以令諸侯之心，不久必且帝制實現。振武聞之，酒酣氣湧，輒攘臂願擁護共和，誓死效忠民國，苟得勝利，即當扶黎氏代袁氏。此語竟常常道之，不自檢束。黎氏聞其孟浪，亦深不為然，因欲羈勒其野心，且使其接近中央政府，以練達應世之知識。故特為要求免其軍務司長職，致電袁氏，令召之入京，充公府顧問，意實欲成全之也。而袁氏所忌者，偉人之持改革政治議論。彼深自韜晦之流，尚不免遭其猜疑，而況好自表襮者耶？

時鄂人有在袁氏左右者，夙不慊於張氏。因張於光復時掠得資財，供其揮霍，淫佚逾檢之行動，時時有之。而對於舊官僚，感情尤惡，敲剝肆虐，勢所不免。故輿論沸騰，黎氏之驟加裁抑，亦以此也。而公府中之舊官僚，其畢力反對情形，更可想見。袁氏知其如此，乃以為黎氏既授我以機會，假手於我以除此惡徒，安可交臂失此？於是謂八卦軍師曰：「張氏欲構亂以遂其蛇豕之欲，黎畏禍及己，而推嫁於我。爾曹先發制之可也。」軍師既領命，即出而招集部下，令圈制張氏。有某甲者，偵探之最惡者也，栽贓誣諂，不知殺人幾許，居然攫得富貴矣。袁氏甚賞之，即交某軍師酌量任用。凡偉人之北來，彼皆混跡招待之間，興波作浪。惟其時袁氏之對待偉人，尚在羈縻時代。軍師窺上意旨，不肯發難。某甲雖時有所言，軍師輒不首肯，某甲怏怏已久。是日，軍師召某甲謂之曰：「爾之脫穎時機至矣！好自為之，毋令人笑汝拙也。」某甲唯唯，欣躍而去。

越三日，鄂渚赫赫偉人張振武氏，與其秘書參謀前將校團團長方維等，會宴於醉瓊林，高朋滿座，談笑風生。酒闌，復入密室瀹茗談心。但聞張氏大言曰：「君等皆吾之手足心腹，此事若成，何患不得志？且唾手去數百年來之禍根，四百兆人束手之大敵，奇功偉業，青史罕聞。今日為著手之始，從此直搗黃龍，尚當與諸君痛飲耳。」眾皆俯首低語曰：「同懷義憤，務奏膚功。某等既膺密命，雖赴湯蹈火不敢辭。」張氏頷之，良久，乃續言曰：「京師非他方比，輦轂之下，耳目眾多。汝曹所持委任狀，輕易切勿示人也。」眾咸唯諾。既而車馬聲喧，主人送客矣。

明日，公府中發一密電至鄂，謂：「某軍官張氏來京，承明公之委託，位以顧問，待遇殊優。乃不意包藏禍心，潛謀擾亂。今已偵探確鑿，證據具在。且彼竟偽冒明公名義，尤堪痛恨。乞即商定辦法電覆，緩則生變。切盼！」黎驟獲此電，大驚，急召秘書等會商，皆曰：「袁之羅織已成，百喙無以自解。苟欲申辨，則彼即宣布證據，興兵構釁，禍及生靈，大非副總統福國利民之本意。且張氏孟浪鹵莽若此，苟不殲除，必為盛德之累。為今之計，惟有速電請痛懲以法而已。」黎意乃決，電覆至京，時民國元年八月十五日夜十時矣。

豪俠揮霍之年少英雄，方乘中秋賞月之樂，躍宕於花天酒地間。其華美之馬車，甫從前門出至大柵欄口，而步軍統領衙門及軍政執法處所派之兵隊，忽上前攔阻，聲言拘捕罪犯張振武。張呼斥之，不聽，相持至外城軍政執法南局。而居西河沿旅館之方維，及同來將校十三人，皆被拘而至矣。是時張、方等皆斷斷以無罪為辨，旋轉至京畿軍政總執法處，始由執法官宣布湖北黎都督電，略謂張、方煽惑軍心，謀為不軌，請即正法云云。遂即於一時頃將二人槍斃。

實則黎氏之電，係由袁氏所逼迫而來。而所以不將委任狀宣布者，以其有湖北都督名義，恐惹起大獄，牽動全域，且所以市恩於黎氏，為將來收拾鄂局之計畫。故其後黎氏以副總統名義，卸職來京，被幽瀛臺，不敢稍有異言，皆此一案之短長，為袁氏所持也。其時袁氏之手段敏銳，辦事斬截，實足令人驚佩。蓋於殺張、方二人外，一無所株連，即被拘之將校十三人，亦資遣回鄂，其用意之明決可知矣。

其由步軍統領、軍政執法總長會同出示所宣布之罪狀，有可觀覽者。示云：「陽曆八月十五日，奉臨時大總統令：『八月十三日，准黎副總統電開：「張振武以小學教員，贊成革命。起義以後，充當軍務司副司長。雖為有功，乃怙權結黨，桀驁自恣，赴滬購槍，吞蝕巨款。當武昌二次蠢動之時，人心惶惶，振武暗中煽惑將校團，乘機思逞。幸該團深明大義，不為所惑，元洪念其前勞，屢與優容，終不悔改。因勸以調查邊務，規劃遠謨（可見張受黎命來京，自有遠圖，惜其人機事不密也），於是大總統有蒙古調查員之命。振武抵京後，復要求發巨款，設專局（較之籌安會何如）。一言未遂，潛行返鄂，飛揚跋扈，可見一斑（此中大有文章，運動倒袁，蓋確乎事實也）。近更蠱惑軍士，勾結土匪，破壞共和，昌謀不軌（冤哉！此八字不加之洪憲帝系），狼子野心，愈接愈厲。假政黨之名義（此為袁氏所最忌），以遂其影射之謀（可見黎氏未嘗不與聞，為袁氏所逼，不得不撇清耳）；藉報館之揄揚，以掩其凶頑之跡。排解之使，困於道途（袁之偵探，實混雜其間）；防禦之士，疲於晝夜。風聲鶴唳，一夕數驚，賴將士忠誠，偵探敏捷（此袁氏之偵探也），機關悉破，弭禍無形。吾鄂人民，首拜天賜，然餘孽雖殲，元憝未殄。當國是未定之秋，固不堪種瓜再摘（嗚呼！何堪竟遭帝制毒手耶）；以梟獍習成之性，又豈能遷地為良（實則尚不如據湖北有之，一面聯合蘇贛，彼帝制野心，自不敢輕作。黎氏之顧慮穩健，實不啻養成袁氏之罪惡也）？元洪愛既不能，忍又不可（可見被袁氏強逼而發此電），迴腸盪氣，仁智俱窮（黎氏絕非惡棄張氏者）。伏乞將張振武立予正法，其隨行方維，係同惡相濟（實本於袁氏偵探之口中語），並乞一律處決，以昭炯戒。此外隨行諸人，有勇知方，素為元洪所深信（當時條件中必以不欲多殺相要求，故袁氏允其如此），如願歸籍者，請就近酌撥川資，俾歸鄉里（既隨張、方北行，安得謂漫不知情，此處實有漏洞。袁氏意但使黎氏知畏，固不妨稍與通融地步也），用示勸善罰惡之意。惟振武雖伏國典，前功固不可沒（數數回護，然不能救其死。失勢之人，大可憐也），所部概屬無辜。元洪當經紀其喪，撫恤其家，安置其徒眾，決不敢株累一人。皇天后土，實聞此言（對於叛徒，何必如此恩厚隆重）！元洪藐然一身，托於諸將士之手，闒茸屍位，撫馭無才，致令起義健兒，夷為罪首（感憤之辭，不覺吐露）。言之赧顏，思之雪涕，獨行踽踽，此恨綿綿（負張、方矣）。更乞予以處分，以謝張振武九泉之靈，尤為感禱。臨穎悲痛，不盡欲言」等因（彷彿我雖不殺伯仁，伯仁由我而死話頭）。查張振武既經立功於前，自應始終策勵，以成全人。乃披閱黎副總統電陳各節（何曾是彼出於自願，乃為爾構陷威逼，使之不得不然），竟渝初心，反對建設，破壞共和（絕似洪憲皇帝罪狀），以及方維同惡相濟。本總統一再思維，誠如副總統所謂『愛既不能，忍又不可』（設計已遂，人言皆可為我注腳。袁氏真可畏也）。若事姑容，何以對烈士之英魂（此蔡松坡所以出萬死一生，舉西南兵力反抗帝制也）！不得已，即著步軍統領、軍政執法處總長遵照辦理。此令』等因。奉此，當即將張振武、方維二名，遵照軍令槍斃。其隨行諸人，概不株連。至張振武、方維二人，身後一切，從優按照大將禮治喪」（故徐東海等亦援例仍以大總統禮治袁氏之喪也，獨何以對宋教仁）云云。

御弟革命

袁氏操莽之志，懷挾已久，固不待為民國大總統，乘時竊取高位，而後生此叛國之心也。但在彼之意中，則以為此種機會尤佳，較之直接欺人孤兒寡婦以據寶位者，尤為名正言順耳。豈知彼之處心積慮，外人有未及知，而其骨肉之親，則有早窺隱微，迭為履霜堅冰之言者乎？

袁氏行輩居四，有六、七兩弟，曰世彤，曰世傳。世彤書生，家居巽儒，固與世凱性質敻異。然其規諫世凱之言，抑何其痛快淋漓，直揭個中之隱情，而有所不避也。是亦可證袁氏平日之為人矣。

其言見於一書，其時則袁氏尚係任直督時代。書云：「四兄大人尊鑒：竊以兄弟不同德，自古有之，歷歷可考者，如大舜、周公、子文、柳下惠、司馬牛是也。聖賢尚有兄弟之變，況平人乎？讀《棠棣》之詩，則必灑淚濕書，弟亦有兄弟之感耳。《詩》云：『兄弟鬩於牆，外禦其侮。每有良朋，蒸也無我。』此乃常人常事常情也。若關乎君父之大義，雖兄弟亦難相濟，德異則相背。大舜，聖人也，周公亦聖人也。舜能感化傲象，周公則誅管、蔡。舜與象為骨肉之私嫌，舜有天下，不必加之誅討。管、蔡乃國家之公罪，而周公不妨以大義滅親。吾家數世忠良，累代清德，至兄則大失德矣。二十年來之事，均與先人相背，朝中所劾者四百餘摺，皆痛言吾兄過惡。吾兄撫心自問，上何以對國家，下何以對先人？母親在生之日，諄諄告誡於吾兄，而兄置若罔聞，將置母親之訓於何地？兄能忠君孝親，乃吾兄也；不能忠君孝親，非吾兄也。

「弟避兄歸隱故里，二十年於茲矣。前十年間或通信，後十年片紙皆絕。今關乎國家之政、祖先之祀，萬不能不以大義相責也。自吾兄顯貴以後，一人享鼎，眾人啜汁。以弟獨處草茅，避居僻壤，功名富貴，終不敢問津。今則吾兄貴為總督，弟則賤為匹夫，非故為矯情也，蓋弟非無心者也。兄於弟固不必過加親愛，弟於兄亦不敢妄有希求。吾兄之愛弟與否，固非所知，但求無愧於己心而已。弟挑燈織履，供晨夕之助爨；枕流漱石，吸清泉以自如。不特無求於兄，抑亦無求於世也。雖然，清苦自安，實榮於顯達，苟不自愛，弟亦不難隨之身敗名裂。蓋為人指摘曰：『此為某人之愛弟也，某人之羽翼也，某人之爪牙也。』弟此時自問，將何以自處？弟視大義如山丘，視富貴如浮雲，惟守母親遺訓，甘學孟節，老於林下而已。

「昔者己亥之春，弟曾上親供於護理河南巡撫景月汀，請轉稟榮相曰：『朝中無有能制吾兄之人，若解其兵權，調京供職，固所以存兄，實所以存功臣之後也』云云。其言昭昭，如在目前。自今而後，但願蒼天有知，祖先有靈，吾兄痛改前非，忠貞報國，則祖先幸甚，闔族幸甚。臨紙揮淚，書不盡言。專此敬請近安。六弟世彤頓首。」

此書詞雖不文，而其指斥袁氏處，恰有可證其後此之行為者，故袁氏深惡之。新華洪憲時代，曾禁此書之流傳，及死後始復傳鈔。或曰：「世彤為人，實碌碌無所短長。致世凱一書，乃被人威逼而為之，初非出自本意。」蓋前清光緒之季，袁氏以練兵見稱於時。適值日俄戰爭，中國宣告中立，於毗連之界，不得不派兵駐守。則辦此事者，非袁莫屬矣。袁於是劃清戰線，以遼河為界，遼河以東為交戰地，遼河以西為中立地。令提督馬玉昆出鎮瀋陽，統制段祺瑞、張懷芝同紮錦州。又令二、三、四各鎮新軍管帶抽調數營，駐紮榆關、遼陽等處，嚴備敗兵竄入中立界內。時經甲午、庚子二役，華兵對於西兵，先懷怯弱之心。袁於諸將臨行之時，諄諄勉之。終日俄之戰，吾國得以嚴守中立者，袁氏未嘗無功也。戰事既畢，西后深賞其功，加太子少保銜。顧滿清貴人，早已側目，特以其為西后、榮相所庇，無可如何。乃日事謠諑，謂袁某兵權在握，一旦謀為不軌，滿人將無噍類，且革命黨人方欲聯絡袁氏，以謀起事云云。又欲有所證實其言，乃訪得世彤與袁氏素不相洽，且其人迂贛。乃怵之以破家之禍，劫之以雷霆之威，令作此書以勸世凱，意在使世凱知難而退耳。豈知世凱何人，寧中其計？明知為忌者之所為，世彤徒為傀儡，則一笑置之而已。此則袁系官僚解釋之詞也。

其後，世彤竟在河南原籍高揭旗幟，大倡討袁軍。由都督張鎮芳往勸之，始遁去。此又誰教之歟？要之知弟莫若兄，世彤固愚憨，然何以不數年而復有世傳之事？世傳者，袁之第七弟，頗為袁氏所器重。及籌安會發生，世傳大憤恨，乃入謁袁氏曰：「楊度等豎子，乃敢倡此橫議，殆本四哥所授意耶？」袁氏答以「不知」。世傳曰：「四哥既不知此，今彼等昌言叛國，業已明著。奈何不令行禁止？」袁氏曰：「彼等誠豎子耳，直同兒戲，何足掛諸齒頰？書生閒著無事，議論多而成功少，若無效果，自能歸於消滅。奚煩禁止，徒興文字之獄哉？民國共和，宜存寬大，干涉政治，甚非所宜。安能如清季專制，動輒禁人結社集會！吾弟何不察也？」世傳以為然，遂默然而止。

無何，帝制自為之明令忽下，世傳始知受紿，歸與其母痛哭曰：「吾族有滅門禍矣！」因出貲在京都琉璃廠刊印《項城家書》數萬部，分送各當道。書中記載，乃歷言袁氏世受清室厚恩，並袁之幼年家居時種種不規則之歷史。書成，世傳即以呈袁氏，且媵以一函，中略言：「一俟兄登大寶，弟即披髮入山，不復與人世相見。今當永別，敢布最後數語，敬為兄告，以留紀念，願兄注意」云云。袁氏覽其書，大笑曰：「述之閱歷二十年（世傳字述之），何孩子氣尚未除也。」置不答，復立火其書。此事新華宮舊僚類能言之，袁氏亦不深諱。蓋以兩弟皆無才能勢力，直以黃口玩弄之，絕不足介意故耳。至世傳所刊之家書，與袁氏有關係者，多存其書。予友王君曾示予，文字亦多蕪鄙，強於世彤之筆札無幾，宜袁氏之夷然不屑一視也。

武義親王

張方案之裡幕，純為袁氏疑黎制黎之嚴酷手段，既如上述（見〈張方案索隱〉條）。至此袁氏遂在在以防止之法對黎，黎已失其自由。未幾，即有以副總統免兼督軍職，來京居住之命。而於是幽囚瀛臺，無異清季之孱帝矣。黎知袁氏終不肯安分，不久必有變端，故絕口不談時事。而於袁氏之所以籠絡羈縻者，不謝亦不拒。每日晨起，諷誦佛經，與人酬酢，頹然若愚，人咸以「黎菩薩」目之。黎蓋早知袁之必有帝制自為之一日矣。顧袁雖於權位上防黎甚至，而情義周旋，則往來親密如一家。于夫人常邀黎氏之危夫人入府飲宴，酬酢極歡。

袁有第九子名克玖者，第八妾葉氏之所生也。貌俊而質純，當六、七齡時，見人執禮甚恭，而語言進退，饒有氣度。袁甚寵愛之。及黎氏入京，兩家內眷往來，危夫人於席間見袁諸子。睹克玖亭亭璧立，宛如玉樹臨風，頗愛之。及與語，則又應對中節，問以年齡若何，答以十三。危夫人亟譽之曰：「此公子乃載福相，他日前程，正未可量也。」于夫人知其屬意此子，因使人探悉，黃陂有一女，其豐貌雅與克玖相稱。欲聘之為婦，商於袁，袁極表同情。蓋袁意正欲聯絡黎氏也。乃倩朱啟鈐、阮忠樞向黃陂乞婚。黎氏曾見克玖，亦愛之，遂許焉。於是兩家聯秦晉之歡，情義上又增一重密切矣。然黎氏於熱心帝制一事，終不以為然，不能以袁氏優待而奪其素志也。但黎氏持明哲保身之義，不欲顯然得罪袁氏，以自取禍，故佯為愚拙以處之。而或當關鍵之際，亦時露頭角，惟舉動極其謹慎，使袁無可蹈隙耳。

籌安會事既發生，袁故持冷靜態度，不禁止亦不贊同，實則欲藉以覘諸人心理。故每於國務卿及各總長來謁時，袁氏必道及此事，覘諸人之答覆。而諸人者已逆揣袁氏心理，反對者絕鮮。即有反對者，亦僅腹誹之而已。一日，黎氏入覲，袁亦語此，且曰：「我本心地明白，豈肯聽從彼等胡鬧！設公處此，未知意見若何？」黎氏不答。再三詢之，黎氏曰：「茲事關係極大，非某所宜與聞。雖然，是否之權，悉在元首，若以為不可者，盍以明令解散之？」袁默然。

少頃，黎氏辭出。袁氏旋謂其所親曰：「吾果實行帝制，他日正羞見此公耳。」其引黎氏為畏友如是。然終以黎無實力，袁之懼干清議之心，卒為貪天非分之欲望所戰勝。無何，洪憲建號之明令既下，黎氏謝病不奉朝請，足跡不出瀛臺一步。袁氏欲以封爵羈縻之，乃第一詔令，即封黎氏為武義親王，而取消其副總統名號。黎氏竟稱病重不能起謝，意蓋在古史所謂受除不拜也。而袁亦無如之何。

及丙辰年元旦，袁借祭天為詞，即服七十萬元所製冕旒及山龍藻火服章，又高坐四十萬元所置之寶座，公然受賀。當時文武官員，有行三呼跪拜禮者，亦有行三鞠躬禮者，袁皆欠身受而頷之。蓋其時尚未行正式登大寶之禮，不過為試演之儀文，故朝儀殊未完全嚴整也。及黎氏入謁，袁氏以非正式朝儀，頗大慚恧，乃亟易總統大禮服出與之見。黎竟絕不謝武義親王之封，僅恭行副總統與總統相見禮而退。袁氏此時內疚神明，徐語左右曰：「此公外柔而內剛，頗令人如漢宣見霍光，一時芒刺在背也。」

小鳳仙

袁氏帝制之大仇敵，其最初關鍵，乃屬於樂戶一小女子。奇哉！不啻滿清入關時之有陳圓圓矣。顧圓圓事乃引異種入主，三桂歷史，至為可醜。而小鳳仙則助松坡抵制叛國逆徒，於將來青史，甚著光榮也。雖其人未必果能有此見解，在松坡亦不過借此酒澆其塊壘。而小妮子得此良好機會，結識英雄，厥名得附驥，以傳此一段豔俊之歷史，不可不為之點綴也。

初，蔡解職入京，袁已經界局總裁位置之。雖深自韜晦，以待時機，表面上碌碌未有奇節，而一種精悍之色，時時流露眉宇間。袁氏遂知是人不易與，則常遣人偵探其舉動。及籌安會起，尤疑蔡氏或生反對舉動，陰令高等偵探數人，偽與之酬應，實監視其行為。甚至家庭燕私之際，亦不得自由。蔡氏神經極敏，動輒覺察之，乃喟然曰：「非用苦肉計，行將死於陷阱中矣。」乃夜與妻謀，偽為勃谿，甚至詬詈用武，勢成怨耦，似不可一日居，然後送之歸里。眷屬既去，已乃可惟所欲為矣。妻如其言，果遣人送之南歸。瀕行，猶怨詈如仇敵也。蔡夫人畢業女校，向明敏解事，今忽勃悍，前後如出兩人，眾咸以為異。顧決然捨去，挈其二子以歸，又影影在人耳目，非偽為也。於是咸料蔡或變其初志，致與其妻齟齬耳，不知此等心理適中蔡計。

蔡初入京時，不甚與袁系之官僚相往來。及其妻既歸，頻與十三太保等相過從，而與阮內史尤親密，至楊度則援同鄉會名義，密切如舊雨。於是人以為蔡漸傾向帝制矣，然猶不敢必。及湖南同鄉於會館中開大會，議帝制請願事，蔡到會最先，即以第一人簽名贊成帝制，為眾所屬耳目。自是十三太保等確知蔡已改易故態，亦竭意與之周旋，機密事罔不與聞。袁氏亦漸釋疑團，以為蔡已軟化矣，偵探之使遂稍疏。蔡益喜其計有效，乃偽因失家庭之歡，侘傺不自聊，則漸與袁系諸人冶遊，縱情花柳，恣其消遣。獨賞小鳳仙，以其為人英俊有慧解，頗與諸妓異，且入勾欄日淺，尚未沾染淫賤之習也。佯為揮霍，得薪給輒盡。時小鳳仙獨未梳櫳，諸人咸慫恿之，阮內史至假以千金，供其淫樂，實袁氏所授意也。

小鳳仙頗能識蔡之為人，時談言微中蔡意。蔡之心事，雖未必語鳳仙，而以鳳仙解事縝密，則亦稍稍露其不與人同之本志矣。鳳仙謂蔡氏曰：「妾觀諸官僚日日諂事袁氏，欲奉為皇帝，至令我輩妓界，亦公然組織請願團。此等新鮮怪事，畢竟然乎否乎？公明達人，能為妾判決之否？」蔡氏歎曰：「舉國若狂，大都為利祿薰心，演成怪像。乃不及勾欄中一小女子，尚有此疑問。此所謂中國雖亡，良心不死是也。爾既有高明之見，將來福澤，亦必過人。吾實告汝，吾亦欲南耳。安能鬱鬱久居此乎？所以花天酒地，不自檢束者，欲令人不疑耳。今既知汝有心，吾不日且去，汝能待吾數年，吾必不忘舊情。但為吾守祕密，則紅顏知己，當以女傑視汝也。」小鳳仙要以盟誓，矢不洩語。

遂約以次日往第一舞臺觀劇，挾小鳳仙與偕。時偵探稍疏，且知其溺於酒色，一時必不作他圖也。是夕，與鳳仙在劇場談笑如常。劇未半，忽稱腹痛欲更衣。逡巡遽出，亟乘街車返寓，易微服而出，即抵停車場。時車適將開，乃購車劵，僅至天津附近之某所即下車，亟購騎由間道至津，蓋恐津站有人識彼也。抵津後，匿居日租界某友人處旬日。

袁氏聞蔡失蹤，果立遣人追覓。至津站詳查，則謂未見是人。偵訪數日，終不得蔡蹤跡，實則蔡已匿某友家矣。或言蔡已往上海，偵緝遂稍暇。而蔡乃借日友作和裝，乘輪船渡海，輾轉自海道達河口蒙自，竟至雲南與唐繼堯氏倏舉義旗矣。初，唐氏有密電懇蔡出京，謂必俟公至而後發。蔡閱之，立火其稿。其時蔡之夫人已出京，故亦無第二人知其事。即別小鳳仙之先一日也。唐氏曾接蔡之密電，謂現正設計脫險，形式上則首先贊成帝制。公於事未發時，亦願以此計使袁不疑云云。故唐氏有復電速其出京也。

及蔡氏既去，袁仍著著進行。爰收受楊、孫等所意造之「國民請願書」，發申令頒佈洪憲建號。不及十日，而雲南獨立之消息，陡然而來矣。先是，蔡間關跋涉，歷盡艱辛，始克至滇。時李烈鈞亦由間道至，均以剗除國賊、維護共和為己任。乃與督軍唐繼堯、省長任可澄先發一電，請其取消帝制，並誅楊度等六君子、段芝貴等十三太保以謝天下，限四十八點鐘內答覆云云。袁接電後，雖驚詫異常，然猶冀其虛聲恫喝，未必能具實力。乃用阮內史等和緩政策，以個人名義電囑唐設法撫慰。並告以現派專員，攜具巨款，前往厚給該省軍餉。一面詢問該電是否由他人捏造代發，應別具郵書，親筆署名云云。

電至滇，唐、任等知袁無誠意，緩則反墮其術中，遂通電宣告獨立，並一面組織護國軍。袁氏知滇事無挽回之餘地，遂發令褫蔡鍔、唐繼堯等職，並奪去爵位勳章，聽候查辦。一面加張子貞將軍銜，暫代督理雲南軍務；加劉祖武少卿銜，代理雲南巡按使。張、劉皆雲南師長，實與唐、任、蔡同時舉義者也。袁計在利用之，使其自相攻擊，手段可謂至毒。豈知張、劉皆置之不覆，後且發電宣布袁之罪狀。於是袁之計畫，全歸失敗矣。

當蔡氏初出京時，袁系諸人以小鳳仙與蔡有情愫，彼必知蔡之蹤跡，因連袂往訪，欲探消息。詎知小鳳仙年雖稚，為人乃黠而很。竟含瞋帶泣，歷數諸大人之不情，謂明知蔡之別有他眷，而故來探訪，使人難堪。大人欲向妾問蔡某，妾正擬轉向諸大人索蔡某云云。袁系諸人知女子恃嬌不遜，無理可諭，乃廢然而返。於是小鳳仙乃韜晦自匿，潛至津門寄居，時時訪問蔡之情狀。及袁氏取消帝制，未幾即以慚憤死。而於是小鳳仙聞蔡氏義軍得志，以為可達己之目的。無何，蔡氏以肺疾卒於日本，小鳳仙不得已，遂復出應客。嗣京中諸名流開追悼會於中央公園，小鳳仙竟縞素臨喪，哀音大縱。於是一時播為佳話，見諸吟詠，小鳳仙聲價頓增十倍云。

或云小鳳仙以死松坡為幌子，竟一躍而享俠妓之盛名。予曰：「此亦何足怪！論有功必賞之列，松坡賴小鳳仙而得出險，不為無功。然則賞以俠妓徽號，較榮於嘉禾文虎也。不然，彼花元春者，為妓界請願代表，設洪憲至今猶存，則女官長之職，將加於彼之身矣。又獨何責乎鳳仙？」

予於丙辰旅京，曾屢睹此豸，貌不甚美，才藝亦平平，特語次時露豪爽氣耳。殆偉人之餘澤耶？後聞友人譚其擲還某紈袴子聘金事，頗慷慨自喜，可謂庸中佼佼者矣！

皇侄

在十三太保中別具一出頭地，而於洪憲帝制之奔走煞費心力者，則皇侄袁乃寬是也。乃寬亦河南人，然與項城實同姓不宗。初為直隸僚佐，碌碌無聞。及袁氏受任總統，乃寬夤緣得入府中辦事，在在能諂事袁，務得其歡心。項城以其恭順有小才，心頗喜之，暇時因詢其先世籍貫里居職業甚詳。乃寬工於詞令，應對殊稱旨，且隱言及確與項城係遠支宗派之意。袁氏固首肯，乃曰：「吾袁氏族繁人眾，或即為同一始祖之遠支，正未可料。況同系一『袁』字，何分彼此！吾即認爾為同姓可也。」乃寬喜不自勝，因詳敘其班次及世代之先後，當為族侄。由是乃寬公然呼袁氏為叔，而皇侄之榮名，遂無庸多讓矣。

乃寬善解人意，和靄可親，漸以同宗名義，出入其府中無忌。袁氏妻妾輩習見之，不復回避。會帝制事起，袁氏乃舉新華宮土木事屬乃寬，頗多沾潤。外人多垂涎，爭以皇侄揶揄之，而乃寬欣然也。及籌設大典籌備處，袁之私財不充，姬妾子女咸出資以相助。組織既定，而難處長其人。乃寬聞之，知此差更優於新華宮之土木，乃輦金購珠寶珍玩，以獻袁氏寵姬黃氏、何氏及洪氏等，求為己推薦。姬等咸善乃寬，一致贊同，遂乘間請於袁氏，畀乃寬以處長之職。無何，所集之款易罄，大費躊躇。乃寬進策曰：「茲事體大，區區集資，不足有濟。無已，其求大資本家擔任挹注，事成可許彼厚利也。」諸姬以為然，乃寬乃請求助於梁財神。先訴於袁氏，袁氏韙之。財神亦俞允，先支五百萬金，第須由袁氏面許登位後以宰輔為酬報。袁氏首肯，財神因擲巨款供乃寬指揮，歷時凡數閱月，竟達四千萬金。財神輒言係已解囊，實則支自交通銀行也。坐是遂致有停止兌現之令，禍及全國。而救國儲金之消耗無餘，亦在個中焉。乃寬之中飽不貲可想矣。

而乃寬有子曰瑛字不同者，大不以帝制為然。且以報仇雪恥為念，欲得袁氏而甘心。聞乃父與袁氏聯宗，以為機會可乘，爰請於乃寬，謂：「我輩既入天潢玉牒，既如兒者，亦當入覲天顏。」乃寬以為誠善，因伺便攜之入府。及呈要公畢，乃命不同叩見，且令呼為族祖。袁氏見不同氣宇非凡，頗加激賞，賜賚甚多，並使乃寬挈之見己妻妾。不同執禮甚恭，稱謂亦合體，妻妾輩咸大悅。不同之意，謂即可乘間肆其暗殺之酷劇也。豈知袁氏戒備甚嚴，卒無可下手。不得已，乃以法潛運炸彈多枚入宮，暗埋於新華宮中，意使一旦爆裂，使袁氏一門同為灰燼。不意偶為衛士發現一枚，遂按路大索，凡泥土疏裂處悉加考求，竟起出七十餘枚。宮中大嘩譟，人心皇皇，幾興大獄。嗣經府中衛士自相告訐，始知係受不同之紿，偽為瑞應之物，捆載而入者，而不同已先期遁去矣。

翌日，袁氏即得自律門郵局來一函，啟閱之，則不同書也。書云：「國賊聽者：吾袁氏清白家聲，安肯與操、莽伍？所以無端族祖汝者，蓋挾有絕大之目的來也。目的維何？即意將手刃汝，而為我共和民國一掃陰霧耳。不圖汝之鬼蜮，防範至嚴，遂未克如願。因以炸彈餉汝，亦不料所謀未成。殆亦天助惡奴耶？或者罪責未盈，彼蒼物留汝生存於世，以厚其毒，然後予以顯戮乎？是未可料。今吾已脫身遁去，今而後非特不認汝為同宗，即對於吾父，吾亦不甘為其子。汝欲索吾，吾已見機而作矣。所之地址，迄無一定。吾他日歸來，行見汝懸首國門，再與汝為末次之晤面。汝倘能自悔罪，戢除野心，取消帝制，解職待罪，靜候國民之裁判。或者念及前功，從寬末減，汝亦得保全首級。二者惟汝自擇之。匆匆留此警告，不盡欲言。」

袁閱已，怒不可遏，擬立時治乃寬教子不嚴之罪。諸姬妾聞之，俱為緩頰，倖免於死。乃寬入府謝罪，袁氏終不平，待遇頓疏。嗣以多方偵察，知乃寬平素與其子性情不洽，勃谿之事，時有所聞，且曾經驅逐出外。經戚鄙轉圜，允許悔改，始行復返。近日至為純謹，迨固有所圖謀，而為是狡獪。乃寬絕不知也。袁氏探之甚確，始召乃寬入府，用詞慰藉，待遇乃復如初。乃寬益自謹飭忠懇，袁信之倍於前。且令探其子之蹤跡，以防大患。乃寬允諾，然終未能獲不同所在。及西南軍起，諸事旁午，袁氏亦無暇追憶前事矣。顧自是凡向未接洽之疏族遠戚，概不親自招待，亦不許逗留府中，因有一鄉人子案發生。

鄉人子某甲者，略如村學究狀，年四十許，土態可掬。冒昧至京師，自謂係袁氏同姓族侄，居鄉困厄，故來求一枝棲。來時手攜土物數事，瓷瓶鐵罐累累然，不知中貯何物，而外表皆破舊銹蝕，斑剝如古尊彝，狀至怪異。逢人輒問袁氏之住址，且直呼袁之字以實之。或指新華宮令趨入。甲果踵門直入，為衛士所阻，則自言河南來，係袁之族侄，其呼字如故。衛士以付司閽人，司閽以適值不同炸彈案發現後，門禁加嚴。睹其狀怪異，心甚惡之，詰問之間，立加訶斥。甲書生，以為受辱太甚，亦惡聲相向，且言：「慰亭係吾叔，他日相見，當令打折汝等狗腿也。」司閽長聞之，怒甚，即語侍衛官：「此戒嚴時代，而有此等怪人來，必非善類。且所攜物尤可疑，當付軍政執法處訊鞫。」侍衛懲於前事，亦甚以為然，遂不俟稟告，即命其下立解執法處。是時，處長為陸建章，以屠戶著名者也。其前後左右，無非以人為魚肉者。見此老怪異狀，已心存厭惡。而甲頗咆哮，及臨以威，復不禁恫喝，神經瞀亂，口不能言。執法官某者，陸氏之爪牙也，第然曰：「此等值得一推問耶？即隨手辦了（指槍斃）可耳，奚必更煩處長！」須臾，此老竟胸吞衛生丸，而以九泉之下為行樂地矣。

後其子以父失蹤，至京探訪，亦為閽者所斥逐。幸年少靈活，見機而退，未遭毒手。輒痛哭告人，人勸其訴訟。其子以無資財，且不諳何等手續，終不敢一試也。聞後得袁乃寬資助，始歸鄉里。袁氏至始終未知此事云。

十三太保

助成袁氏帝制罪惡者，始於籌安之六君子，而中堅勢力，實成於攀龍附鳳之十三太保。此十三人中，除鼎鼎大名之皇侄外，於權位勢力上言，則以財神為首；於情意密切上言，則當推御乾兒香某。請先述其趣史。

當籌安會發生時，袁意尚遊移兩可。後因皇長子之急切進行，遂意漸傾向。財神素機警，且與袁共事久，熟諳其心理。至是知袁之計頗堅決，苟不早為立足地，則奇勳偉烈，將為若輩白面書生所攘。遂與朱、顧、周、阮等密商，另組一團體。其宗旨在急進，實行強姦民意，俾可立時成登位之局，美其名曰「請願團」。其實袁氏之所以重梁者，不在奔走後先之勞績，而在活動金融之機關。一日，袁密召梁氏入府，謂之曰：「子之提倡請願，意則佳矣。而經濟支絀，外交團未經贊同，大借款又未便啟齒。巧婦難為無米之炊，雖有佳意，而實力不及，則決不能見諸實事。奈何？」

梁氏已窺其意，乃曰：「竊籌之熟矣。外國借款，此時殊未易進行；惟有兩種國內之款，可以移用。一、交通銀行存款，及前清遺老及富紳之積蓄。此輩既贊同帝制，我皇上經國制用，當然可以提取。二、救國儲金。國民既以愛國為目的，此款之即充國家正用，自屬天經地義。況不用之於戰爭，而用之於和平，尤為國民之幸福。皇上為籌安起見，締造艱難，區區捐助之款，即悉數支銷，國民豈有不願！此兩種基本金，即可暫濟目前。但俟籌備已定，大寶既登，然後向各國要求承認。既承認矣，大借款自不患不成。苟得大借款以接濟金融，則交通之虧宕，又何患其不償哉！」袁氏問兩種約數幾何。梁氏謂存款一項，即在三千萬以上；救國儲金則幾及千萬。兩項得四千萬，外更以多發紙幣之策調劑之，則不患無一萬萬之應用金矣。袁氏大喜，曰：「吾得此數以謀幹大事，何憂其不濟耶？卿真吾之活財神也。梁氏稱謝而出。於是新華宮之土木、大典籌備之製作、代表請願運動費，以及洪憲宮闈之種種奢侈鋪張之用，無不仰於梁財神。袁氏從容語之曰：「帝制事成，首揆一席，非卿而誰？卿其愛惜精神，毋負此新朝元佐也。」梁唯諾而退。

自是，梁遂隱然以候補宰相自命矣。而其資力相敵，見袁氏之偏向梁氏，敢懷妒意者，厥惟楊杏城。杏城足智多謀，長於史事，自前清袁氏入軍機時，即引為謀主。及革命之際，杏城獨不贊成共和，潛居津門者年餘。嗣因袁氏特召，始行入京，欲畀以農商部之職，未果，遂竭力為袁氏畫策，恢復帝制。袁氏許以國務卿酬其勞。斯時一切急迫之謀略，除經濟一方面外，實皆楊所主持。惟楊之主張，在直截了當，不事遮掩粉飾。以為凡人欲作大事，必不能免一方面人之唾罵。清季數十年來，政治不綱，人心靜極思動，故改革之議，紛然並作。宛如一種流行病，一觸即染，苟有良醫，善其術以施治，何難復其故常？故當舉國若狂之際，惟有定識定力者，乃能獨行其是而不撓。殆其事業已成，功效已著，則人自歸心悅服矣。故曰：「凡人可與樂成，難與圖始。欲作大事而執途人以求其贊同，必不可也。今袁氏既已迭克敵黨，軍權在握，欲帝制則竟帝制矣。況麾下不乏爪牙心腹之士，何所憚而必求之於民意？即如彼革命者，亦豈真正之民意？徒以數十百黨人揭竿而起，則各地竟回應矣。帝制之興，亦復如是。為今之計，惟有鞏固中央權力，理財籌餉，延攬人才，則黃袍加身，登前殿而受朝賀，誰敢加一否字者？如遮遮掩掩，蠍蠍螫螫，天既與之，又恐人之議我，則反對者且從而有辭，則事敗於游豫之中矣。《傳》曰：『需，事之賊也。』今奈何蹈此！此皆一二白面書生誤乃公事，竊以為甚非計也。」

楊氏之論如是，故常自笑籌安諸子，謂：「秀才造反，三年不成。」即梁氏之請願團，亦謂：「第聯合吾輩中數人，上一勸進表可耳。奚必強人盲從？況此等盲從者，雖多亦何益？」至於國民代表，彼更不以為善，以為此徒供彼黨人以偽造民意之口實而已。楊時時以是諷袁氏，惜袁氏誤認為民意向己，不能從也。袁對人常呼楊為「單料軍師」，以其無能決事耳。

至乾兒香某，則雖略有軍事知識，而袁氏既視為玩弄之具，供其私欲上之取求，則亦未嘗以軍權屬之。對香之請求，佯謂：「汝所以不宜入政界者，以名義上為吾之子侄故也。吾之主張，決不使己之子侄掌握政權，以杜外間之物議。今汝負乾兒名義，雖不屬毛裡，然吾已以家人視汝。脫畀汝以重要位置，不幾蹈清季專用親貴之覆轍耶？不如俟吾登極後，當別有用汝處也。」故當醞釀帝制時，袁氏絕不畀香某以要職，反不若皇侄乃寬，尚有肥美之差遣也。以故香某雖密邇天顏，日侍左右，而於權勢上不占優勝地位。但人亦不敢忽視之，以其將來之好處正無限耳。

其次則為朱內務總長及阮內史，蓋袁氏任總統之始，其第一心腹及內務大權，悉在趙智庵氏。

自趙氏以宋案致斃，於是內務重權，一畀桂莘矣。其密切雖不逮智庵，而凡事必令與聞。內務責重，或舉江、吳二氏與朱並列為三太保，且以其為人穩健幹練，事必果行，甚信任之。籌安議起，朱氏亦在謀臣之列，其寵僅亞於梁氏。然梁氏初實不及朱，徒以財政問題，故一躍而突過朱氏耳。至辦事付託之權力，乃在皇侄及單料軍師之間。而阮內史則較朱為親近，惟以參贊顧問視之，不與以獨當一面之重權也。蓋阮氏從袁頗早，治秘書事已久，一切公牘批答，非阮手筆，不能洽袁意。袁不欲其睽離左右，故不畀以他職。實則袁氏以為其人不習吏事，且多謀慮而不能決行，非綜攬及封圻之才，故常使在己左右，陽言不欲遠離耳。

帝制事起，阮之奔走，亦甚著勞績。常與籌安諸君子上下議論，更疏通於新舊官僚之間。蓋阮氏少著文名，習書史，非墨守故轍者流，亦非逐臭皮毛之輩，故新舊兩界俱未敢輕視。又以其袁氏所器重，故頗得映帶縈拂之效。袁氏以其多智，嘗呼為「小智囊」。或與梁氏並稱為良、平。顧金錢勢力，今世為惟一之魔王，袁氏之視梁，當然重於阮氏。每逢密議，梁見阮來，輒亂以他語。阮懟梁工於取媚，因不免意見差池。一日，為別故啟口角，呶呶不已。袁詰得其故，撫阮之臂，曰：「子毋誤會。邇來吾就梁磋商者，蓋以籌備帝制，需巨款甚殷耳。欲與子謀，其奈阮囊羞澀何？」又曰：「汝兩人乃吾之良、平也，當協力助吾，不宜因細故參商。」梁曰：「陛下殆以斗瞻為陳平耶？」袁頷之。梁大笑，阮若忸怩有愧色然。

又次則張鎮芳。張為袁之中表弟，其家富有資財，亦時時助袁，袁甚德之。且其人工於媚術，袁引為懿戚中之佼佼者，其女又為袁之第三子婦，故兩家倍益親密。畀以河南都督任，不啻舉祖宗丘墓及遊釣所在地，責以保護也。其後御弟世彤揭竿革命，卒為鎮芳所撫服，即其明效。鎮芳嗜好甚深，且癮絕巨。當袁禁煙時，匿不敢聞。及袁勞心帝制，與楊度等一榻呼吸，鎮芳亦得身惹御爐香焉。感恩圖報，遂於河南督軍任上，首先稱臣以報之。客歲辮大帥復辟，榮膺財政部尚書，即隱然欲為袁氏復仇耳。

再次則夏壽田、顧鼇。此二子者，袁俱以高等參謀顧問視之，勢力乃亞於阮內史，而實在籌安諸子之上。夏以文字敏捷參與機要，與阮內史同為府中要人。曾於其父誕辰，大開壽筵，以宴戚友。是日，袁氏命內史賫賜一「壽」字，夏氏以為至榮，立撤諸人所贈壽文，而懸皇帝御筆之「壽」字於上，欣躍不能自勝。鼓吹帝制諸人，諛頌盈耳，以為袁氏之寵夏也。

顧氏則於清季為部員，碌碌無名。及詔事振貝子，得列慶之門下，與袁氏相識。袁氏頗賞之，及任總統，遂畀以某局長。旋為參政，竭力鼓吹帝制。袁命與阮、梁等籌備大典，且令與各新聞記者接洽，疏通輿論。其後創辦《亞西亞報》之小妖薛大可，即彼所引薦者也。心惡帝制者，恒以「顧鱉」呼之。

其次則為陸建章。建章本袁氏小站練兵時之舊部，性殘忍，工心計，善揣摩袁氏心理以辦事。故袁氏初欲箝制黨人，偵探仇敵，即舉陸氏為爪牙之首領，而以軍政執法處處長畀之。其捕獲黨人，悉行誅殺，不加鞫訊，前後所殺不下千數百人。往往有形跡稍詭異者，一入京師，即行失蹤，實則已為軍政執法處之新鬼矣（予已記袁族侄被殺事於前矣）。

相傳其於民國元年時，猶處閒曹，雖以舊部名義謁袁，殊未獲位置，意頗不自聊。有妾與袁之第十姬沈氏為姊妹行，因與之密商，令入府求十姬先容，攜贈珍物為贄。十姬固奇寵，與袁為煙霞密友者也。袁聞其語，即欲畀以師長或各部次長之職。十姬已受陸妾之囑，則力言不可，曰：「彼固求任封圻之職也。」袁難之。十姬嬌嗔，卒獲允許。陸遂以陝西督軍赴秦矣。其後世彤之變，張氏驅之離汴，遂輾轉入陝。袁氏授意陸防之，陸竟藉口狼匪，殺世彤以報袁氏。袁氏謂其能，旋調入京為執法處長。如漢武之有郅都，唐曌之有來俊臣等焉。今歲橫死於津門，未始非孽報也。

又，袁氏籌備帝制時，陸氏首先稱臣，並使其妾上書十姬，頌其不日進位為妃。其工於趨媚至此！其時貢獻珠寶鑽翠等物無算。曾聞以于夫人壽辰貢一大鑽石釧，于夫人得之甚喜，遍示諸姬妾，以傳其寶貴。旋即儲之櫝中，越日視之，則已失去。詰責奴僕，鞭撻橫施，咸呼冤不置。後從長子克定計，遍搜諸姬篋衍，竟得之於第十姬沈氏櫝中。沈氏蓋即陸所藉以夤緣之掌主也，憤陸之不以巨石贈之，故竊之以嫁禍他人。于夫人方盛怒，白諸袁，欲其施以懲治。袁寵沈甚，竟袒之曰：「此予所攜以畀之者，非竊也。」于不服，爭執甚至，責袁不應欺己。袁亦怒曰：「是區區者能值幾何！果爾，爾試視第十姬，不日即可更得巨石釧數事也。」及旬日，十姬果御巨鑽石釧，兩臂皆滿，約五六對。于竟無如之何。蓋袁已以是事告陸，陸火速趕辦數釧入京，特致十姬，以平其氣也。聞宮中人云，饋贈姬妾物最多者，推陸及皇侄、乾兒三人云。

更次則朱家寶、曹汝霖。朱以東南疆臣中首先勸進，遂奉諭密令疏通各省官僚，捏造民意，亦為帝系中之健將。而曹汝霖則梁財神之高足，曾受袁皇帝之知遇，賞為聰明者矣。五月九日之約，曹有奔走斡旋之功，袁甚韙之。帝制盛興，袁許其與聞機密，並言登極後可令其長財政，以供梁宰相之臂助焉。是亦一重要人物也。而今日交通系之巨子，仍讓曹氏，不似他人之樹倒猢猻遽散也，豈非人傑矣哉！吾於十三太保殿曹氏，非以其權輕也，蓋不勝滄桑之感焉。

陸屠戶

上述陸建章事，乃關於洪憲帝系者。茲又專就其為執法處長時，他人贈以徽號曰「屠戶」者詳之，意不在毀逝者之短，亦以存當日之痛史耳。蓋陸固熱衷利祿，藉此以投合袁氏意旨也。初，袁氏設執法處之宗旨，即為實行監視反對帝制者之示威舉動。其時黨人布滿京師，頗欲一試暗殺及其他種種之慘酷手段，袁氏乃命吳警監注意嚴查。而責步軍統領江氏隨時逮捕，與陸氏之厲行執法判決，皆面授以嚴重之責任。陸氏感袁之知遇，安肯稍事通融，以忤袁意而墮己之前程？故不惜草菅人命，為惟一之媚袁利器也。最慘者為誘殺李統球等盟兄弟十餘人，及山西布商因弟株連被殺案，而殺張、方（前已述）及袁氏族侄事（前已述）不與焉。

李統球者，在二次革命時，曾挈同盟兄弟十餘人，往大連灣一帶，運動東三省獨立，幾為督軍張氏所捕。後至山東聯合吳大洲，亦無成效。漸致十分窮窘，萬不得已，乃由劉藝舟等紹介，到北京來投誠自首，就了袁皇帝之範圍。豈知此袁皇帝者，實藉甘言媚詞為鉤餌，以誘彼莽英雄入其彀中，遂得恣情魚肉，以快其蘄艾虔劉之私略者也。李等不幸而罹此，既來京師，袁初畀以顧問之空名，每月給俸二百金。而盟兄弟十人者，則云：暫行託付李贍養，他日軍界得有位置，當為之安插。袁命人傳語如此，李亦無奈何。試問李以交遊南北廣通聲氣之黨人，又挈其眷屬北來，長安居大不易，僅此區區二百金之供給，業已左支右絀，捉襟見肘。而況復益以盟兄弟十人之朝夕澆裹，事事仰給於彼之分潤者乎？則其窘狀不待言而可知。顧李以為事已至此，失節婦本無操守可言，惟天性質直，既窮無所歸而投此，此二百金者，亦即待我不薄，斷不能因此即生怨誹，甘為反覆之小人。況即鋌而走險，恐天不福我，亦未必遂能優勝。於是力持老聃知足之義，誓不他適。與其眷屬及盟兄弟申約：盡此二百金撙節分用，甘苦共食之。妻某氏，少艾而頗賢淑，亦力勸其夫耐苦以待時機，幸勿更萌他想。因親操井臼，以供養其夫及盟兄弟，雖甚貧困，終無怨言。李亦感其賢，遂杜門修學，不復奔走權貴，亦不與昔日同黨通往來。無何，袁氏收拾黨人之毒計發矣。蓋袁氏之對於黨人，非特以毒攻毒，令彼同歸於盡。且欲強捐不毒者以為毒，使與諸毒為一器而斃之也。而於是乎禍及李身。

初，袁氏之暗探報告於袁，謂李蓄盟兄弟十人，義同生死，雖茹苦食貧，不肯散去，狀頗可疑。袁氏曰：「既如是，盍即攫其實據而圖之？」蓋袁於自首之黨人，輒暗令偵探隨之，每星期必有通常之報告。設有重大事件發生，則又不在此例。故黨人之行為，纖悉皆知也。然彼萬惡之暗探，即於此中播弄，以遂其欲望。於黨人之富者，既可獲意外之勒索私賄；若其不富，亦可領袁氏之賞金，一舉兩得。故栽贓誣陷，其弊實不可勝言。有梁某者，初從吳警監為稽察，其後改為偵探隊長，力薦于袁，得充府中高等偵探。因避人耳目，乃假一某木廠為其辦事機關，此木廠蓋即皇侄乃寬之產業也。梁某即偽為其掌櫃人，因出而與黨人肆應，號為慷慨好俠，疏財仗義，時以金錢周濟黨人。

一日，延李及劉藝舟等宴飲，肴饌甚豐，談吐亦極和藹。酒酣，乃密謂李等：「聞京中黨徒密布，如能得其蹤跡證據，因而緝獲，不難受上賞。」語次，目李。蓋李之窮窘，已為梁所知，故尤注意於李也。李時已被酒，不覺義憤填膺，乃大言曰：「梁公亦伉直人，奈何竟以此試李某？要知某等不得已而自首，無異戲子失身，孀婦墮節，固已無所謂操守，亦復何事不可為？但某等自首之名，傳遍京外，同黨業已盡悉，誰肯向某等吐露真情？即使或者顧念前情，亦不過聊相酬應而已，某等亦強顏對人。人非土木，安能任某等播弄。況某等既已甘心失節，自問不值一錢，惟有閉門思過，以待新主之恩養。若復陷害他人，此滅絕人道之事，恐為天地所不容。公休矣！某等寧願槁餓而死，決不甘為此事！」語時，義形於色。而梁之慚忸不堪，驟難掩飾，即劉等亦赬發於顏矣。旋反由梁笑而解之，遂罷酒。而梁之蓄憾，已叢集於李某之一身，務在必洩。且梁又時走訪李某於家，睹其室人少艾，益懷不軌之念。

一日，乘李外出，梁復以走訪為名，往晤其妻。適其盟兄弟有在室中者，梁偽為結納，邀之出觀劇。劇未半，梁託言腹痛，疾驅至李家，謂已邀李觀劇，現在某劇場，擬請嫂氏即往。妻尚猶豫。梁曰：「實告嫂，李忽呼腹痛，欲嫂一往視，然後偕歸耳。」妻不得已，囑其媼守家而出。詎料梁布置已定，妻甫出門，警捕擁入，指為室中私藏炸彈，警廳特命查抄。因出鐵環狀者十餘枚，並挾老媼俱出，立封其門。而彼方劇場中，則盟兄弟五人俱就縛；李某者則又與其盟兄弟五人，就縛於某酒館中；而妻則為梁誘致僻處，令人守之。皆梁所張之羅網也。蓋梁自為李某所呵斥後，即陰訴於吳警監。警監即命告袁氏，袁氏手諭捕獲置之法。故捕得李後，即送執法處。而陸處長亦於同時得袁氏之手諭，命盡法懲治之矣。於是梁某大功告成，一舉手而十人駢誅，又得美婦及財產，袁氏且畀以重賞，快何如之！

豈知李妻故劍情深，不甘從梁，為梁勢力所壓制，列諸第三妾，時時思報復。一日，防範稍疏，李妻直奔大理寺鳴冤。豈知民國時代之司法，手續徒繁，而斷不能為民間雪一冤獄。此係事實上已成慣例，無可為諱。況此關涉黨人之事，偵探又為要貴人之爪牙，誰復肯妄引葛藤，致遭辛螫，遂拒絕不受其訴狀。李妻冤無可雪，又不可復歸，乃倩人書冤狀，縛於胸次，自投玉河橋下。越日，得其屍，警士搜其身畔得狀，即上於警廳。警廳以關涉梁事，遽命毀之。而不知李妻於倩人書狀時，已將副稿郵致報館，至屍出水時，早已喧傳遍城矣。袁氏不得已，乃責警廳處置梁某。梁遂匿居天津，逍遙為富家翁焉。

未幾而又有山西布商事。布商白某，太原人，設肆於京師。有兄弟三人，俱隸軍界，光復時有功於民黨，為督軍府要官。及二次革命，俱與河東李鳳鳴合，遭當道指名拿辦。後二人遁往日本，一人死白狼之難。布商亦曾識李鳳鳴，鳳鳴至京師，往還於其肆中，或留之信宿，以是朋輩中咸知之。及李鳳鳴敗，布商遂諱言其事，而民黨之往還者亦罕覯矣。布商性質直，好賓客，惟不甚趨媚官僚。遇有官僚醵資事，彼輒目笑腹誹之，雖不明言阻梗，而反對之態，時時流露於詞色。

及籌安請願事起，警廳傳諭總商會，令各業商簽名請願，並須量助捐款。布商聞之，獨不肯簽名，曰：「此兆亂也，何籌安之有！彼與袁氏同抱逐鹿思想者，孰肯為之下乎？即利欲薰心，甘稱臣僕，而西南諸民黨，獨能低首下心，善事新朝乎？四年之間，兵革屢起，商民之苦痛亦至矣！今方望我總統與民休息，乃瘡痍未起，而輒思帝制自為，竊以為非計。方願合諸商上書，環請取消此意，緩俟數載。若違心取媚，強事簽名，我輩並非官僚，何必作此醜態？至於捐款，則當此時局，商民虧耗正多，方賴國家保護，夫豈從事報效之日乎？」商董笑曰「君誠大愚！此等事明知其非，而我輩無干預之力，則唯之與阿，與俗浮沉可耳。牛馬且可任呼，何況區區一簽名？至於捐款，則並不責君一人解囊，但於同業中酌量敦勸，有無多寡，官中並不限以成數。此亦樂得而為之也，君胡憨至此？」白曰：「此說未嘗不圓融，但天下滔滔，盡是此輩，尚復成何世界？要之我輩既非官僚，則當守商人本分，自以信義為主，何必委曲從人？豈彼皇帝登極，我輩商人亦受封拜，一躍而稱臣擔爵乎？先生休矣！我實不願與聞此事。」商董無以難，遂缺一業，蓋布商實京師布業之董也。

既而警廳傳問總董，布業何以不列名。總董不欲多開釁端，但言彼董係晉人，請病假回籍，故暫缺其名耳。警廳亦遂無語。乃副總董某者，與白某有夙怨，且笑總董之長厚也。其人向與警廳某秘書善，遂私語之曰：「子以為果係如總董之言乎？彼白某者，乃李鳳鳴之戚，常與民黨通聲氣，固願出死力以反對帝制者。其家常信宿黨人三五，君盍注意焉？況亦發財機會也。」秘書果心動，乃密語警監，令偵探往伺之。果見一西裝少年，能操日語，寄宿某家。試探訪之，則云係白某第二胞弟，曾犯亂黨嫌疑，逋亡日本年餘，今自東瀛潛返者。偵探大喜，曰：「可矣。」乃報警監會同步軍統領，派兵警往圍捕之，如臨大敵。除白某及胞弟二人外，更益以店夥五六人，均指為同黨。

並謂其布業係偽設之幌子，實為亂黨機關，故不敢列名請願。他商聞之，深恐株連，無一人敢為之申辨。

白某雖侃侃欲有所言，而警廳迄不加詢，未由置喙，旋由轉送執法處。陸處長深惡白狼，聞其姓白，又其弟確係民黨，已自認不諱。則指為白匪同族，不容申說，即令並其店夥五六人一律駢誅。實則袁氏尚未知也，但以白弟為日本潛歸之黨人報告而已。袁氏以欲示威黨人，故任陸所為，一切勿問。冤哉！後白某家人自太原赴京訟冤，適袁氏敗，京師紛然，陸處長亦去職，不得要領，乞食而歸。實則某秘書及偵探已分據白氏之產，移居津門，安享其造孽錢之獨福矣。

毀宋案異聞

袁氏令趙智庵計殺宋教仁，其事記載甚夥，世咸知之。今其要犯洪述祖，尚在審勘中，無庸贅敘。茲第舉予所得聞於帝系某君之祕密談話，實最初設謀之真相，亟泚筆以入予之《秘記》。

蓋袁氏用意招待偉人（前已述），實即欲覘其人才，擇肥而噬，為一網打盡之計。繼見孫、黃等俱無足患，惟宋以新聞鼓吹之力，及政治建設、組織內閣之決心，直欲侵及袁之地位，而實行其圈制之計。幸而羽翼未成，尚有可圖，他日之患，正未可量，思之不寒而慄，因是寢食不安。時袁氏左右第一謀主為趙智庵，梁財神尚未能奪席也。一夕，與智庵縱論及善後事，智庵謂第一宜排除政黨，無令彼等藉此為巢穴。袁氏甚韙之，以為所見略同，因以己意告之。趙曰：「遯初洵健者，非除之不可。但彼初入政界，勇氣甚銳，辦事亦極精能，無可抵其瑕隙，且新有大功，更不宜搖動。無已，惟有出於行刺之一法。彼酷信平等主義，又好厲自由精神，舟車南北，往往不挈侍從，以為摒除官僚之惡習。且自謂無怨於人，何事防衛？故往來輕率，人人得耳而目之。苟欲有圖，固極易下手也。」袁氏曰：「此鬼蜮行為、卑劣手段，設為人揭其黑幕，將受天下之攻擊。此事似不可為，不若更思其次。」趙曰：「既欲除之，更無善於此者。蓋不犧牲其身，則即排除摒棄。彼等在外招搖，野心未戢，必且仆而復起，仍為除惡未盡。後患方長，何堪設想？故鄙意專主是策。至就名譽上言，則總統本不須過問，但由間接圖之，拼擲金錢數萬，犧牲一二暴民，則事了矣。」袁氏聞言，服其計之老辣斬截，第終未願實行。良久，乃曰：「姑置此，容更商之。」

是日，袁色頗不豫，偶入寵姬室，飲啖驟減，寵姬竊怪之。寵姬者，即世所競傳之洪妃，據云即係洪述祖之妹者是也。實則係洪所獻，乃與洪有曖昧情事，而偽為妹也者。性極狡黠，有辨才。見袁不悅，微詞探之。袁氏叱曰：「非女流所能與聞也！」洪含睇作媚態，低語曰：「妾誠女流，不能為主公分憂，惟有從事減膳，以俟主公之黍穀春回耳。」遂亦停箸，瑩眥欲泣。袁氏憐之，且知其多智慮，平時亦以事相商榷。不過此時因事憂憤，不覺加以呵斥耳。因太息告以故，兼及趙氏語。洪妃避席起曰：「主公不以妾為不肖，竟諮以機密，妾當粉身碎骨以報。妾意趙氏之言是也，而未及辦法，則何以釋主公之憂？妾願以所見解之。夫趙謂間接辦理，未嘗不是。但其意以彼自行擔任，則可於主公無涉，而不知彼於主公為心腹輔翼，誰復不知？設彼以間接辦成此事，人亦得以間接推度主公，其計未免太疏。今宜委一於主公不甚關係之人，且其人能驅遣江湖黨徒，輾轉指使，即使一旦事發，令人無可蹤跡。則庶幾於主公名譽絕無牽累，而於趙亦風馬牛不相及，人復誰能妄為推度哉？」袁氏笑曰：「女子房果與他裙釵不同，吾計決矣。但間接之人才，似不易得，女子房夾袋中有名氏否？」洪妃曰：「舉薦人才，妾所不敢。惟聖人有言：『舉爾所知。』今妾姑就所知者言之，則妾兄述祖，其人頗能任此。」袁氏曰：「彼獨非吾所卵翼者乎？而人不之疑何也？」洪妃曰：「彼之跅弛無狀，無人不知。主公雖資以金錢，未嘗畀以要職，則與趙氏大異。且主公果欲使其辦理此事，則妾當使其設法與主公斷絕關係，然後驅之南下。外間耳目昭彰，知已為主公所逐，自不能疑及主公。且吾兄計慮至密，即彼之行為，亦未必使人疑及也。」袁氏大悅，即命洪妃招述祖至，金錢恣其便宜行事，多寡所不計。

述祖乃偽為失職狀，落拓居旅館，日搖電話機向府中求川資。因語其友人曰：「袁氏狠心辣手，驅人於死地。今並資斧不肯給，吾必有以報之。」語次，作切齒怨忿狀，人皆謂洪氏為袁所逐矣。忽洪又作舉止豪華態，人疑而探之，則云為民黨所招而任之矣，即日且南下。未幾，果摒擋一切而去，且挈一妓，意甚自得，行時復痛詈袁氏不止。時有某局長者，洪氏之密友也，故洩其隱秘於人曰：「洪某偽託其妹獻於袁氏，將以希冀某關監督，大肆其鯨吞之手段。豈知袁氏以其聲名甚劣，不甚注意，雖悅其所獻之妾，而僅畀一閒散之差，略事點綴。洪某怨憤，語侵袁氏，且故使袁氏聞之。又慫其妹為己說項，實則乃係彼所眷之土妓而非妹也。久之，袁氏盡得其贋鼎狀，益怒。適蜚語上聞，而所謂假妹者，日絮聒於袁前。袁積忿欲洩，遂立逐洪某，而幽其假妹於別室。故洪某決意叛袁而他投，又恐袁氏偵悉，陷以重罪，始不得已而南下耳。」人皆信以為然。於是偌大京華，不復見洪述祖之蹤跡。

無何，毀宋事起，論者皆謂係同黨中之劇烈競爭，不疑及袁氏。嗣於應桂馨家搜查，發見趙氏手筆，人遂譁然。此實趙氏之疏漏，殆將死而天奪其魄耳。袁氏聞之，大恚，乃決計致趙於死地矣。

先是，洪妃既招洪入府，面囑一切，事極幽秘，除袁氏、洪妃外，無第三人與聞其事也。久之，趙氏以己既獻謀，而袁氏迄不發表，恐元功為他人所攘，因微詞探之。袁乃以實告，謂：「業已使洪某為之，毋煩卿之擔任。惟召洪某一商妥善之策，則正賴卿之智囊。他日功成，當與卿同享富貴也。」趙氏唯唯而退。顧趙氏善妒好勝，僅受袁氏之口頭獎飾，情非所甘。遂料洪某為此，必受府中之巨金。苟為彼一人所獨享，尤非所服。因袁有召洪之命，即乘勢餂洪以說曰：「君受此重大之密命，持何證據，而能指揮他人？行此大事，金錢之勢力，果至何等地位？若人不信用，行且乾沒汝金，而事仍不辦，爾其奈若何？君固健者，必有妙計教我。」洪聞言大惕，因思此果失著。若返求洪妃得證據，則前固言袁氏恐受牽累，豈肯以證據與人！若其無之，則他日事必棘手，誠如此公所云。

正彷徨不能答，趙氏忽獰笑曰：「此計實鄙人所畫，鄙人前所擬推薦之人才，亦非君莫屬。特可笑者，總統遽信一姬妾之言，而反置鄙人於度外耳。」洪某已悟其意，乃促膝自陳曰：「某固知總統之謀主，惟公為第一流。某之此來，非得公之指授機宜，如舟行洋海中而失其舵也，意必不可。故今願掬其至誠，歸命於公。某所領府中之用費，係三萬金；尚有七萬金，則待事辦後而始給耳。」趙氏知其語已確，乃密謂之曰：「子之辦法可得聞否？」洪即乘勢起請曰：「願公指授機宜。」趙曰：「子之聲氣廣通，鄙人所知也，此事不復干涉。惟京中主持人之證據，則最要事。不如由吾加一非正式之委任狀於君，君持之可以指揮部下。後此如有隨時商榷之事，亦由鄙人手書為證，則事有稟承，而容易就緒矣。且後此需款等事，君亦不宜直接與府中通聲氣，以防耳目，亦由鄙人為君樞紐可也。」洪知其於袁最有力，不得不聽彼計畫。雖心知其妒己，故設此網羅，然一時無術可以抵制，且恐大事因此決裂，遂允諾。

既而至滬，則召集黨徒計議，黨徒皆委蛇不甚踴躍。謂袁氏未必肯為此畀以金，始稍稍激厲，竊其狀，果恐後此之權利無著也，而又不充分信己。洪氏始歎趙氏之言，果如神聖。乃以趙手書示之，始允決計進行。旋由應氏募得死士，即攫趙手書與俱，果有效。事前又有趙促進行之電，應氏等益奮。洪於是甚服趙氏矣。顧此等手續，袁氏實未之知，及案後由檢廳搜得趙氏手書，聞於袁，始大駭。詫以問智庵，智庵曰：「此手書既未明言其事，即不得為充分證據。且由某擔其責任，始終與總統無涉也。」袁氏默然，知趙有妒洪意而為此，心甚銜之。以告洪妃，亟電召述祖入京，乘夜深由後戶入府見洪妃，袁氏亦在座，責洪不應為趙所愚。

洪歷述趙氏恫喝之狀，且增數語，謂趙言係總統所面命，已又不能入府對質，故不得已而從之。袁大恚。洪出，袁即顧謂洪妃曰：「不圖智庵，後終為患。彼於吾此時即弄其玄虛，他日怏怏非少主臣，復誰得而制之耶？」洪妃知述祖受愚，本已挾怨，聞袁此說，正合其意，乃甘言媚辭以斃趙之說進。袁氏曰：「誰可使者？」妃曰：「不如仍責述祖。此時述祖知受趙愚，怨毒甚深也。」袁頷之。洪妃復召述祖入，述祖矢口力任，且指天誓曰：「不稍洩露。」袁使以其女為質，洪允之。即異日之第十六姬也。

洪出，遂招趙府中之廚役，啗以重金，教使進毒。蓋此廚役本由洪薦於趙，趙頗寵之。顧趙之心計極工，又善察弊，廚役屢為所詰責，頗銜怨。趙又不許其他適，廚役泣訴於洪者屢矣。洪允其俟機會當薦入公府中，故廚役感洪刻骨，至是奉命實行。是日，午膳畢，趙氏忽呼腹痛，若已自知為被酖者然，聚家人而語之曰：「我今日腹痛殊甚，恐不能與汝等長聚矣。汝等當知我乃被欺，然事已至此，萬不可洩之於外。否則我死之外，一家尚不保也。我死後，汝等務宜鎮靜。蓋棺論定，終有雪冤之日，何須亟亟？」語罷，即嗚咽不能成聲，家族亦環之而哭。趙氏腹痛如絞，片刻死矣。此係趙氏府中人目擊者，洪氏曾以語人。其後家人欲逮治廚役，念趙氏臨死之言而止。廚役即從洪氏南下。此事京師人咸知之，惟不知仍為洪氏之毒手。後袁氏亦欲殺洪以滅口，賴納其所質之女翠媛為第十六妾，始獲倖免云。然洪終袁之世，不敢復入府云。

財神

梁氏之金錢勢力，震懾一時，實則皆攫人之財以為己有，濫用其挪移伸縮之手段而後獲此盛名耳。相傳袁氏倚為金山銅穴，籌備帝制款項，咸出其手。眾因比之如左季高之於胡雪巖云，此語殊有趣味。蓋雪巖實恃左而得富豪之憑藉，亦猶梁氏實恃袁而得財神之名，互相為因，即互相為果。韓文公〈說龍〉一篇，妙喻環生，正可參悟其理耳。顧財神之在當時，實挾一炙手可熱之勢。不獨當軸者仰其鼻息，凡經其援引者，無不立刻為小財神焉。予旅京時，聞局中友人談洪憲遺事，曾得一小趣史。當時友人謂曾作〈輿台小史〉一篇，予因記其概略於此。

有某甲者，袁氏舊日之輿夫也。及為總統，已易他人。而此輿夫遙遙自鄉間來，求袁氏賞一飯碗。袁氏以其年老，不能力作，乃令在府中執雜役。甲頗謹厚，且忠於所事。而第八姬鳳兒者，又其戚串，以是愛憐之，時加以犒賞，甲家亦小康矣。因挈眷屬居京師，其子年甫冠，頗能習書算。甲常挈之入府中，為其記錄瑣簿，及核算數目。一日，袁氏偶入會計室，見甲所陳之報銷小冊，笑曰：「彼龍鍾者乃尚能核對如是精確耶？其精力殆有過人者。」會計員謹對曰：「聞其子年少，能習書算，或代父之勞耳。」袁氏若有所惑，急命召甲至，詢之曰：「爾有子能書算耶？」甲謹對曰：「然。」袁曰：「年幾何矣？」曰：「二十有二。」袁曰：「爾何不早言？試率之見我，或者可令彼有力贍養爾，則無煩爾之僕僕矣。」甲頓首謝恩而退，須臾攜子入見，豐儀舉止殊不俗。試之書，頗能合度。袁大喜曰：「梁大人家缺一會計助手，即銜吾命使爾子往，必可得優美薪給也。不愈於從子作嫁耶？」甲與子俱崩角者再，即日特詣梁氏所。梁以袁所付託，立命照二等會計員之薪級位置之。蓋尋常初至者最優不過三等也，此為逾格之倖矣。約每月可得三百金，甲子遂一躍而與諸司員伍。甲雖仍給事公府，亦不復以尋常僕役視之，有重要事，始行特命召入耳。

甲子居梁府逾月，而機會復至。蓋有頭等會計員沈某者，梁氏第三妾之胞兄也。聞其幼時為成衣，舉止語氣極粗鄙，府中諸僚屬俱不願與之投洽。惟甲子知其有內權，竭意諂事之。又探知第三妾夙操家政權，府中出納，咸歸掌握，乃思乘間攀附，以為出頭地。因以餘蓄之資，購珠石飾物數事，並私賄沈某百金，乞其代獻於三姨太。沈某利其金，又夙喜其恭順，因慨然允之。飾物既投，三姨太大喜，漸許其以帳目等出入內室，代沈某辦事。蓋喜其人之俊秀而幹練也。甲子因是又獲增加薪給，且府中所有採辦事宜，悉以屬之。所獲回傭，數已不鮮。甲子殊謹節，於奉父之外，悉購珠玉衣飾等，敬獻三姨太。是時三姨太愛之如胞弟，而反疏其胞兄矣。

無何，妾兄以梁氏提攜，得出為某稅關監督，不復勞形簿書，而遺缺即以甲子補充。自是凡梁氏支取匯轉諸巨款，皆由甲子與各銀行接洽。而是時大典籌備處初開，移支款項甚巨。凡出納之水耗，悉司諸甲子一人囊中之充物，蓋可知矣。而甲子時獻物於三姨太如故，且並報效梁氏，梁與其妾均寵之。不二年，已積有數十萬金，京津鋪肆及汴中之田產，居然有富翁之目矣。而其年齡，則僅花信風數也，且尚未娶。三姨太則以所愛之姪女嫁之，奩贈又數萬金。自是「小財神」之目，轟傳一時焉。

小財神不嗜煙酒，不喜聲色，而為人謹厚和藹，從不結怨於人。除貢獻酬應結交外，自奉極菲，不妄揮霍一錢。而對於家事及親友饋遺等無不中禮，心計又極工。雖同一享用，獨小財神所置辦者，無一浮費，亦無一慳吝狀露於外也。同人莫不嘆服。梁氏尤賞之，嘗戲語曰：「人既奉以小財神之號，則自當令彼紹我箕裘，庶幾可得史家兩字之贊曰『象賢』」云云也。三姨太聞之，即以告小財神。小財神乃卑辭厚幣，請拜梁為義父，於是遂與袁氏之有御乾兒如出一轍矣。

袁氏悉其狀，呼小財神語之曰：「爾身殆具有金銀氣，故一入財神家，便變化發達，儼然成一尊小財神。雖然，財神亦憶得自窮處出產耶？」因掀髯大笑不已。小財神叩首稱謝，旋奔走聯絡商界，首先上表請願，自稱草莽臣。凡新華宮中諸妃嬪皆有饋遺，以報袁氏知遇之恩也。袁氏曾笑語梁氏曰：「一入君家，便成財神。予斷不願作辛苦之帝王，但願得入君家為繼任財神耳。」梁氏忽長跽稱臣而奏曰：「臣趙某參見玉皇。趙某一身而外，皆玉皇之所賜也。」相與撫掌大噱。

女子請願團　附妓女

自梁氏組織請願團，而楊度、顧鼇等之異想天開，首先禍及女界，相與謀曰：「彼等女豪傑，紛紛欲奪參政權，曷勿乘此時機，勸其於帝制幕中占一席地？他日稽勳考績，何患不得位置？以此語歆動女界，自有人出而任此幹務也。」顧氏躍然曰：「此舉必不可少，亦為吾輩多一重勞績。以愚見度之，可責成老薛辦理，以彼與女界相稔者最多。即如自由文明女子之領袖安靜生者，亦與彼殊沆瀣。此女善於社會中活動，若由彼擔任組織，不患不成一絕大集團也。」楊度等以為然，因語薛大可。薛躍然稱善，遂立即命駕往訪安靜生。

安靜生者，山東產之女子。自言系出大家，曾畢業於某女師範學校，與民黨女偉人沈、唐等亦相善。惟沈、唐等主激烈，而安主和平，且持無可無不可主義，酬應周至，手段圓通，務與社會上辦事人接近。凡男子界之政客學子，尤廣通聲氣，不拘小節，以故各界無不知有安女士者。故顧氏欲老薛聯絡之，使組織一女子請願團。豈知有此一節，而安女士富貴之機會至矣。

當薛子奇往訪安靜生時，正值安與同居之兩女子，商量恢復女權、攫取財利之妙策。或思要求參政，或議提倡國貨。薛子奇突入曰：「此皆影響之談，迂遠之見，無裨於事實者也。今有最正當最急切之事務，而尤為絕大權利之根基。鄙人特以此機會拱手奉之女士，且非女士不能乘此機會。所謂英雄造時勢，是天造地設，為女士應盡之義務，即女士應得之權利也。幸勿交臂失之。」安問所以，薛語以故。安赧然曰：「手續若何？」薛曰：「須先起草，作請願書一篇。」安大嚷曰：「此實試我以難題，恐不能繳卷矣。」薛曰：「此稿可由我代辦，至運動同志，則由君任之。何如？」安亟諾之。不十日，安已合十餘女子，宣布會章，定期開籌備請願大會。此等會章，實皆由薛代稿。因安雖曾肄業學校，而識字無多，即作一普通書函，猶竭蹶不堪也。曾寄薛滬上一書，語氣之鄙穢，字跡之舛訛，閱之足供一笑。書云：

子奇哥哥受（「愛」之訛）見（「鑒」之訛）：妹自哥去後，天天思相（「想」之訛）不安。今人（「辰」之訛）到府，方知哥以（「已」之訛）往上海。日前哥答因（「應」之訛）妹起高（「稿」之訛）事，代（「待」之訛）用甚吉（「急」之訛）。因主則（「組織」之訛）同志，人數以（「已」之訛）作（「足」之訛），過幾天即開大會，須亡（「望」之訛）此高（「稿」之訛）來，公同年久（「研究」之訛）。哥能叔（「速」之訛）回京再（「最」之訛）好。不然，亦須先寄高（「稿」之訛）來，七七之（「切切至」之訛）要！哥到上海後，孔皮（「恐被」之訛）花花美人，米（「迷」之訛）朱（「住」之訛）心可（「窩」之訛）矣。妹天天思相（「想」之訛）哥哥，如再（「醉」之訛）如孟（「夢」之訛），親石（「寢食」之訛）不安，今（「竟」之訛）是（「似」之訛）黃河之水，難西（「洗」之訛）滿幅（「腹」之訛）之愁。自由哥哥，何故不束（「速」之訛）來？妹之義務不能盡也，那（「奈」之訛）何？妹記（「既」之訛）但（「擔」之訛）任此事，其（「豈」之訛）忍心不古（「顧」之訛）大局而矣（「已」之訛）哉？束來，束來（「速」之訛）！上海有時新之手使（「飾」之訛）愁段（「綢緞」之訛），多多代（「帶」之訛）來。情（「請」之訛）願書高（「稿」之訛）要京（「緊」之訛）。言多止（「紙」之訛）少，書不進焉（「盡言」之訛）。敬請呂（「旅」之訛）安。受（「愛」之訛）妹安某菊弓（「鞠躬」之訛）拜。

書出後，薛果即回京，以請願書稿付安，又附小啟及會章各一則。啟云：

吾儕女子，群居噤寂，未聞有一人奔走相隨於諸君子之後者。而諸女子亦未有呼醒癡迷醉夢之婦女，以為請願之分子者。豈婦女非中國之人民耶？抑變更國體係重大問題，非吾儕婦女所可與聞耶？查《約法》內載中華民國主權，在全國國民云云。既云全國國民，自合男女而言。同胞四萬萬中，女子占半數，使請願僅男子而無女子，則此跛足不完之請願，不幾奪吾婦女之主權耶？女子不知，是謂無識；知而不行，是為放棄。夫吾國婦女智識之淺薄，亦何可諱言！然避危就安，亦與男子同此心理。生命財產之關係，亦何可任其長此拋置，而不謀一保持之方也？靜生等以荏弱之身，學識譾陋，痛時局之擾攘，嫠婦徒憂。幸蒙昧之復開，光華倍燦，聚流成海，撮土為山，女子既係國民，胡可不自猛覺耶？用是不揣微末，敢率女界二萬萬同胞，以相隨請願於愛國諸君子之後。姊乎！妹乎！曷興乎來！首唱者安靜生。

於是女子請願團成立，而接踵而起者，有妓女之請願團。京師八大胡同，本多鼓吹帝制諸人之足跡。一時傳言，有云無論何人，此時若上書贊成帝制，以後俱有特殊之獎勵。於是彼狐媚兒亦發狂病，一二自謂紅倌，與政界諸人有關聯者，妄挾封典希望，遂糾合同志，上書勸進，儼然步安靜生之後塵焉。

當時領銜者傳為小阿鳳，其書稿則出自名流易某手筆，易乃小阿鳳之狎客也。今為某總長之寵姬矣。或云領銜係花元春，花為皇長子克定所眷。要之其書未編入所刊印之請願書中，乃楊杏城與阮內史所刪，以其性質近乎遊戲耳。聞袁氏得書後，顧謂十三太保等曰：「彼等亦竟來勸進，第對付一節，頗費躊躇，登極後宜若何予以相當之酬報。倘設置之度外，則同為國民，胡為令彼等獨抱向隅耶？」晳子曰：「此亦不難。請皇上於登極後，按凡列名請願者，賜以特別商標。雖皮肉生涯，亦屬新朝曠典也。」袁笑而拒之，命姑俟屆時更議。旋因楊、阮等議，事近輕褻，乃寢不發刊。

女官長

袁氏自謂習練新軍，曾為民國元首，曾與諸新學家晉接而諸新學家為之用，曾任外交，故滿裝文明幌子，動言改革前清秕政，不願以腐敗官僚自居。然其私欲甚熾，不能自克，即如竭力排斥宦官閹寺，以為吾果登極，決不再用此制。而對於姬妾滿前，妃嬪鬥寵，則心醉焉，亦不知其何以自解也。顧袁之主張廢止閹宦，持之甚力。相傳其初議帝制時，清宮之權閹小德張者，久居閒散，得此好消息，以為活動時機已至，曾賄囑某巨公與袁親密者，為之說項。袁氏絕不為動，歷久主張廢止之理由以對。某巨公唯唯而退，無如何也。袁既決意廢止閹宦，則內庭給役之人，將於何置用？仍舊日之婢媼乎？體制未免太不尊崇。抑驅使衛士入闈內乎？又何以防中冓之羞？故忽發思古之幽情，而欲從《周禮》天官成法，恢復女官之職。其或訪諸籌安會君子中之劉大經師，參訂互考而得之，亦未可知也。

袁既定是主張，而一時實難其人。而為之長者，督率女官，尤難其選。蓋既須稍有學業資格，而又須熟知官場肆應方法，事上接下之等等手段，其事夐異於教員之管理學生，並宜稍異於姬妾之媚其夫主。況富貴之閨媛命婦，孰肯孑身而入宮值宿？若貧賤之優尼娼妓，則又大乖體制而不容濫竽。是以袁氏大發躊躇，驟難解決。忽接女子請願團上書，首列名者為安女士，勘其履歷，係出貴家，更優學業，且於交際上頗具閱歷資格。因立即批答，獎美備至，且許其入宮覲見。安女士獲此溫詔，恍如置身雲霧中，乃即日入宮叩見袁氏，並謁於後。袁氏見其舉止大方，姿態亦不俗，因喟然曰：「天生一材，必有一材之用。朕欲設立女官長，即得此安女士，豈非天造地設耶？」遂語以女官事宜，即令其籌備建設一切手續。安女士因出而與君子太保等互商，惟薛大主筆之參贊尤力。所規定之招選女官章程，大約如後方：

（一）須身家清白及品誼純正（試思身家清白，誰肯作強姦民意之半截皇帝之候補姬妾，且事同婢媼；品誼純正，又誰肯入藏垢納污之宮闈，供一般妖狐之役使）。

（二）年齡在十四歲以上，二十五歲以下（專用妙齡女子，則其用意可知）。

（三）略具姿色而又體質健全，無其他暗疾。

（四）未出室及未受聘之閨女。

（五）或孀婦而未經生育（強姦且及於處女、孀婦矣，豈獨強姦民意而已耶）。

（六）無煙酒賭博諸嗜好。

（七）三年後即開放出宮，其願留者聽（設有姿首佳者，恐不願亦不放之出宮矣）。

（八）三年期滿後，由女官長奏請皇上擇尤優獎之。

此任用章程外，又有招選臨時章程，略謂：凡欲應選者，於報名時預繳銀幣十元。設不合格，此款不得退還。如合格受選，每人隨時繳銀一百元，謂之「入宮費」。於是安女士乃官運既大亨通，財運又復發達，一二月內即立致三四萬金。又有俸四百金，公費百金，即月得五百金。除酬應諸妃嬪及同志舊雨外，月可贏餘三百金。聞未及一月，安即舉所淨餘三萬金交其夫回籍置產云云，亦可謂大走鴻運矣。

安女士本有夫，亦舊官僚也。民國改元後，即失其職，頗侘傺無聊。及女士得為女官長，竟為乃夫道地，得輾轉謀得庶務司核帳員一席，竟得以宮中為鵲橋之會焉。京師人知其事者，改《長恨歌》句贈之云：「遂令天下夫婿心，不願謀生願娶婦。」又改漢光武語云：「作官當作財政部，娶妻當得女官長。」一時輿誦可想也。

初，袁欲設女官時，諸妃妾極力反對，冀破壞其說。因袁性淫亂，愛博不專。設選女官有姿色者，遂肆其耽耽逐逐，行且追蹤楊廣而媲美朱溫，則前途將生大危險，故諸妃妾預為之防。不意袁氏立意堅決，竟不為動。及安為女官長，既已羅敷有夫，而約束諸女官亦頗嚴密。袁氏為籌備帝制事，夙夜勤勞，洵是宵衣旰食，亦未遑漁色獵豔，以故諸妃妾尚安之。且安女士又善聯絡，知諸妃妾喜賭博遊戲，不惜身以周旋，事事先意承志，以博彼等歡心。而於是諸妃妾非特不惡安女士，且引為密友矣。每逢星期日，輒從諸妃妾為麻雀撲克之戲，置規定章程於不顧。最祕密者，乃偕袁之第十姬出至某劇場觀劇，十姬竟賞梅郎以五百金。手段闊綽，為人覷破，都下新聞紙譁然登載。至為袁所聞，幾至罷斥，賴諸妃妾叩求始已。自是安女士亦稍稍斂跡矣。

安初立諸女官寢室，防禦頗嚴。其室別為一院，係蟹行式，東西對峙，衡宇相望。中為一門，置鐵柵束之。安女士自居瀕門第一室，親司筦鑰，每晚十時下鍵，非得安女士之手鑰，不能啟也。寢室手自編號，一望可知，呼應極敏捷。袁氏睹其條理井然，大加稱賞。顧自賭博觀劇之興大發後，約束頓弛，聞其內竟有男子私行闖入等事。逮十姬觀劇事洩後，又復重行整頓。不久而取消帝制，袁氏疾發，女官遂風流雲散。安女士遁歸原籍，與其夫擁厚貲，享富家婆之樂矣。一場春夢，在安女士亦何嘗不值得耶？

國民代表活劇

袁氏強姦民意，密令各省官長，指定不肖紳士，生吞活剝，以代表名義，來京投解決國體票。揭穿內幕言之，此等不肖紳士，皆為金錢之魔鬼所攝使耳。如以今日選舉總統而言，每票尚須得一二萬元，何況投皇帝票乎？故所謂國民代表者，皆挾一分肥欲望，將補償民國以來之官僚損失，且嘗新皇帝酬勳之滋味而來。萬不料諸代表手段太拙，未用現金交易之嚴格主義，亦未講明價值，貿然以為新皇帝必不負我輩，先行投票。迨票匭既開，全體一致一千九百九十三票，無一人敢表異者。宣布之後，同呼帝國萬歲三聲，聲徹堂陛。一時手舞足蹈之狀，真若中國帝制一興，便可戰勝歐美，萬世太平然者。其媚茲一人之忠誠，可謂淋漓盡致矣。

乃袁氏之慣使權詐，竟不愧不怍，仍用諺所謂「登樓拔梯」手法，文明新說家則云「滑頭主義」。斷不肯稍損其供給諸姬妾之衣飾糜費，及冕袞籌備寶座大典種種之儀文一切浪費，以體恤此等窮代表之苦心，使之略償奢願。乃竟與梁、阮等商定一篇退鬼文字，直將此等明日黃花之代表退歸洞府。其令云：「方今草創伊始，財政艱難，斷不能供給各省代表一切經費。況現在國體已定，代表民意的機關，當然取銷。凡充當代表者，理應各歸故里，各安職業」云云。袁氏手段之狠辣，一至於此。諸代表中容有與六君子、十三太保等通聲氣者，得此消息，各走所親，泣訴苦況。於是梁財神出而解圍，每人致送川資一百金，聊盡杯酒之敬。於是諸代表白眼向天，徒呼負負而已。曾聞個中人談及一事，有可供軒渠者。

聞有代表林某、高某，興高采烈來京，各抱一絕大欲望。以同鄉京官某甲私函運動，許其有新皇帝之特別酬庸故也。及投票既畢，袁氏承認之令又下，以為高枕可得富貴，於是相約某某等飲博冶遊，縱情無所不至，恍如科舉時代之候補舉子，結會吃夢狀態。一時揮霍無度，債臺高築，其一種渴望皇恩雨露之態度，更急於他人可知。及逐客令下，驚怪羞惱，百端交集，欲爭不得，欲退不能。亟覓同鄉詰責，且藉以挪借償債之資。同鄉逆知其如此，稱疾不見，雖笑罵嘩噪，置之不理。無可奈何，乃移居會館，姑作摒擋之計。正相聚謀善後之策，門者持柬入白，謂使者立候覆音。林某甫啟箋簡，即變色曰：「子語彼，林大人非逋金者，靜以待命可也。」門者唯唯而出。

高某見此狀態，知為債務關係，不覺觸景生情，乃喟然歎曰：「代表之滋味如此，怒亦何益？非我自待太薄，質言之，則我輩直袁皇帝之溺壺也。用時則醍醐灌頂，不用則擲棄床隅。吳梅村云：『一錢不值何須說？』以我輩較之，更覺半錢不值。且人人掩鼻而過矣。林君尚自稱大人，而盛氣相向，何耶？」林聞言，亦轉怒為悲，唏噓悔恨不已，因言：「吾輩從里門來京，飲食遊戲，幾及匝月，僅寫得『君主』二字。如此代表，毋乃羞見國民。要其結果，乃博如此待遇。天下事弄巧反拙，貪便宜即吃了虧，往往如是。此次返里，行將遍告親朋，無寧老死牖下，斷不可更為人鷹犬也。」是時在座諸人，無不懊惱失色。正無聊間，忽門者引一公差狀立簷下，乃入白曰：「彼係袁府中來，云須面見林、高諸先生。」林、高等聞一「袁」字，甚為驚異，恍若如呈一不可思議之推度，往來於腦海中者。因令公差入室，公差因上函柬一，紙裹一，曰：「此中銀劵凡百數，請先生檢查，於此柬上蓋章簽名作收據可也。又銀製紀念章一枚，亦請並收。」林某等爭取視之，則由袁乃寬具名致送，略言係各代表程儀百金，即希哂納等語。

林、高始知非袁皇帝之特別恩命，不過皇侄奉皇帝之旨，為普通之點綴而已。因相顧不能解決，以為如此獎金，受之不滿意，卻之又不恭。瞪視此百元之紙幣，心中無限稱量，不知以此對付何種債務為宜。酒館乎？劇場乎？秦樓楚館乎？旅費雜費乎？無一不可。雖以之犒賞僕役，尚虞慳吝，況其他耶？然又不可不收受。乃各簽名蓋章，且須給公差車金一元。可憐煌煌代表，止博得銀幣九十九枚而已。其後林等知逗遛京師，更非了局。乃典質衣服，各處貸借，始略事敷衍必不可少之支銷，悄然而返。彼歆博治遊之債，則惟有不了了之耳。其他代表，大抵皆然。顧此猶其妄事揮霍，自尋煩惱者。而素號節儉謹飭之人，亦大受其累。蓋無論如何，僅僅百金，萬不能敷衍也。以予所聞某鄉先輩事，亦大可憐矣。

鄉先輩乙太史公官至觀察，惟財運不甚佳，宦囊殊未充裕。民國以來，又不甘與共和新人物爭得失，投閒置散，益感困難。曾與沈雲沛者有一日之雅，沈方任請願團長，知太史公信仰君主，乃密函囑其出任代表，謂必可得特別酬庸。太史信以為然，既至京，即居沈處，日用飲食極事撙節，絕不與諸代表象徵逐。暇輒以詩文自娛，或至琉璃廠閒觀碑帖書畫而已。滿擬養晦數月，即受新朝之知遇，得一關監督或稅務機關之位置，或政務廳、財政廳，嘗鼎一臠，可備優遊林下，畢生溫飽，於願已足。不意袁皇帝竟出無情之手段，一概與以閉門羹，只博百金之代價。太史公乃言於沈曰：「僕本逍遙海上，不與人事，只以家食維艱，欲求我公一援手。乃不惜再為馮婦，獨背清議而出此下策。鄉人士挽吾主持學校事務，咸不之應。今既來此奔走帝制矣，南中排擠甚烈，復何面目歸見江東！此百金者，豈以為吾贍老費耶？吾一家十數口，持此供一月之饘粥，尚虞不給。後顧茫茫，將何了局？公儻垂憐，則於京華為吾謀一席地，薪俸雖菲所不辭。行勝於躑躅里閭，供人指摘也。」沈聞言，亦代為扼腕。又太史文學頗優，乃言於清史館長，與以纂修一席，實行其太史公之事業，月薪僅百金云。

自是太史回翔館閣，雖不失其清貞，而追思前事，慚悔交並。且以袁既失敗，共和重建，更恨己身多此一舉。每獨坐無聊，輒書空咄咄，以為早知此事，何必當初！因是鬱鬱成疾，時年已耆艾，豈堪當此傷人之憂，竟於客歲春間殂謝。幸有弟數人，俱經商致富，得已經紀喪葬事，不致委櫬異鄉云。

乞丐請願團

袁氏之以民意粉飾帝制，其最滑稽可哂者，即於女子請願團不足，而有娼妓請願團；國民請願團不足，而有乞丐請願團。洵歷史以來未有之奇聞趣事也。聞倡此議者，即大名赫赫之籌安第一君子楊氏。

楊氏當籌安勢絀，而梁財神等之請願團漸盛時，心頗怏仄，亟思有以勝之。苦思力索，終覺未能出人頭地。一日，驅車過鬧市口，見丐者二人口角。一丐厲聲曰：「今日尚有王法耶？都由共和民國，成此大害。假令皇帝復生，必不容若輩如此橫行。吾惟旦夕禱祈，老天復生一皇帝也。」楊氏忽偶然有悟，心口相語曰：「若輩亦信仰帝制耶？蓋藉此好題目，試作一篇奇妙文字。」不禁大喜。既歸，立命家人召管丐之首領至（京師有管丐頭目，謂之「團頭」），語以如此，歆以權利，約於三日內召集。提會中經費施用，每名給以番餅一圓，管丐首領則給百元，一律列名簽押。內外城各丐聞是耗，晷刻之間，不期而麇集者，不下萬餘人。其稍識之無者，即自行署款，而目不識丁之輩，或請同類代押，無不踴躍爭先。以故於各請願書進呈，比較列名最多者，以乞丐請願團為第一。

書就，楊氏捧之而喜曰：「吾即視為滑稽，亦足以間執梁氏之口而令汗顏。況今裒然成帙，固已成確當名義。皇帝見之，必色然喜。是豈不足以奪梁某之氣，而平吾忿耶？」遂即日賫呈。

楊氏入府見袁，遽前稱賀曰：「古史頌帝王之德，謂澤及枯骨；今吾皇之恩義，下逮乞兒。是豈尋常感應哉！若輩亦知今茲時代，非實行帝制不可，是固深明世界大勢者。乞丐而能如是，吾皇之盛德，溥及群生可知也。」袁氏聞此諛言，亦大喜，曰：「哲子辛苦，亦擲運動費幾何耶？」楊氏正色曰：「此實彼輩自願為之，絕不勞一文運動費。且度雖不肖，亦何嘗下與乞人伍。特彼輩聞吾為籌安請願首唱人，已默記吾姓名住址，乃自推彼輩中首領為代表，衣冠求見，出書言如此。度喜其誠篤勇毅，且明禮數，遂教以呈遞之法，書遂得上。據彼輩之意，但求吾皇正位後，遍設棲流所、習藝廠，廣施冬衣賑米，使若輩倖免饑寒足矣。」袁笑而頷之，遂以鉛管記載祕密簿冊上，以備他日之施恩焉。

蓋此等簿冊，為袁氏特置之懷中秘寶。凡遇請願勸進之名字，必親錄之，以備查考，為他日酬庸之根據。此次丐者列名至萬餘人，不能盡書，乃僅記其前列十人於冊。而令書記繕其全體姓名於別紙，常置秘室案頭，與祕密簿冊參看，其鄭重若此。

楊氏出而謂人曰：「吾此舉強於顧巨六所運動之妓女請願團百倍。窺皇上之詞色，以妓女輩媚人無誠意，且跡近輕褻；而丐者則同係公民，不過稍貧賤耳。況更博得澤逮窮黎之美名，故皇上視此舉極為隆重。吾之功簡在帝心，蓋可必也。」語次，大有自得之色云。梁氏聞之，投書戲之曰：「以子曠代逸才，自有此異想天開，出人意表。但終未脫『請願』二字之窠臼，則仍可稱傍吾門戶也。」楊氏得柬，笑罵財神貧嘴而已。

新華秘記後編

乾兒孽

項城好自尊貴，且日事豪奢。故諂佞之流，得進於左右。自有清之季，紀綱墮壞，廉恥無存，拜門投靠，久已成為風氣。袁氏任直督時，即有小站舊部段某，求為義子。袁氏喜其柔媚，亦公然直認不辭。實則年歲之相去，不及十稔也。其後入為軍機時，又有某巨公之紹介，得陳某者為第二乾兒。陳某自喜以第二人得幸於權貴，因據其行輩以自名，藉示光寵。其實陳所自生，非行二也。

袁氏之對於段某，雖甚愛幸，顧遲遲不畀以封圻重要之職，蓋別有深意。因袁氏用人，頗自信人才主義，力避「情」、「賄」二字。段氏於清季有女謁之嫌疑，物議沸騰，名譽不為世所隆視。袁方以延攬人才，收拾民心自居，不欲有此微累。故擬於登極而後，畀以侍從近幸之官，漸次大用。屆時專制之局既定，則較易為力耳。當總統時代，段氏用盡心機，百方要求。新華宮中之淚痕，蓋不止一灑再灑。然袁氏卒以撫慰之密語對付之，未嘗一見明文也。其用意之深，蓋可想見。

獨陳氏則初生之犢，英銳冠世，同儕咸仰其丰采。陳又善於肆應，聲譽日隆。袁氏察知其如此，立畀以蜀督之任。瀕行時，猶入宮遍拜后妃，泥首稱臣兒感恩戴德也。相傳袁之四姬葉氏，系出大家，與陳氏有戚串誼。初以宮闈邃遠，不能通聲氣。陳雖知之，而無如何。陳有祖姑居京師，偶述舊事，道葉氏兒時狀態。陳頓觸所願，長跽乞求祖姑入宮一行。祖姑笑曰：「此亦易事，胡為爾也？」因由陳氏出金備禮，且為之疏通閽獲，卒達目的。葉氏呼祖姑為母，以兒時曾受其惠故。果為之言於袁氏，袁氏詫曰：「是陳生耶？若誠雋才，微卿道地，吾亦當用之。且吾不欲舉大事則已，欲舉大事，正宜延攬此等人才，以為他日凌煙畫本地也。」遂詢左右：「陳生來乎？」曰：「來。」則延之入，待遇甚厚。

袁笑謂之曰：「爾尚憶有葉氏某某者乎？」陳瞿然避席，曰：「是中表姑也。」因先以姑丈禮下拜，既而揣知袁氏意密，乃突然九頓首以請，聲淚交並而言曰：「賤子早失怙，讀父書未嘗不隕涕。今仰望顏色，宛如陟岵。丈若垂憐賤子孤露，則願捨膝前片席地，為賤子稍盡孺慕之忱。烏烏私情，終當銜環以報。」袁氏察其情懇摯，遂笑而允之，且曰：「癡兒情急，今日瞻依椿蔭，如暍得樾。他日羽毛豐滿，得毋以杯羹賣我耶？」陳垂涕伏地不起曰：「某雖不肖，父奈何不以人類視之？」袁氏笑曰：「戲言耳，胡不經恐嚇至是？」自是情意益密。

及任蜀帥，帝制議起。陳方以李嗣源自命，豈有不首先勸進之理！無如事機忽變，滇南起義之師，直逼入境。而地方紳民之反對帝制者，甚為激昂，輒起兵與滇合應，所在多有。及長江流域之督軍有獨立者，消息至蜀，大為震動。是時，陳氏所處地位，幾於四面楚歌。一旦縣發，勢必身命不保。幕僚某公者，陳所倚為武鄉侯者也。入密室，屏侍從，相與謀曰：「今事機危迫，朝不待夕。諸軍校咸與滇中通聲氣，紳士眈眈虎視，大有不肯甘休之勢。而京師遼遠，函電中梗，中央已成弩末。即使苟延殘喘，亦復鞭長莫及。況帝制取消，業已情見勢絀，更難顧及邊陲。我輩若自守愚忠，坐受魚肉，一身不足惜，其如川局糜爛何？今若稍從權變，聲言獨立，佯與中央斷絕關係。然後召集諸軍校，議守境自治之計畫。但使保全川局，徐圖後效，則轉禍為福，轉敗為功，中央始服我輩之見解耳。」

陳氏聞言，意為之動，但尚顧慮袁氏之詰責。某公笑曰：「將軍解人也，奈何以勢利結合之親，誤為患難與共之義？設將軍治蜀，一旦或有蹉跌，而中央無恙，能許將軍晏然富貴乎？況帝制取消，各省聯電力爭，不許繼任總統。冰山見日，能與幾何！我輩徒以身殉，貽害川人，供全國之唾罵。試一衡量於彼，於此計果孰便也？將軍盍三思之？事急矣，更遲則雖欲轉圜而無地。雖悔何及哉！」陳方豫，而川東獨立，川南各縣失守之電信迭至，省城各紳敦勸獨立之函且盈尺。最急者，則偵探某密報，某旅長將於今晚起事，舉省城獨立，殺陳督以應滇軍是也。陳乃拍案而起曰：「吾死於此而無益，曷若從權以救眉急耳！」遂顧謂參謀曰：「請暫行子計，然對於中央，則仍以虛與委蛇為是。」參謀知陳懼甚，陽為諾諾而退。退則立發令宣告獨立，一面電告中央，陳說萬不得已，脫離關係之理由。皆參謀獨斷獨行，並不勞陳畫諾也。

電發之明日，陳氏始知之，大驚泣下曰：「吾將復何面目見吾義父乎？」遂與參謀密商，亟欲離蜀回京，自陳苦衷。參謀曰：「獨立之令甫頒，軍民歡聲雷動。彼輩方以為將軍順從民意，尊重輿論也。今忽棄職而遁，軍心必且離貳，紳民流言，禍變立起。且巫夔之間，欲乘隙而動者，大有其人，將軍亦安得帖然而度三峽之險耶？鄙意不如振刷精神，支持危局，以待南北戰事之定。若中央制勝，奉全川以歸命不遲；如其否也，亦當與滇軍政府行特別之交涉，而後退讓。此時實非其時也。」遂又附耳說如此，陳不得已首肯焉。

無何，袁氏得報，恚怒至發狂。時已有疾，至是頓失常度，見人即持刀欲殺，輒厲聲曰：「豎子富貴何自來，乃敢爾耶？碎屍萬段，不足以洩乃公之恨。」蓋袁氏以乾兒為最可親信，不意其竟反噬也。當盛怒時，適四姬葉氏有事至前。袁以陳之進身由彼，立即遷怒，拔壁上劍欲殺之。葉驚走伏案下，葉氏二子環跽求免，始得釋出。然卒持劍下階，殺一衛士而後已。自是疾益亟，不數日，遂殞。人皆謂陳之電為催命符，良不虛也。及黃陂繼位，袁氏舊部皆憾陳辜恩，力短之。滇軍亦以其偽獨立，進逼不已。陳氏遂返京，袁氏家族欲殺之，遁至滬。坐是蹭蹬不復出云。

兩小妖

十三太保而外，當時又有所謂兩小妖者。則以其雖不能直接為袁氏畫策，而間接欲攀龍附鳳，出其小有才之伎倆，興妖作怪，一時亦為社會所屬耳目焉者也。其人維何？則一為粵系中之白面少年，為袁氏第四姬同姓。平居翩翩自喜，以為文章丰采，足以傾倒一時。暇日好與諸名士遊，詩壇文宴，往往有其蹤跡。而京師之陶然亭、什剎海等名勝處，彼亦時一登臨。見者或詫為清華之選，而不知實乃熱衷之齷齪兒也。

少年夙附財神門下，吸其金銀之餘氣，吐為銅臭，以自豪於社會。一般逐臭之夫，且趨之若騖。當籌安會盛時，六君子本欲引為同調。彼以財神所卵翼，不敢自專，而請命於財神。顧財神方別有用意，少年已揣得旨趣，遂大言曰：「渠輩書生，專務扭扭捏捏，濟得甚事？公之辦法單刀直入，他日洪憲之元勳首座，非公而誰？」財神大得意，遂令少年為己代表，與各方接洽。少年敏給善肆應，久之，各方漸震其名，且以財神之心腹也，私號之曰「小財神」。反對帝制者，則有小妖之稱矣。

少年貌雖倜儻不羈，而實工心計，錙銖必算。雖市儈蔑以過之。常舉其造孽錢與市井兒逐什一，糴賤販貴，終日營營，無所不用其極。財神以為肖己也，遇事必與之商。時米禁方嚴，少年獨私營販米業，一若行所無事，獲利無算。非獨官吏不之聞，且從而入股焉。洪憲初元之肅政史者，自矜棱角，輒敢為鷹隼之一擊者也。歷舉彼之違法牟利狀，專章彈劾。都下譁然傳誦，袁氏以問財神。財神笑曰：「救國儲金之支銷早罄，近日頗賴此子挹注，故不得不網寬一面耳。」袁氏亦微笑而罷，遂寢其事。肅政史慼忿不能平，然少年之據交通要職如故也，經營私利如故也。

當時建言之最鋒厲者，推晉人某。一日，方自乘薄笨車至市肆乞米，肆主人亦汾晉間老商。相見道鄉誼，極為殷勤。某引為知己，遂與劇談。肆主固請持米去，不妨緩日償金。某不能卻，捆載而歸。越日，肆主載米數石，並媵以白金十鎰。某固卻不受，肆主曰：「此實洪憲皇帝之密諭，殆出自禮賢至誠。老夫口銜君命，不敢不恭敬將事也。」某固袁氏舊僚，且亦贊成君主者，以為新皇恩澤下逮，此乃稽古之業，不可不拜登嘉貺。遂再拜而受之。越數日，某欲再言販米事。忽有一函投入，函略言：「不腆之敬，已蒙哂納。所有販米前案，業已解決。幸先生包荒，勿為已甚可也。」末僅署一鈐章，其篆文曰：「或如玉，或如金。」某意其為袁氏手翰也，吐舌不已，遂不敢復道前事，且秘不告人。至洪憲失敗後歸里，始洩於人。人皆知為即小妖之作怪也。

及金融恐慌事起，銀行勢且不支，財神頗憂惶。少年進曰：「此所謂圖窮而匕首見之時也。上峰逆知有今日，而不惜孤注一擲者，為取償於他日之富有四海耳。今帝制取消，即使復為總統，此事安能復求彌縫！與其決裝於將來，而公代人受過，曷若乘此變局，辦一結束，為後日卸責地步，且亦使上峰知我輩之力已盡也。」財神已喻其意，且所見甚合，即笑而納之曰：「子誠能人也。吾計之熟矣，惟有停止兌現之一法耳。」少年鼓掌稱是，互相讚歎不已。不一日而財政上自殺之明令下矣。人咸謂財神之手段惡毒，而豈知其座下尚有小妖為厲哉！

其一則承辦《亞細亞報》之一代奇才，孟雲舊裔也。與籌安會中之老令公，十三太保中之鑾將軍，沆瀣一氣。初，袁氏用趙智囊之計，暗殺宋教仁，欲絕新聞界中鼓吹之敵。豈知一波未平，一波又起。南方操筆政者，俱言袁氏有帝制自為之心，且力倡恢復帝制之非是，隱然為漁父謀報復。袁氏始悔之曰：「與其徒殺一人，而增無數之敵；孰若籠絡數人，而使彼等為我用？」於是有意利用文人之毛錐，收吸輿論，曾與逸才公（皙子曾蒙賜榜為「曠代逸才」）從容語及之。逸才笑曰：「此易事耳。東南文學界之健者，賤子殆盡相識。但捐公數萬金，不難束縛馳騁之，令出死力也。」袁氏問何人，楊氏即以奇才對。袁氏令旦日與其人俱來，楊諾之。

次日奇才入謁，頗就籌安大恉，演為偉論，娓娓動聽。袁氏激賞之，令為一書，發揮中華國體之宜否共和與帝制。奇才就國民程度立論，與逸才公之傑作，異曲同工。袁氏閱之曰：「此誠不愧倚馬萬言也。」立畀三萬金，令組織一巨大之新聞機關，以改變南方輿論之觀念為宗旨。奇才遂長驅至滬，以一窮措大驟獲多金，輿服聲色往來酬酢之豪，頗足驚人耳目。於是忌者、羨者、屏斥詬病者，紛然並作。奇才趺宕自若也，且頗為袁招致一二日暮途窮之名士，用為旗幟。公然發表一種論調，甘冒天下之大不韙。

黨人大憾之，遂決以炸彈對付之矣。一夕，有擲危險物於亞細亞報館之門者，傷一庶務員及毀損玻璃數方。實於彼中利害，無關纖芥也。奇才聞之曰：「黨人惠我。我正苦寂寞，文字無可著筆，有此一舉，而奇貨來就我矣。」遂發電北京政府，謂敵黨大舉來攻襲，幸尚有準備，不至全域損失。然機器紙張用具等，已不下三萬金，請當道迅賜撥給云云。袁氏無奈，又以逸才為之說項，遂令財神立畀二萬五千金，而逸才坐扣五分之一焉。奇才由是與富豪馳驟，雖居兩小妖之資格，而常得與六君子、十三太保握手矣。不三月，袁氏敗。奇才收拾紙墨，偃旗息鼓而去。囊橐中累累，足敷一生溫飽。且復得列名帝制罪魁，與財神等一榜及第，在彼中以為榮幸云。

十六御妻

袁氏好內，多內寵。自正室于夫人，凡列名妾媵者，有十六人之數。方之古代君王八十一御妻之制，則袁氏尚未逮十分之三也。顧袁以世家子浮沉宦海，洊任封圻，馴以賄賂劫奪，金錢購致之勢力，以至姬妾滿堂，珠環翠繞，實晚近以來所罕有。若以方之歷史上奸雄魁桀，逐鹿兵間，以婦女為戰利擄獲品者，則又非其倫也。且其一、二、三、四、五、六等姬，皆其蹭蹬未遇時，誘惑要脅而來，與一般浪子纖豎之行為無異。試縷述之，雖近猥瑣，而亦足以繪其生平之品性也。

其第一姬王氏，據豐沛舊人言，其相識尚在未娶結髮之前。蓋王姬出身甚微，父業豆腐，生姬而美，里巷俱稱之為豆腐西施。袁出見之，驚為得未曾有。因道宋華父督之陳語，友或媚之曰：「是可圖也。」袁果以鑽逾之行，為達其獵豔之目的。時嗣父已為之聘於于氏矣，欲勿娶而難於啟齒。未幾，卒踐婚約。而于夫人持重端謹，貌僅中人。袁大不愜意，因尋舊好。墜歡既拾，樂緒倍濃。顧家長不慊袁之行為，嚴加督責。袁欲絕之而王不可，欲納為篷室又不可。乃別覓香巢，而袁於蹈隙時就之焉。此其最早之外室也。

及從軍吳壯武幕下，混跡三韓者殆屢閱寒暑，中間因是撤歸，流寓津門，又識一何妃。何父本金閶人，設洋貨肆於津埠，袁旅邸適與比鄰。袁性揮霍，好為粉飾架空之狀，以欺社會耳目。而將門華胄，又足以煽市儈觀聽。以是數者，竟獲何氏閨中之麗娃，伴其旅況之岑寂焉。久之，袁之窘態漸露，何父母知其不可恃，欲絕之。袁乃以計嚇女，使效卓文君故事，女竟從之歸河南。女父以其世家，勿敢訟也。

未幾，袁復奉使朝鮮，權力較前大增。復銳事夤緣，得權妃閔氏歡，出入宮闈，了無顧忌。因攫得練兵權，勢傾朝右。閔妃喜與中華人士接近，而尤慕袁之英偉，遂及於私。初，袁所狎妓金氏，舊宮人也。甚悉閔氏性情嗜好，因教袁趨承之術。果投契如家人，金氏亦得入宮為之牽引。閔氏以袁故紆尊降貴，視金氏若姊妹然。金氏雖落風塵，然固多才藝，質亦淑慎。周旋袁與閔之間，極獲寵信。袁氏留韓久，頗盛宮室輿服，享用埒王侯。酒酣耳熱，時或慨念鄉土。金氏曰：「盍遣使迎夫人來同享富貴乎？」袁首肯，而心憾于夫人執拗，乃偽飾王氏為正室，迎至韓，使金氏居其下。金氏執禮甚恭，閔妃亦視之有加禮。無何，臧獲洩其事，金氏誚讓袁。袁不得已，遂令金氏與王氏抗禮，而王位居首，金氏次之，何氏又次之。時何氏尚在舊里，袁氏凡有三姬矣。

及日使責言至，戰雲頓起。袁狼狽遁歸，蹭蹬者載餘。嗣以觀察查辦事件赴江南，偶與中表張氏會於金陵。張氏即民國初元豫省都督，復辟時代之財政部尚書者是也。新得一姬，廣陵紅橋畔麗姝小鸞之後，亦宦家式微者，不容於大婦。聞袁未攜姬妾來，而袁方獲李文忠之盼睞，欲結納之。因密以姬獻贈，且為之供張奩具，袁大喜。即第四姬之所繇來也。四姬勤儉婉篤，有過於高麗太太，袁之家族無不稱頌之。雖如七姬、十姬之狡黠陰賊，不忍相侮也。其德性如此。相傳四姬之父，本以孝廉援例得大令，聽鼓河南。會攝某乙篆，因事虧官項，坐臺追比，以憂懼染疾遽殞。其母遂以身殉，而身後所遺孤星，惟四姬而已。四姬性孝而婉，怙恃頓喪。葬斂無所出。比鄰即袁之中表張氏弟也，聞之，遂出金代為經紀，而以四姬歸張。大婦見其豔麗，心甚嫉之，輒加詬厲，繼乃借事施以撻箠。乘張他適，即扃之別室。時張方宦白門，復以差事外出。歸而知其情，畏婦悍，不敢較。友或勸之為四姬謀生路，張亦惻然允諾。而袁適至，遂以意告大婦，大婦亦欣然，盛飾遣之。袁氏寵愛備至，四姬以為得所託，奉事極謹。嫻書史，能筆札，蓋守其庭訓也。

五姬則為官直隸時部下某官所贈，津門名妓也，而性蕩。袁氏微知其曖昧，適有事請託，遂毅然借刀殺之。即前所記玉嬌者是。

六姬雖乳母女，而姿質佳麗，且性和厚，得人憐愛。善烹調，袁氏非所手治不甘也。聞幼時富於情，為袁氏所奪，勢不足以抗，心常怏怏。然力事懺悔，澹於爭夕。初，袁氏宅旁有一貧家，書生也。顧年少美丰姿，多才藝，見六姬而注意焉。六姬亦心許。兩情既洽，好事且成矣。會袁刼乳母索女，女涕泣不願。母百計勸慰，袁又以金錢衣飾餌之，而意移矣。書生以石卵不敵，亦祇得自嗟陌路蕭郎。而六姬每一念及，輒顰鎖不歡，雖貴未嘗或忘也。後書生潦倒，課蒙於家，六姬猶時時挽人周恤之云。亦可謂深於情者矣。

七姬洪氏，富於才而狡險已甚。外人指為宋案要犯洪述祖之妹，實則為洪氏所獻而冒稱為妹耳。其初乃一毗陵鄉女，母故倡也，色衰則售阿芙蓉膏為活。洪睹其女豔媚，視為奇貨，遂以二百金購之。挈至津門，夤緣進諸袁氏，竟得某優差。洪氏遂以倡女冒為閨媛，大得袁氏之嬖幸。慧黠便佞，善揣人意旨，有膽而甚口，諸姬皆非其敵。袁氏喜其類己，所事無不與謀。雖恚怒，得洪一言即解。前此對於玉嬌之手段，直英雄無用武之地焉。然袁非不知術詐不可恃，特利用之以適己意耳。常語所親曰：「吾百歲後，惟洪氏可畏，當早防之。」故亦知加以裁制，然其所籌畫，往往得行。人見其獲袁氏寵信，益趨之若鶩。而洪氏私囊，直逾顯宦矣。曾聞個中人言，京師某金店為述祖所開設，資本二十餘萬金，皆洪氏奩中物也。其豪富可想見。其子亦秉性污賤，飲博無賴，袁氏諸子中為最下駟。袁氏以洪故，雖心知其非，終不忍加以斥逐。蓋喜諛好詐，袁氏之天性然也。惟良心發現，則稱道四姬、六姬之好處。知者以為此口頭禪，終不敵其心頭肉也。

八、九二姬為姊妹花，三姬何氏之戚串，而為侍兒者也。何氏本蘇人，家族聞其貴顯，其母乃挈其無母之中表尹氏二女來省視。時何氏正欲覓侍婢，二女願充斯役，遂留不去。一夕，袁氏偶於醉後召諸姬手談為樂，何氏使二女司茶果。袁氏睹其娟好，注視久之，因問誰氏。何氏具以實告，袁氏大笑曰：「此吾二喬也。不畏東風作梗，可安然鎖諸銅雀臺上矣。」因引與調笑，狀極狎褻。何氏本庸懦，畏袁叱吒，目擊此狀，亦敢怒而不敢言。是夕，袁竟私召二女入密室，領略一箭雙鵰之風味焉。何氏知之，徒呼負負而已。于夫人聞其事，嘗涕泣進諫，謂袁宜愛惜精神，為他日擔當大事。已往不咎，後此宜不更造孽為是。袁漫應之，不以為意也。

無何，德宗崩，攝政王惎袁往事，欲逐之。袁遂稱疾，退居彰德。因性喜動作，不耐閒居，約徐東海作西湖之遊。風景流連，自謂雅人深致。而絲竹東山之樂，在所不免，乃奇遇由此出焉。有名妓憶秦樓者，知書能詩，且極慧黠，而有大家風。袁一見激賞之，遂以八千金為之脫籍，攜歸彰德（前集已及十姬事），自是妾位已占盈數矣（其詳另篇述之）。

袁顧而樂之，猶以為未足。更遊津門，遇舊眷倡柳氏者，又購置之。

比歸洹上，引諸姬遊釣為樂。雖隋堤之龍舟錦帆，不是過也。顧諸姬不習操舟術，蔡姬之盪齊桓，其危險可想，乃令人覓榜人女以充斯役。豈知五百年風流孽冤，又種於是。蓋袁固細大不捐者也，榜人女破瓜年紀，濯錦容顏，袁氏詫為得未曾有。蓋諸姬皆粉白黛綠，妝飾濃麗。獨榜人女荊布淡雅，如虢國夫人之素面朝天，其別有動人處可知。斯時袁氏如盛宴後飽飫腥膩之物，得冬夜鹽齏，自謂天上瓊漿不啻也。孰知此豸乃係羅敷，未免又生枝節。然金錢萬能，濟其萬惡。拚擲阿堵物，何事不可辦！一段臭姻緣，居然以銅臭薰染而成就矣。彼窶人子，自知卵石不敵，孰敢道一不字耶？

自是項城生為牛丞相，金釵十二行，確符其數。而野心勃勃，蓋若道學先生之進修，謂程功無止境。又云一息尚存，此志不容少懈也。蓋其中亦有故焉。初，袁氏入軍機，國事繁劇，日不暇給；及夕則聲色之好，復無間斷。縱精力過人，而戕伐太甚，亦患不支。不及一載，而兩鬢星星，霜雪盈顛矣。因欲求養生駐顏之術。於是挾方術以進者，因言草木金石之靈，無益精爽。宜用容成《素女經》，藉資根本之培補。其法維何？則廣蓄年未破瓜之處女，每夕以次擇二人侍寢，所謂少陰補老陽也。久之，自能百病消除，惟不可犯以非禮。袁深信其言，遂遍採各地少女，以充斯選。羅致者凡數十人，而於是十二金釵外之旖旎生涯，風流佳話，咸於此中基之矣。於是則有所謂汪阿香、金翠鴻、尹娟娟、洪翠媛四人者，以次登臺。設袁不遽以帝制自斃者，後十二金釵，不難立充其數也。

十三姨汪阿香，浙西產，父母因事流寓京師。妖冶蕩逸，出自天然。未及笄而已有所歡，如趙飛燕之於射鳥者故事。然人以其幼稚，故絕不之疑。非獨父母不知，即鄰里亦未播醜聲也。袁選女使者至，以為奇貨，竟以六百金絕其閨閣關係焉。阿香知袁氏為當世第一人，志在得其寵倖。因出天然尤物之本能，竭力煽誘此老登徒子。袁初以術士言，不敢破戒，強自檢攝。而諸女子初入宮府，矜重畏葸，亦遂無以動其心。及阿香至而大不相侔。蓋其殷勤柔媚，泛應曲當，無不悉中肯綮。雖較之已定情之姬侍，有過之無不及。偎寒噓暖，抑搔撫摩，親昵倍至。臥榻之上，有此二八麗姝朝夕鉤引，自非魯男子之渾樸，黃石齋之道學，鮮有不色然興者。

而況袁氏本縱欲之魔王，漁獵之專家乎哉！且自恃貴顯已極，侍妾數百人，亦不為過。他日帝制自為，則宮女三千人，何足為異！此念一橫，而阿香得邀雨露之恩，固意中事耳。而阿香妖豔無倫，且擅異稟。既工飛燕之內視生肌，復如婕妤之屬體皆靡。在袁氏僅以為小家碧玉，絕不知其見慣司空也。袁性厭故喜新，驟得之物，必如獲拱璧。矧加以阿香之善媚，自然寵奪諸姬之上。無何，阿香恃寵而驕，縱欲自恣，潛召前所歡入府，為他姬所訐。雖未遭斥逐，而恩寵由是漸衰，且第二人亦一躍登臺矣。

金翠鴻者，本雛妓。名為未經梳櫳，實亦春風暗度，已經人道者也。柔媚如阿香，且略能書札。自言曾畢業某女校，出語多新名詞，而善投人意。袁氏惑之，遂及於亂。不數月腹蓬蓬如鼓，則帝制遺孽，不期而留種矣。爰正式署為十四姨。

尹娟娟者，亦選女之一。貌秀曼如畫中人，嫣然靜好，而媚態入骨。事袁疏密得中，殊不似香、鴻二人之熱度。顧袁自大衍初度後，即不好與婦人狎，而眈眈於處女。蓋老而彌淫，亦天性使然也。又先入術士言，益鍾情於少女。業已破戒，則橫流潰決，亦固其所。既得香、鴻，初甚甘之。然亦微覺其情竇早開，冶蕩過甚，殆與婦人無他異處。且香姨復以私事敗露，漸信善媚者之必非完璧。不若刺取似有情似無情者一試之，或會心當不遠耳。未幾，乃注意於尹娟娟之一身。謂此豸幽嫻美麗，覺顰笑動作，無所不佳，而饒有閨閣氣味。驟近之，則若即若離，洵漢武所謂禮義人也。及強而後可，果非凡品，始知前此皆贗鼎，有誤入桃源之慨焉。

自是娟娟擅專房之寵者五閱月，最後乃得翠媛。而袁之祿運告終，翠媛亦身遭奇禍（詳後篇）。惟其遇合之始，則有一段極饒趣味之歷史，可供指錄者。翠媛不知何許人，而姓洪。則第七姬洪姨之禁臠，且為其戰勝娘子軍中之利器，將以是爭最後之幸福者也。外間傳翠媛為洪姨之侄，實則亦係女伴寢中之一人。初，洪姨見袁之獵豔，據是為淵藪，且日與己疏逖。欲得一人闌入此幕中，以刺探袁之舉動，藉爭得異日一席地。乃出巨金，遣心腹，往南中求苧蘿村姑。果於毗陵錫山間得一尤物，載與俱來。洪姨先宣告於眾曰：「吾侄將來此勾留數日。小妮子不諳禮數，幸勿見哂。」於是諸姬競傳洪姨之侄來矣。袁氏聞之，頗心動。試入視之，果絕代麗姝，且綺齡未逮二八也。大悅，私語洪姨：「此妮子宛轉得人憐，且豐肌弱骨，最宜伴寢。吾決不犯以非禮，況與子名分有在，吾亦不至若是孟浪也。」洪姨心喜入彀，而故靳之以堅其意，力言不可。且飾言聞早受玉鏡臺，堂堂元首，何至與人爭婦！袁掉首不信曰：「爾毋誑我，我當強取之。」洪姨終不可，袁令婢嫗扶入他室。洪姨佯笑曰：「如許年紀，猶作態如急色兒，寧不羞死！」袁亦狂笑不語。

是夕，翠媛遂伴袁寢，然猶未正式署第十六姨也。旋袁出巨資飭庶務司籌備一切，所置奩具，較諸姬為精美。諸姬或以為言，袁曰：「此吾最後之納姬大禮，自此不復有此御幸。故不惜糜費於彼一人之身，以絕吾念，非好鋪張也。」在袁以此塞諸姬之責言，而不意其竟成語讖焉。袁既重視翠媛，而翠媛亦工內媚。因是自洪憲紀元而後（納翠媛約在洪憲前），無敢與爭寵者。翠媛日以肆，亦漸知己實非洪姨之侄，而事事若受其指揮，心甚不平。日夜於袁前媒孽其短，袁果待洪姨不如前狀。洪竭力偵知之，大恚曰：「渠不知飲水思源亦已矣，乃反噬耶？」因嗾群不逞之婢嫗，造作蜚語。袁氏聞之，果大疑，設防甚酷。翠媛頗不能堪，然亦無如何也。及帝制取消，四川獨立之電告至，袁竟以翠媛洩憤，而香消玉殞矣。年才十有七。

手刃愛妾

袁氏宮中，最幼稚而最孌幸者，惟翠媛一人。當各省反對帝制最劇烈時，適分娩產一男子。袁氏益愛之，為之舉湯餅會，鋪張甚盛。蓋外間之電告，均為左右所壓擱，袁固絕不知也。及事勢既迫，無可復隱，於是稍稍上聞。由是蘇臺遊宴之樂興，亦稍殺矣。惟時四川岌岌可危，流言蜂起，袁氏振然曰：「陳某乃吾所卵翼而肉骨之者也，決不有貳。」時陳夫人某氏，猶居京師，常入宮中朝帝后，執禮甚謹。帝后亦愛之，蓋以乾兒媳待之也。豈知陳固因納妾事不慊於妻者，其挈妾入蜀而留妻都門，則絕無糟糠意可想。袁氏猶以為舉家為質，誤甚矣。

初，洪憲諸臣以袁好諛惡直，聞外間反對帝制，輒怒不可遏。於是相戒務為隱蔽，凡有關於勸告或抗議者，均不上聞。至將滬漢各新聞紙，改竄複印以呈覽，其欺蔽如此。顧至圖窮而匕首現，終不能復隱，而袁之憤懣愈甚矣。先是，陳在京師，頗以乾兒氣焰轔轢儕輩，頗有睚眥者。及風聲既惡，輒有人短之於袁前。袁以陳決不負己，掉首不信曰：「二庵猶反側，天下其無可信之人矣。」諸臣憤於是言，故將川中電告，上陳益亟。而袁氏因自墮知人之名，其忿恚尤非尋常也。

是晚，袁氏疾稍瘳，方與翠媛弄嬰孩為樂。翠媛適以嬌惰，微不愜袁意。袁怏怏出臥闥，乘輿至秘書廳，閱外來電告，蓋亦循常例也。內史以陳獨立之電告首呈，袁閱未終篇，躍然而起，狀若發狂。忽掣佩刀奔出室，旋又折回，問陳氏家屬在京乎？或答以有夫人某氏居京中。袁命召之來，使者銜命去。而袁氏略坐沉思，忽又躍起，自謂曰：「愛兒賣父，愛妾背夫，一也。世間尚有可信之人耶？」提刀直入內室，衛士亟從之，喘汗相屬，猶不能及。既而入宮，衛士例不得從，遙立俟命而已。

袁舉刀直入翠媛室，女官等皆辟易驚悚，不知所為。未幾，室中嘩號聲甚慘，擲刀鏗然。袁怒氣如潮，全身震動，頭髮上指，目眥皆裂，狀類惡魔。眾皆驚怖失魂，不敢逼視。及袁大踏步出院，始集視之。則可憐之花月佳人，橫臥血泊中，首不殊而身被十餘創。甫彌月之玉雪嬰妮，碎為三段矣。其慘酷之狀，殆非生人所忍目擊。亟報于夫人，夫人至，淒然淚下，且泣且語曰：「孽障哉！不知是何因果也。」一方命人料量安置，一方往與袁氏商善後計。時袁方偃臥某姬室中，宿疾大發，奄奄欲斃。于夫人知無可與語，太息而已。少頃，方偵知為陳電告事。

時陳夫人亦至，涕泣請死。于夫人曰：「彼惡奴方日願置汝於死地，汝死適以快其心。吾知汝必無通謀情事，幸勿自恨也。但汝姑居宮中，以明心跡，且助吾料量後事。嗟乎！袁家之禍，殆未有艾也。」因大慟，陳夫人亦慟。方楚囚相對時，忽報袁疾大劇，已請某巨公至榻前託孤，請夫人亦往一見。于夫人至，袁氏果自迷狂易失心，手刃愛妾，自知不起狀。某巨公方極慰藉，為之參酌遺囑，部署後事。于夫人慘痛攖心，掩袂而退。及次日，晨熹甫見，袁遂溘然長逝矣。于夫人以翠媛死事甚慘，且若與袁有同命之緣孽，遂命將其遺骸及嬰孩碎屍，盡納入袁氏棺中。及靈輀啟駕時，都人士有聞其秘事者，猶嘖嘖指棺中有同殉之美人云云。

十七皇子

《詩》稱周文「則百斯男」，明洪武帝二十九王。可見帝制自為者，則必多妾媵，廣嗣續，以與古天子爭衡。袁氏以十六姬而有十七子，其殆庶幾乎？顧唐堯答華封人之言，多男子則多懼。知新華宮之內幕者，因慨煮豆燃萁之事，在所不免矣。

皇長子克定，字芸台。最熱衷於帝制。外間所傳聯合籌安諸君子，促袁速成帝制，蓋不為無因。其事多有記載者，無庸贅述。惟予所聞秘史一則，頗有可代表其人格者，因錄於此。芸台留學德國陸軍學校，頗具軍事知識，常思有所表見。而乃父輒裁抑之，心怏怏不能平，乃故為大言曰：「吾固薄軍官而不為耳。苟際時會者，非第一流位置不處。」時袁尚未為正式大總統也，及第二次革命失敗，知袁氏之勢力，已臻穩固。時楊、阮諸人，有謀定世襲總統之說。

楊與芸台交頗密，且常聞其第一流語。因私告以所謀，且曰：「此局苟成，君何患不為第一流乎？」芸台嗤之以鼻，且曰：「我聞王湘綺調侃之詞，輒恨民國刺骨。我中華古國，萬不容此等國體。所謂『總而言之，統而言之，什麼東西』？子乃猶以第一流許我耶？」楊悟其意，急順風轉帆而語曰：「賤子特與君為戲耳。若果欲吾國治安者，非速改君主不可。君言甚正。有志者，事竟成。好自為之，何患不始終貫徹也！」芸台始大悅，因與楊耳語良久，楊頷之。蓋後此籌安之局，即基於一席話也。當楊作〈國體改革論〉時，即由芸台為之呈進。袁意正合，而故示持重，不肯遽露圭角，曰：「此書生語耳。今日安得論及此？」芸台誤以袁為無意，窘甚，急謀於楊。楊曰：「否，否。此何等事，今上何等人，而遂輕於一諾耶？子但振作精神，策厲進行，不以艱難自阻，則自有苦盡甘來之一日矣。」芸台大然之。自是常從反面旁面刺探袁旨，以定下手方法。有所得，輒商諸楊。傳者以為芸台術詐肖其父，而不知尚有「曠代逸才」為之參謀也。

迨大典籌備，著手進行。芸台自謂青宮之位，安如磐石，決無他虞。對楊常有得意之色。楊恐其以驕僨事，乃密詰之曰：「竊揣今上之意，似於神器付託一事，有所瞻循。近日宮中得勿發生他故耶？」芸台沉吟良久，曰：「似無之，然不可不察。此誠大患，公所慮不為無見也。」越日，復語楊曰：「果有異，幾誤乃公事。二弟反對帝制，常以文章誚我。然非皇父所許，尚不足患也。腹心之患乃在四弟。彼以姿質言動之徇齊敦敏，夙為皇父所鍾愛。今頗厚養死士，又極意聯合某巨公，拜為乾兒。皇父語氣之間，頗以為是兒肖己。若使羽翼養成，實一勁敵也。微子言，幾誤乃公事。」楊曰：「吾有一策，可杜此患。」芸台急詢所以，楊曰：「待國民代表解決國體後，先由鄙人擇代表中之有位望者，合上一疏，請早定根本大計。其次則當邀梁、阮諸公，得間密奏於今上，促成其事，則名位可正。名位正，而殿下從容養望，延攬人才，決無大慮矣。」芸台大喜而去。後金匱石室製成，其內記名者，實以芸台居首。雖為密緘，芸台實早知之，且自其辛苦中得來者也。不意西南一聲，帝制遽倒。而此千秋萬歲後之大寶，亦成曇花泡影矣。芸台懊喪已甚，及移袁出宮，遂盡捲三海中之貴重器物，捆載而歸，曰：「吾聊以作一夢之紀念也。」然貪鄙之聲，嘖嘖人口云（軼事數則另詳）。

次為克文，字豹岑。性倜儻不羈，耽文學，工詩詞，好與諸名士遊。有如晉人所謂音律酒書，少壯三好者。座中常有文人墨客以及曲師名伶輩（別詳〈流水音〉條下），談宴酬酢無虛日。好色而偏重憐才，自命不落登徒子之魔道。嘗遊金陵，於秦淮水榭間，遇一詩妓名薛慕濤者，驚才絕豔，咳唾皆生珠玉。平時不輕與人晉接，有李貞娘、馬湘蘭、卞玉京之遺風。豹岑初見時，以慕濤貌僅中人，殊不注意。慕濤亦以豹岑貴公子，殆無雅骨，待之甚落落。及瀹茗清談，各出舊作相問訊，於是兩情大洽，如水乳之不可離判矣。流連匝月，豹岑欲北歸，慕濤依依不捨。豹岑囑某名士善視之，慕濤不可，謂欲一瞻京都之壯麗，遊西山公園之勝。豹岑情不可卻，乃挈之乘車北指，途中唱酬之樂，見者咸目為公子眷屬也。

及抵京，豹岑置之宣南別墅中，署為玉琴室主。先是，豹岑厭京華塵囂，乃於西直門外築一別墅，中建精舍，安插彝鼎碑版，法書名畫。春秋佳日，花月良宵，輒邀諸名士談宴，一觴一詠，頗雅潔無俗韻。曾獲一古琴，非木非石，精緻密栗，扣之有琅玕戛擊聲。豹岑愛之甚，特築一幽室位置焉。至是得慕濤，以為人琴皆曠世寶物。而慕濤亦愛琴甚，遂亦自署玉琴焉。所吟詠流傳於外，有諸名士自歎弗如者。豹岑流連傾倒，輒旬月不出。偶遇歡場，則雖燈紅酒綠，翠繞珠圍，蔑如也。龍陽名士常以巫山滄海譏之，豹岑笑而不辨。

帝制事起，豹岑反對甚烈。益自韜晦，除府中有事宣召外，輒匿居別墅中。即入府，亦不過一拜謁而已。或信宿流水音中，及聞客彈棋按曲，絕不說政治事。無何，玉琴以南產居京華，不習風土。會嚴冬冰雪，遊西山夜歸，遽圍爐取暖，因致咳疾。百藥罔效，不旬日而殞。豹岑慟之甚，作哀誄輓詩成帙，徵海內諸名士題和。其鍾情如此。又屏居別墅時，不善與熱衷人晉接。而於帝制勸進者，嫉之尤深。有豫省來京之勸進代表某甲者，亦薄有文名，自謂足以當公子之青睞，且代表事既竟，即已無所事事，欲藉此夤緣得一位置。遂由某名士紹介一見，豹岑以難卻名士情允之。甲攜饋物足恭入謁，執禮甚卑，囁嚅稱殿下。不覺適觸豹岑胸中塊壘，乃他顧而詬曰：「齷齪奴眸子盲矣！乃公寧願為此不義事？吾知若意亦欲求富貴耳，豈知伐國不問仁人！若徒勞心力，虛此一行。吾此間猿鳥皆含清潔意，若來請託，誠不自量。速去猶可恕，苟嘵嘵，吾當令雜役操杖起逐之，勿謂乃公慢客也。且若來徒以某公謂若文人，故許入此地一談風月耳。今若此污某公名譽，污吾一片地，兼污吾耳，若之罪重矣。速去勿遲！」語畢，命僕挾甲出室，並持所饋物擲諸大門之外。甲羞恧欲死，不敢告人。同鄉某，給事豹岑所，始洩之，其姓名則不肯道矣。其耿介疏狂又如此。其他軼事甚多，當別載。

三子克良，字讓之。豹岑母弟也，而性情絕不相類。蓋謙恭和易，於袁氏諸子中為最。自僕役以逮輿臺隸卒，莫不皆曰三公子好人。曾畢業清華學校，留學美國，同儕以其恂恂，幾不知其為洪憲皇帝之後人。予弟子某，嘗與同時旅行，舟車握手，相得甚歡。自言此來但期得一畢業文憑，得歸對父母足矣，他非所望。又衣服飲饌，隨所豐嗇，未嘗計較。或譏之，則曰：「吾得一生如此安享，尚何求哉！」蓋絕無遠大志趣也，然而實為載福之器。且不嗜煙酒，不冶遊。娶張氏，即前贈妾中表之女也。頗有季常癖，不置妾媵。袁卒後，保守產業，無毀無譽。豈非載福之明證歟？

四子克端，亦留學德國陸軍學校者。貌豐腴潔皙類其母。母何妃，吳人也。本以色與袁邂逅，生子女各一，袁均甚愛之。而克端機警沉毅，袁常謂此子必能光大門閭。克端即喜自負，漸致凌轢同輩。及帝制議起，克定自以嫡長當居儲貳。而微窺袁旨，頗偏注克端，因益嫉之，語輒相侵。克端復驕蹇自恣，姿質更變，專務凌駕他人。袁氏溺愛既久，獨不加以裁制。克定甚不平，然無如何也。顧克端亦漸自暴棄，敻異幼歲之歧嶷。又以娶妻不愜其意，因溺一姬。兒女情長，英雄氣短，況其不逮英雄者耶？蓋克端妻美貌寢，而姬係津門暗倡，專事狐媚，足墮男子之壯志故也。然袁之寵愛，至死不衰。殆與袁有特別相感之氣類在耳。

五子曰克權，即七姬洪氏所出，殊不類其母。粥粥無他能，獨有盤龍癖，則乃母之遺傳性也。十餘歲時，即與戚族中少年為牧豬奴戲，豪宕甲儕輩。稍長，不好讀書，輒逃塾外出，私走囊家，一擲千金無吝色。袁所給月資僅數十元，不足則取盈於母。洪氏工心計，諸妾中獨饒於財。雖鄙吝，然以一子故，不忍過拂其意，稍稍點綴之。克權知母之憐己也，稍不遂意，則聲色俱厲，絕不似對於他人之猥瑣闒茸狀。洪氏無如何。會袁知之，大施撻責。洪又袒之，緩頰備至。如是者屢，而克權終不悛。袁怒甚，欲致之死地。克權遂遁出不歸。實則洪氏知其處，且常以金津潤之。克權每私與母會於別室，不敢令袁知也。坐是聘某氏女，弱冠不娶。袁語及之，輒忿恚。克權私納一姬，袁卒，洪氏代之爭得遺產，竟挾之之漢皋，與所納姬同居，如姑婦焉。顧克權嗜博如故，聞已耗其產之半矣。

六子克桓，乳母女六姬所出也。頗沉靜，有美術思想，喜嫻繪事，所摹仿無不酷肖。袁嘗得清大內之天下名山大川風景各圖，皆當時名人所繪者。桓以意規撫之，參用新法，無不妙肖自然。或疑其攝影而加以渲染者，而不知為臨摹所得也。顧有一劣性，視金錢如生命。雖袁氏使奏筆，必有珍賞，方鼓舞有精華。否則頹唐無興味，所繪物亦減色矣。兄弟行中或倩之塗抹者，非金錢不肯臨池。其錙銖必較類此。特以公子故，資用自饒，且不染揮霍惡習，故頗安分自足，單居閉門卻掃。好潔喜靜，擇明窗淨几，間供點筆，灑如也。是亦紈綺中所難能可貴者矣。曾入測繪學校，成績冠其儕偶。殆稟姿所宜，非盡人力也。

七子克齊，亦何妃所生。以體質脆弱故廢學，而智慧頗絕特。養痾時輒瀏覽子平風角堪輿家言，無不通曉。當袁氏發生帝制時，克齊以為甚危，私憂竊歎。後知大數已定，無可挽回，遂亦不言，而深自韜晦。見袁氏除問安外無他語，遇長兄克定亦然。蓋深不以克定促成帝制為然也。惟遇克文有加禮，而亦不恒過從。蓋一則疏狂不羈，一則閒適自好，性情不同故也。

四姬葉氏，先生三女，後有兩子，曰克軫，曰克玖，即八子、九子是也。克軫頗安詳端重，好親細務，類似其母。而克玖較勝乃兄，儀容才德，適得中和，於諸子中為獨出頭地。蓋四姬粹美之質所鍾毓耳。黎黃陂夫人見而愛之。于夫人聞其有女，雅與克玖相稱，乃遣人求婚。黎許之，兩家遂成姻好。袁之遺囑中，謂克端、克玖吾所愛，宜將所珍愛物授之，且給產宜較優。可知二子之際遇矣。然克端為人谿刻，實遠不如克玖之氣度春容也。

十子克堅、十一子克安，即尹氏姊妹花所產。袁氏並幸雙姬，春風一度，同結珠胎。迨臨蓐，相差僅一日，與孿生無異。貌亦酷肖，以其母亦穠纖相等耳。比長，克堅頗慧，而克安稍次，兄弟微有判焉。然衣服儀飾如一，非素稔者，猶不能驟辨也。

十二子克度、十三子克相，榜人女所出也。袁退居彰德日，徜徉洹水上，以浮家泛宅為樂事。既得榜人女（事已詳前篇），遂寵之專房。水鄉浩淼，鴛鴦交頸，一歲中竟得兩雛焉，相差僅九閱月耳。及遊浙西，得憶秦樓，榜人女遂遭秋扇之捐，年猶未滿二九也。此兩雛不甚慧，袁亦以常兒視之。卒時不過六七齡，而分產各得十餘萬金。西子扁舟，一生吃著不盡，不煩再覓陶朱公矣。

十四子克捷，阿香所出也。阿香為伴寢采女，前已及之。既得幸，即腹蓬蓬有子。後以曖昧事，為洪姨所發。袁大恚，錮之永巷。及分娩，男也。袁氏疑為他姓血統，以其貌不類己而類母，欲並逐其母子。于夫人聞之，亟勸告袁曰：「此事妾頗不然之。蓋即有嫌疑，其人已去（實為袁氏所殺），但防其再犯耳。何必使母子流落於外，播揚家醜，殊非正辦。不如留之，而加以防範，勿負一時間氣也。」袁亦然之，遂寢其事。然阿香由是寵衰，而克捷亦不為袁所愛。及分產，竟獲十餘萬金。雖較諸子為少，而以舊日女伴視之，宛如天上神仙矣。雖于夫人以阿香名譽不佳，常令其居左右，暗加伺察，頗不能比於諸姬之自由。顧一念及翠媛之固寵而被戕，猶覺後福彌有涯也。

十五子克和，金翠鴻所出。翠鴻雖不甚被寵，而藉女學生牌號，恒得出而與社會交際。分產後，于夫人聽其自由，不加拘束。翠鴻遂得僑寓津門，歲時佳節，挈其嬌兒出沒於遊戲場中。其兒西服翩翩，金髮揮灑，宛然一歐種之玉盧嬌娃，見者豔慕不置也。聞于夫人遺一媼監視其舉動，故不敢軼出軌範云。

十六子克華，尹娟娟種也。娟娟靜好自持，為于夫人所鍾愛。其子亦慧黠，得于夫人憐。故袁卒後，亦以恃于夫人故，不得自由。而娟娟故願長齋繡佛，享清閒無上之福，不願與惡濁社會徵逐也。袁氏諸姬中，除四姬葉氏外，德性之慈祥，實無逾娟娟者。其子聞亦不減克玖，他日嶄露頭角，或者尚足為袁氏光榮，占幹蠱之上爻也。

十七子克念，雖有其名，已無其人。即不幸而以未彌月之微命，與其綺齡花貌之母，同遭毒殺之慘也。袁氏因愛成仇，竟手刃此無辜之婦稚。回憶翠媛初納之時，鋪張揚厲，其榮耀較他姬十倍。而身被十餘創，橫臥血泊中以死。曾不如最失寵之阿香，猶得母子擁十餘萬金，徜徉以盡天年也。

惟憶秦樓無子，乃以袁氏寵愛故，獨獲數十萬金，挾以居滬。酣嬉縱恣，自適其性，絕不受袁氏之羈縛。此為最不平事云。

冰燕玉乳湯

嘗見某先生筆記，和珅得揚州鹽商秘方，每日以真珠粉和鹿茸參燕供晨飧，遂能駐顏擅房術。不意袁氏異想天開，更有服玉乳法，因是得強精益智，縱欲如意焉。古稱天子玉食萬方，袁氏之以玉供食品，殆即帝王思想之一證也。

初，袁氏得七姬洪氏後，頗有消渴之患。日間治事，亦覺精神委頓。服術士補益方劑，殊無大效。洪氏乃進曰：「吾兄曾得一異人所授秘方，確可駐顏長生，令人神智不衰。惟非極品富貴者，亦斷無此能力享用。聞清高宗常服此劑，最近李文忠亦一服之。今主公亦宜試服，久之方知其妙耳。」袁氏索其法，一一配製，果有奇驗。其法先取真于闐中新採之軟嫩羊脂白玉，每一兩配以地榆根二兩，入甑置炭火煎之。約一日夜，則玉軟如膏，遂加入冰糖官燕調之，又用新擠人乳一杯入煎即成。其玉入口即化，味宛如清燉百合云。惟選人乳，亦與尋常有別。須年少頭胎男子之婦，向玉甑中親擠，攪勻即入口。停頓片晌，即功效大減。

袁氏每晚臨睡必入浴，浴罷即睡。故服玉乳時間，以浴後睡前為最適宜。其服法亦洪姨所定也。袁之浴室極暢潔，夏設細紗為幃，空氣流通，而塵埃蚊蚋俱不得闖入。下鋪白石薄花磚，磚下有鐵管，通蒸汽，即冬時所取暖者也。每浴必用豔婢三五，充傳湯磨撫之役。而年少之乳母，即俟於外室，蒸玉之甑亦在焉。浴竟，豔婢即銜命而出，令乳母出乳於甑，由司甑者候其沸，謹敬傾於玉碗中，以授豔婢。豔婢持入飲袁，袁披出浴氅衣，立飲之盡，然後出室。冬用兜棉軟輿舁入臥室，夏則藤輿或竹輿，疏涼適體。浴室與臥室不數十武也，如是者每夕以為常。

乳母雖臨時出乳，而不須與袁覿面，而其值十倍或數十倍於尋常之乳母。故京師士人及中流社會婦人之貧者，咸樂就此役。且循例由洪姨檢定，半月必一易人。蓋恐其久而乳力薄也。半月之資，約五六百元。而洪姨例收檢查費百元，其他僕婢，皆有津扣。本人至少可獲三百元，則每日可得二十餘元矣。玉商之市玉者亦稱是，洪姨例得九扣，三年中其數殆不貲矣。而乳母之賄屬，尤有出尋常意計外者。蓋非獨為牟利者所趨，更有欲藉是交通宮禁者，雖不得利，或別有所圖在也。

袁性荒淫，又有異稟，一日不御女，則精神煩悶。而厭故喜新殊甚，故恒不擇時地，不辨媸妍而行之。且急時或旁及婢媼，亦所不計（見後〈遮羞錢〉條下）。惟浴室中有豔婢三五在側，盡足盤桓，無暇計及乳母，一年來相安無事。而充乳母役者，亦幸其不出頭露面，雖體面良家，無不樂為之也。一日，袁忽笑語豔婢曰：「近數日乳味殊異尋常，其人定非凡品。汝輩知為誰氏婦耶？」豔婢有知其詳者，則謹對曰：「聞係旗人某貴族之新媳婦也，貌亦甚佳。」袁氏聞言，不覺技癢，立披衣弛出外室，則其人尚未去。袁乘興躍而前，遽施非禮。婦號泣不從，袁以力強污之。事後婦竟死不肯去。袁命洪姨出為緩頰，許給金錢甚豐。且勸以宮禁森嚴，無人知覺，悄然而歸，誰播其醜。若有意矜持，則事既張揚，彼此俱無益，不如乘機轉變云云。婦意略動，乃出金如所約數送之歸。自此洪姨盡斥前婢，而以己之心腹婢易之。出乳時己必親臨監視。袁畏其多言，始不敢逞。而回女煮玉之謀又作。

先是，十姬見洪姬因食玉事，攫金無算，心豔之，欲奪其利。因進言：「妾有戚串宦新疆，熟知回女採玉事。凡採玉者，必裸體入河，掏摸而出。其玉質始晶潤美潔，倍於尋常。而婦女所得者尤佳，故回人婦女業此者甚夥。凡孕玉之河，婦女入浴，肌膚必多白皙。況服玉為回女平時之糧，絕不為異。蓋得玉之成塊成片者，留以求善價。而其零星如瓦礫狀者，則屑而煮之，以供饔飧，習為常事。回女之美麗勝他處，即得玉之精華故也。其煮玉法亦絕精，不勞地榆根及一日夜。但得彼處河畔所生之草，葅而同煮，立可腐化也。此語皆戚串所口述，決無稍誤。主公盍一探詢之？並購一二回女充役。較購諸玉商，而恃婢媼司其事者，其優劣殆不可同日而語也。」

袁信其言，果令楊新督訪採玉法，且詢某戚串行蹤。未幾，楊新督以某甲熟諳于闐玉務，今已責成彼專辦採玉事宜，可令明白答覆。而不及其法之果係如何，蓋有所避也。某甲因詳奏採玉情形，並及回女狀態。袁因令庶務司心腹某乙，以個人名義通函，遂及購買回女事。及甲覆函陳說回女已購，不日親送至京，並附該女之影片至。則已帝制取消，袁疾大劇，局勢驟變，無暇更及此事矣。聞某甲是時竟攫得楊督處鄄金萬元，即以回女為己姬妾，安然居于闐，樂不思故蜀云。是亦洪憲史中一段趣聞也。

十四公主

袁氏於十七皇子外，更有女子子十有四。而在洪憲晏駕前，適人者僅長、次二人而已，次又已賦寡鵠。四已字人而未嫁，六即故清幼主待冊之後也。

長女名淑賢，與克文為同母兄妹。亦饒於才思，工詩古文辭。適張氏，伉儷唱和甚篤。張亦世家，捷進士第，于夫人甚器重之。而袁以其文士，不類己，待之殊落落也。故洪憲朝不甚顯達，而於帝制尤含反對意。惟張為人蘊藉，不欲劍拔弩張耳。淑賢意亦不甚贊成帝制，窺其夫宗旨別有所在，乃故作諧語以挑逗之。嘗於洪憲建號，明諭頒佈之日，笑語張婿曰：「妾係未來之長公主，則君當然候補駙馬也。」張笑頷之，淑賢為之撫掌。其放誕不羈如此。嘗南遊吳越，西歷巴渝，中經洛潼中原大戰爭地。所至輒有吟詠，曾有《繡幰行吟稿》、《絨唾集》等。寄豹岑示諸名士，可攫以入詩話者不少，世多能道之。其出閣已年逾花信風矣，蓋於張亦膠續也。

次名淑順，適沈氏。逾年而喪所天，遂屏斥鉛華，焚棄羅綺，終身衣布茹素，凜然有冰霜之操。亦袁系中不可多得之人也。既寡，婿家亦中落，遂長居母家，依其母何妃。而為袁氏理家政，井井有條。其性明敏而樸直剛決，不類婦人，亦不類其父母。蓋有袁氏之果斷，而無其術詐。何妃故庸懦，則更不足與儔矣。女識字不甚多，而簿記筆札，措之裕如。且握算持籌，終日不離手。凡事慮之甚周，部署悉當，操勞亦過人。雖年僅二十餘，而躄躄若老嫗也，婢媼咸私謚之曰老祖宗。性特貞潔，不願男女放誕風流事。宮中婢僕眾多，女治之肅然也。袁氏亦畏而敬之，嘗曰：「吾家一節婦，足支門楣，不患風紀之不整飭矣。」故每於濫淫姬妾婢媼事，輒避女耳目。

一日，袁偶癡癖驟發（詳〈遮羞錢〉等條下），徘徊庭中，冀有所弋獲。無何，一雛婢過。袁氏起擒之，婢小拒，然袒衣脫矣。忽聞履聲自窗下過，袁氏問為誰。婢代答曰：「二姑奶奶也。」袁即若中蛇蠍，驟縮其手，揮婢去曰：「速行，勿為渠所見也。」女已微聞之，故讓袁氏先行，而旋踵遮婢，厲聲曰：「睹汝情狀，慌張已甚，殆非姦即盜耳。速實言，否則撻責不汝貸。」婢噭然泣不肯承。女命侍媼擒置之別室，以待鞫訊。袁氏恐其宣揚，乃密告何妃，令於暗中疏通。女謂母曰：「父為一國元首，亦當自尊重。且隱患宜防，勿為細人所算。女固欲藉此幾諫耳。」遂寢其事。何妃以語袁，袁嘆服不置。自是色荒始稍斂焉。又輒嚴懲僕婢之淫風，宮闈中不為袁氏之荒淫所化者，賴女維持之力也。洪憲之初，女極反對帝制，見袁輒有所言。袁終以其婦女之見，且因其遇事迂謹，不通外務，遂漠不注意。然聞其語，每為之動容。惜一暴十寒，一裙釵不敵多數僉壬也。女知袁意終不可回，且宮中設立女官，其事愈紛亂不可理。不忍見最後之慘禍，乃驟請告歸婿家。時其翁已歸原籍湘中，女欲藉是與袁決絕也。于夫人及其母強留之，終不允。時袁日夜謀帝制籌備事，更無暇詢及女狀。女遂南下，未幾，因病卒於漢皋，不及至婿家矣。袁於病中聞之，傷感悔恨者累日。

三女名淑婉，美慧獨冠時流。性亦豪放，與淑順適成反比例。習蟹行文字，慕新女界之儀文，極研究社會交際學。凡女偉人及參政團諸時賢，如唐、沈、王、蔣及朱三小姐等，皆其徵逐之新交也。母四姬，性醇謹，心弗善其所為，時加禁阻。雖面從而過輒如故。嘗謂當世富貴界中，癡騃豎子，烏足偶己。必也青年英俊，而有世界大志者，始足當吾一盼。其大言俶儻頗類袁，以故袁聞之，笑而不加詰禁也。四姬以父縱於前，己力不能勝管束之任，浩歎而已。嘗以事忤于夫人，夫人大恚，欲加斥逐。以告袁，袁置勿理。益忿，欲照家法處治。四姬代為緩頰，至長跽而後免。顧淑婉卒不能悛。袁氏敗，始稍稍斂跡。

四女淑貞，六姬之掌珠也。貌端麗，性厚重，略如淑順，而溫婉過之。袁氏與于夫人均鍾愛，亟欲為之擇一快婿。會楊杏城有子，與女年相若，貌亦瀟灑動人，求女為偶。袁方以帝制事與杏城甚密切，慨然允諾，擬以洪憲二年下嫁。無何，帝制取消，即遭大故，婚期遂因之遷延。歸妹愆期，遲歸有待，可為楊氏子詠也。

五女淑慧，與淑婉為同母姊妹行，而性不相若。淑婉倜儻疏放；淑慧精細幽靜，和靄敦篤，大類其母，亦一好閨媛也。聞某巨公欲為其少子納聘云。

六女淑蘭，即袁氏以之羈縻清室幼主者，亦淑婉同母女弟也。頗嬌啼憨跳，不如淑慧之貞靜。而袁氏家族中稱之為貴人，且以為稟命異於常兒，無不鄭重視之。其原因蓋出於袁氏之迷信風鑒星命。初，淑蘭之生，胯間有紅黑痣各一，適當兩陰唇之上，宛如太極圖狀。在理當大貴。後以其造為日者所推，復曰：「此女極貴，非帝后不可。」故家族習聞此語，群奉為奇貨。而四姬葉氏以幼女故，亦愛之逾他兒也。無何，袁氏欲以姻好羈縻清室，而淑蘭適與溥儀年相若，因擊節曰：「此天緣也。」遂畢力慫成之。自是一家皆呼為貴人。聞清室攝政王、瑜妃等，並非出於心願。不過以袁氏勢力正盛，虛與而委蛇之耳。其後袁氏敗，亦遂無議及是事者。正未知備禮親迎之大典，他日能實行與否耳。

七女淑緹、八女淑瑾，八、九姬各產其一。八、九姬本何氏戚串，故黨於何氏。迨九姬更生一女曰淑珍，因何氏久無掌珠之愛，而淑順又毅然求去，遂以淑緹相讓。自是淑緹為何妃養女。及析產後，何妃常挈一安琪兒置汽車中，出入於遊戲場者，即淑緹之後福也。

十女淑梅，憶秦樓所出。憶秦氏事袁五年，止此一雛。而左右親近之洩其秘者，且曰：「此實贗鼎。渠本不能生育，因鑒於袁氏對於無子女者條件之苛酷（見後〈托孤〉條），欲覓一螟蛉，以掩人耳目。後又怵於袁氏不易欺，而測知其對於女子子之責備似稍寬，乃偽為有身，預囑婢媼覓一新生之女孩以俟。袁氏果不甚注意，遂賜名曰淑梅，雇乳媼蓄之。貌極秀削，頗似憶秦氏，故袁氏不之疑。蓋憶秦氏固嗜好甚深，所孕育者例不獲豐腴耳。聞後憶秦氏退居滬濱，已無此嬌娃盤旋膝下。或者以其效用已畢，遂揮之使去耶？

十一女淑芸，十一姬柳氏所出。十二、十三女淑珍、淑英，十二姬榜人女所出，俱似其母。送葬時不過三五齡耳。

十四女淑新，尹娟娟出，與克華為同母兄妹行。洪憲帝駕崩時，分娩才彌月耳。與翠媛之子時日相等，而娟娟以靜好自全，翠媛以被寵受禍。人世之吉凶休咎，信不可恃為左券也。

綜觀袁氏諸公主，以長女最為有福，今且仍不失其富貴。若六女雖偶故主，自經復辟之變，不知後福如何，固亦未可逆睹。若其他諸媛，則後日之為福為不幸，俱未可知耳。赫赫袁氏，不能保其子女之長享富貴，則帝制之孽害之耳。人固可妄求哉！

停止兌現

袁氏籌備大典，揮霍動輒巨萬，咸仰給於梁財神。初以金山銅穴，無盡藏也，豈知圖窮而匕首現，則梁氏以一和盤托出法對付之。當此四面楚歌，更益以登山庚癸，其不傾覆也何待！然則袁氏之為財神所欺，雖在九泉之下，因亦悔恨不置矣。

彼財神者，徒以銀行為餌，予取予求，一若解囊而與，而不知最後之結果，彼既絕不擔負責任，且於私人之財，充牣洋溢，有增無減焉。而囂囂然曰為袁氏盡忠，誰其信之？聞財神計畫，拚以兩銀行之現金，供袁氏浪擲者，原冀登極後財政專制改革，一日之輸將貢獻，紛至遝來，則何患不能彌補！豈知黔滇一呼，和者四起，非特前此計畫完全無望，且增加兵餉。而各省協濟中央之金，不至者十之七八，財源頓形枯竭。其恐慌不啻人之患霍亂吐瀉，無藥力可以救止，而津液立見涸竭。中華國家之危如累卵，固在意中，而梁氏本身，且亦將應口有餓紋之妖讖。以財神之神通廣大，而肯坐受困厄乎？於是憣然為鋌而走險之計，舉國家信用，供其孤注一擲，所不惜也。

當危急時，財神走告袁氏曰：「事急矣！設不為收束計，國家銀行且破產，而奸商挾外人勢力，來相擠逼，至此尚可收拾耶？不如先發制人，令不及措手足，且塞國人責難之口。而以他力對付外人，則支持之法尚不難施設也。」袁氏躊躇曰：「如中央威信何？」財神躍起曰：「威信之失，豈在金融！須知今日而毅然下此霹靂之明令，尚屬威信之一，不如此而他日欲求為之不得矣。」袁尚猶豫，財神立起附耳數語。袁色變，遽語曰：「即日發令停止兌現可也。」而於是金融自殺之政策，遂於此正式發表焉。嗣有洩其密語真相者，則袁氏尚有現金七八百萬，流轉各銀行，將為子孫牛馬計。設不及早收場，此項且將無著。故財神動以利害，袁氏果恐怖失色也。

嗟乎！自停兌以來，迄於今日，三閱寒暑矣。其間商民所受之損失苦痛，無可告訴者，不知凡幾。而袁氏與財神，尚各保其私有之產，動盈巨萬。其子孫姬妾，奢靡揮霍如故。人道主義何在！而謂共和之國本，尚有建設地耶？又停兌令未下之先，袁氏之寵姬及諸愛子已獲消息，於是各舉其篋衍中所存之鈔券，紛向銀行兌取現金。不與則挾以威力，必償其所欲而後已。而僕役媼婢，亦紛紛藉此勢力，廣搜市上之券，向銀行責難。至一日中嘩聒不絕於耳，銀行卒無術可以抵制。聞十數小時中，竟兌出三十餘萬元，俱易以外國銀行鈔券。其間因利乘便之徒，冒名以取者亦多有焉。蓋紛紜變幻，不可究詰矣。最奇者，停兌令既下之後，皇長子猶奔走流汗相屬，赴銀行兌取十餘萬之現金。司事者以電話請示於梁財神，財神答以如數與之云云。則其專為詐欺小民，而彼輩終不蒙絲毫之損害可知也。雖然，較之中國銀行開兌時，局中人皆囊橐充盈，其利害又何如哉？

鑽石釧

著名屠伯之軍政執法長，其結果亦為人所屠者。驟聞其名，似一粗豪之武夫。而不知在洪憲建號聲中，大有一段風流旖旎之秘史在也。

先是，袁氏第十姬周氏，曾張豔幟於西子湖邊。其鼎鼎雅號，膾炙人口，所謂憶秦樓者。陸因眷其姊妹行鵑紅，過從甚稔。酒闌局罷，談宴諧笑，耳鬢廝磨。雖未占跳槽之謠，實不啻連襟之誼，蓋膩友也。周氏既侍袁皇帝，陸方以民國改建，喪其位置。縱本係袁之舊部，而一時疏闊，竟不能邀元首之新寵。侘傺京華，頗無聊賴。因憶前此與周氏調笑時，知其性最愛鑽石。己贈鵑紅一釧，而周氏豔羨之。遂以推愛之性，亦贈一釧，致遭鵑紅之疑忌。今深入宮禁，富貴已極，區區一釧，固不足動其顧盼。然舊情猶在，或者可藉鵑紅探訪為名，聊表誠意，以試其對於己之感情何如。

因與鵑紅商進行之法，鵑紅曰：「渠好鑽飾成癖，今雖奩中富有，顧揣渠之意，殆多多益善者。子誠能購取上等之鑽石釧成對，媵以其他珠飾，妾持往問候為名，然後乘機進言。有效與否，尚未敢必也。子能拚擲如許厚資耶？」陸曰：「不入虎穴，焉得虎子！吾聞渠今寵專房，實袁氏之內秘書也。速去勿疑，珍飾所不吝。」鵑紅曰：「珍飾安在，盍早將來？」陸曰：「前歲海上所得之九連環式者，暫假一用。苟得志，當加倍償也。」鵑紅大嘩曰：「爾之妙算，可謂毫無遺策矣。既以吾為餌，且欲破吾產。一旦事不成，吾先蒙其害。此等事幸勿相顧，吾願與君安守清貧也。」陸大窘，求告良久，鵑紅終不允。最後乃以存銀券萬元為質，始首肯。

鵑紅入，十姬果大喜，且曰：「吾與同院姊妹相愛者，惟子一人。富貴自不應相忘，苟可為力，無不報命。奈何捐珍飾以相市哉！」因卻鑽飾，謂轉贈鵑妹，且附耳曰：「聞陸公投閒已久，手中頗不如前。妹之現狀亦可知，萬勿以姊為外人也。」鵑紅曰：「實際雖如姊言，然此區區者尚能辦。俗諺所謂『家雖窮，還有三擔銅』是也。況誠敬之意，姊不哂收，負陸公之來意矣。幸姊為妹留餘地，毋令渠疑妹之拙如土偶也。」十姬笑曰：「畏乃公如鼠，情急哉！妹當姑留此，以為他日相見之證，亦使妹得見重於乃公耳。」鵑紅既出，十姬即言於袁。袁不肯曰：「彼欲內用，得一部中副席，尚易為力。若封圻重任，各有固定位置，一時安得取他人而代之！幸告彼緩俟機何如？」十姬佯嗔曰：「以妾之受寵於主公，夫誰不知！以姊妹之好，誠懇求一目的而不得達，人其謂妾何？而主公之權力，亦何以取信於人？苟非封圻者，勿復顧妾。授封圻而不即與，亦勿復顧妾也。」袁寵十姬甚，且與之為煙霞密友。恐發己短，因愛生畏，不敢少有違語。亟轉語曰：「卿勿爾，吾當速代彼謀。不出十日，必有好消息，以保汝之威信，幸勿遽示決絕也。」十姬知入彀，匿笑而已。且曰：「空言無補，姑瞻後效可耳。」不數日，陸果獲陝西督軍之任。瀕行時，鵑紅入別。十姬又饋贈珠飾無算，曰：「陸公聊以是為紀念品也。」及至秦，每月必有珍飾數事，專使致問於十姬。而他姬亦時有點綴，故陸之位置甚固。

一日，袁得一陝西密緘，未及啟也。會于夫人以事至室中晤語時，見緘中有物，代拆視之，則鑽石釧一，光彩燁然。袁心知為贈十姬者，然已入于夫人之眼，不可掩護。且為陸多一分人情，計亦良得。乃笑語于夫人曰：「夫人來此適其當會。陸某敬獻珍飾一事，為夫人五十上壽品。夫人其笑納乎？」于夫人信之，因取釧審視讚歎，亟稱陸某盛情不置。遂攜出，遍示諸姬，至憶秦氏，見而怪之，私自忖曰：「彼前日有函，詳此釧來歷，且聲明係贈吾者。今忽入夫于氏之手，豈果改變宗旨乎，抑誤投而冒收之耶？道途窵遠，一時無以明此真相。雖然，吾正望得此釧以成盈數，今若讓人，適缺其一，豈肯甘心。吾不如向彼人索之，不得不休也。」及袁入夕，當一榻煙霞之際，十姬舉釧事以問。袁氏笑曰：「老婦運會甚佳，既見之，何必靳此區區，重煩口舌？吾已慨付之矣，而復索之，尚復成何體統！吾當為子密函告陸，令別購一具致汝也。」十姬知不可爭，默然不語，而心終不平。忽思胠篋之計，因密遣心腹探知于夫人藏釧處，即乘其他適時往取之。

于既失釧，大嘩。鞫訊婢嫗，無所不至，迄無端倪。或有微洩其情於克定者，克定以語于，命遍搜諸姬箱篋。搜時，皆不令本人知悉，立驅之出室，故不及布置。果得之於十姬奩中。于大恚，訴諸袁，請懲治。袁怡然不屑曰：「此本儻來物，得失亦何足計較！夫人示彼以炫之，誘使來取，不如即賜之，亦以示夫人之大度廣惠也。」夫人以袁袒姬，大不謂然。袁氏笑曰：「夫人胡愚憨至此！此本彼應得之物，今已畀夫人，乃吾欲試夫人之度量耳。今夫人猶斤斤，試看旬日後彼復有較巨較美之物發現，夫人相形見絀，尚能與之力爭耶？」夫人憤懣詬誶而已。

未幾，陸得京中密函，知誤投之故。亟復遣專使至漢皋，購更巨更美之鑽石釧，密賫至京，親投十姬手中，須取收券為證。至是，袁笑語十姬曰：「何如？子已戰勝夫人矣。」十姬顰蹙曰：「但惜苦陸某多費，亦主公之過也。」袁曰：「堂堂督軍，何妨多揮數千金！子亦太小家氣矣。」明日，十姬御此釧以出，故揎袖以傲于夫人。于夫人睹之，恨詈袁縱妾而已。

芙蓉城主

袁氏本無煙霞癖，且深惡黑籍中人。小站練兵時，曾手刃麾下之沾染嗜好者。故民國厲行禁煙，袁氏獨心韙之。以為革新之中，惟此差強人意耳。而乃晚節頓改，竟身嘗毒味，且至沉溺於此妖煙惡霧中。何耶？一則由帝制之謀畫，耗費精神，至欲藉是為補助；一則老而彌淫，奢華靡麗，奪其精爽，將以是供其消遣適情之用。而其最密切之近因，則寵姬以色為誘媚之具，自以為外間末由知悉，樂得坐享豔福，故不知不覺身入彀中耳。然十姬之所以能使動聽不疑，心悅誠服，以從其令者。其內幕尚有一段秘史在，實天然好小說資料也。

初，十姬盛享豔名，比於錢塘蘇小。歡笑年年，俾晝作夜，未免精爽不支。復以體質生來荏弱，不禁磨琢，遂漸與虞美人結手帕緣。惟秘不告人，且調理得宜，容光依舊煥發，人亦不疑其為癮君子也。既與袁有委身約，探袁語氣，似深不以此癖為然。但既置身富貴，事事如意，而獨此區區者不予畀，寧非最大之缺憾！乃苦思得一奇妙之解決。既脫籍，與袁賃居湖心亭，將俟秋涼而後北歸。此時倡隨之樂，真不減西人之蜜月也。

一夕，方與袁並枕遊仙，玉骨冰肌，清涼無汗。袁亦飄飄栩栩，消受此無上之豔福。魚更三躍，好夢正酣，忽此春睡之佳人，驚呼躍起，且又在床中作三跪九頓首狀。袁亦驚起，知其魘也，頻曳之使醒，且連呼其名。而十姬仍朦朧作囈語，似云：「吾皇萬歲！臣妾敢不拜受寵賜。」又云：「仙草瓊漿，正當一生服食，以志吾皇雨露之恩。」袁力扼其腕，且揑其唇，曰：「醒！醒！醒！」十姬始似驚魂乍舒然者，舉目見袁，尚惺忪作語曰：「吾皇乃在此。」伏袁足下，頻嗅其足不置。正糾纏間，忽聞隔室婢子亦如魘囈，呼譽不已。十姬聞之，乃復高呼：「綠鬟何在？」綠鬟者，十姬之寵婢也，亦挈以歸袁。時綠鬟方宿隔室，聞呼跣足披衣，手攜一物而至，口中頻呼奇事不置。且曰：「娘適才非珠冠霞帔，高坐堂皇者耶？而乃在此。又非晶燈翠琯，一枕煙霞者耶？而乃在此。婢子亦得衣華裳，乘鸞車，遊水晶宮，出入羅幃錦幄中，香氣馥郁，至今猶在衣袂間。寧非異乎？且最奇者，蒼龍萬丈，盤繞娘身。婢子大驚而呼，不覺頓醒。乃珍奇璀璨之煙琯，猶在手中也。寧非異事？」語時，以手中所持物高揚，一若令袁氏熟睹然者。

袁氏是時斜揉睡眼，瞪聽二人搗鬼，絮絮聒聒，身如在五里霧中。十姬扶之令坐起，良久始問：「汝等所語何事？係何奇夢，胡令吾大惑不解？盍順序告我？」十姬聞之，不覺裸跽床隅，頻呼：「吾皇賜聽。吾皇之狀貌，何酷似夢中也。」綠鬟聞言，亦屈膝榻下，和十姬語曰：「夢中之帝者，果酷似主公。主公者，果即吾皇也。」袁氏急搖手止之曰：「勿囈語，為人所聞，事且不了。爾等宜強自鎮攝，勿復狂易若此。須知此非夢中，爾等試瞻此屋宇器物，皆實有其境，勿尚作夢中語也。」語時，曳十姬之臂使坐，且曰：「爾告吾以夢中情狀。」顧謂綠鬟曰：「癡妮子亦起立，速取壺中香茗來，飲爾娘，使其神智清澈，可以談話。爾亦當試飲之，以驅睡魔也。爾手中所持何物，盍示我？」綠鬟徐徐起立，以所持物授袁氏，且授且語曰：「此物竟係夢中所得，彷彿實有其境，安得謂之夢耶？」語罷，即取茗飲十姬。十姬珊骨顫動，若甚驚恐者，徐取羅衫披之，斜倚床柱，不勝疲憊。

袁氏取綠鬟手中物諦視之，則翠嵌玉琢，雕鏤絕工，乃一最精緻之吐吞利器也。袁氏視畢，亦不語，徐徐置席間。顧視十姬支頤斜坐，作冥想狀，秋波流慧，媚態可掬。展嬌聲語綠鬟曰：「速以物視我。我尚覺萬歲所賜，愛不忍釋手也。」因含睇斜溜及袁，見袁注視己不瞬，知漸入港。乃佯笑泥首曰：「必待妾領吾皇之賜，然後徐徐以夢告主公。主公其許妾否？」袁氏笑曰：「徒有其器，安得實行？吾見爾之望梅止渴耳。」十姬佯嗔語綠鬟曰：「癡妮子！僅持一管，復有何用？彼紫霞之膏，盛以綠玉之盒，而鑿晶為燈，圓光璀璨者，今復安在？」綠鬟聞言，狀若懊喪者，喃喃曰：「蒼龍壓頂，人家幾被驚死，尚得從容取如許多物耶？無已，婢子舊簏中尚存有阿奶所給之煙具全事，乃三年前娘得肝病，賴此治療者。盍暫藉以一試是管之妙處？」十姬微頷其首曰：「聊復爾爾。」旋睨袁而笑曰：「主公其許妾否？」袁亦笑頷之。

綠鬟逡巡去，須臾，持一盤入，則燈籤函盝以及細巧之茗壺皆備，而滑澤如新，不類藏棄篋中者。袁氏以愛姬故，亦不之詰，但含笑視其作為。綠鬟徐徐燃燈，整理函盝。有頃，膏香泡發，移以上斗。時綠鬟手擎膝屈，斜伏床左，以目注視十姬。十姬承接其器而揮之曰：「且去瀹茗來。視月色何如，俟吾談罷，當與主公一瞻月色。或開夜宴，以壓夢魂。」綠鬟諾而去。十姬即擎管繞伏袁氏足旁，凝眸承靨，仰視含笑曰：「此行先獻吾皇，以應夢兆。然後由臣妾詳奏夢中情狀。願吾皇賜允。」袁氏是時欲正色卻之，而俯視其雪肌籠豔，薌澤微聞，藕腕酥胸，斜壓股際。眉宇間一種媚意，蒸為不可思議之妖氣，浸淫彌漫，自呼吸入肺，以達周身，凡毛細血管中皆遍。於是不知不覺俯而就其所捧持之管端，承以口腔而吸之。蓋新名詞所謂「軟化」是也。吸畢，笑吻十姬之纖腕，低語曰：「速告我以夢。惟吾皇之稱，幸不出床笫尺寸，是語非可輕易出口也。」十姬聞言，手理煙管，睨袁而笑，且理且語曰：「此真奇兆，他日主公自信吾言。幸自綠鬢外，無第四人知曉。但嚴飭綠鬢勿洩，斷勿慮流傳於外也。」袁氏頷曰：「吾亦知卿機警縝密，諒無他虞。盍速以夢語我？」

十姬手弄玉管，呼吸者再。時綠鬢瀹茗以至，匍匐十姬足旁，為之持管向火。十姬且哼且語曰：「妾伏主公肘下，坌息養精。朦朧間，忽有美女十餘人，喧呼而前，口稱接旨。妾方愕眙不前，一女牽衣微語曰：『此忉利天新登極之帝王，乃玉皇第四子也。有旨宣召娘娘，此大好事，胡易躊躇為？』妾惘惘而前，身不自主，遂倒身拜跪。蓋妾自慕文明制度以來，此膝不屈久矣。乃亦忘其所以，竟俯伏良久。其時所列美女，四人為一班，兩行排立。中間立一人，執軸而誦，誦聲頗低，不甚可辨。惟覺其為極富麗之誥敕文字，中有『本飛瓊振玉之前身，作含蕊司香之內史。裁霞剪月，入玄圃而稱南面王；吐霧吞雲，允煙花之東道主』等語。誦畢，眾女子簇擁而前，為妾易服穿戴。覺珠冠步搖，霓裳霞帔，富麗過於命婦。竊自忖曰：『是殆被選為妃嬪耶？特妾已嫁矣，奈何強奪人婦？計不如見所謂帝者而陳述之，此等女使者無自主權，不必與之嘵嘵也。』正忖度間，一青鸞入胯下，眾女子扶妾跨之。青鸞振翼而上，直入雲中。回顧諸女，則或騎朱鳥，或跨鴛鴻，紛紛侍從。上蔽雉尾之扇，旁歙鑿尾之拂，笙簧競奏，弦管啁嘈。須臾撥雲而止，則已至矣。舉目四望，宮闕巍峨，殿宇壯麗。其建築陳設之華美，類皆目所未經。既而殿上宣召入覲，妾屏息而前，不敢仰視。侍者教令三呼舞蹈畢，上座旋賜平身。妾方仰眸偷視，不覺大驚，當上座者宛然主公也。心猶狐疑，或係貌似。無何，帝者命妾起，賜錦墩侍坐。妾是時膽力大肆，不覺盡情諦審，果主公也。固思主公既已身為帝王，稱號自當改易。乃朗聲啟奏：『吾皇萬歲！臣妾已沾雨露之恩，幸備衾裯之列。肉眼不識神聖，今得仰覩帝王之上儀，乃臣妾三生之幸福也。』」語至此，袁大笑曰：「爾輩婦女，遇帝王之威力，便不顧失身邪？」十姬曰：「否，否。倘此帝王者非係主公，妾早正色拒之矣。」袁復狂笑，若甚得意者。

十姬續語曰：「是時帝王出和藹之綸音，下春溫之玉旨。謂妾德容可嘉，才能堪使。今查有第三十三天中芙蓉一城，尚無主者。彼處居民眾多，風土極樂，夙號福壽之域。朕以貴妃堪充管領之任，其速前往受事，夙夜奉職，毋負朕意。妾即跽而辭曰：『臣妾自承恩幸，久侍聖躬。正願瞻依座下，豈期遽事遠離？以臣妾之愚，猶孺嬰之失乳。伏願收回成命，置諸後陳，使執箕帚，感且不朽。』帝王笑曰：『否，否。天上韶華，不比人間光景。芙蓉城雖距此甚遠，而青鸞翔翥，瞬息可達，不啻在庭戶間。非特朝夕可以往來，且刹那間一蹴即至也。卿盍試往視之？』於是仍命女使者驅青鸞入胯下，雲霧排空，風聲嚦耳，不轉瞬間，已抵一城。陡覺異香撲鼻，味勝醇酒。臣妾不覺駭詫，此阿芙蓉膏香也。味芙蓉城之意，殆指此歟？不覺頓悟帝王之旨，乃使妾享用福壽名膏，並管領下界之享有斯福者。心中喜悅，感謝帝王無既。既入城，抵一衙署，一切儀仗，僅亞於帝者。

女官排侍如玉筍，靜聽臣妾指揮。部署既訖，乘輦入寢室，則榻上皆置呼吸之具，且備極精緻。侍者聲言：『請娘娘嘗此法物，為下界造福。』臣妾知帝王恩賜，係分中應享之福，乃升榻試用。綠鬢本挈與俱來者，即為妾調和整理。呼吸再四，萬脈和熙。正凝神間，忽報聖駕至矣。妾不覺大驚，此間安得有帝王降臨，得毋誤歟？意未及轉，龍輦冉冉自空而下，果主公也。妾既跪迎，復致紆降歉仄之意。帝者笑曰：『此朕之離宮也。置卿於此，方期朝夕同享清福。夫豈聽卿投閒置散耶？』語畢，挾妾令起。妾遂奉帝者升榻，手燒煙膏，裝置入斗以獻。帝者欣然呼吸，宛如現狀。妾因奏曰：『臣妾幸得長侍吾皇，忝領此一城之主，榮寵豈有涯涘？但此間殊非人世，回憶吾皇稅駕西子湖邊，臣妾得以蒲柳之姿，辱邀眷顧。遂得值薰香捧硯之役，暫住湖壖。今忽從吾皇於此，他日將返故地耶？抑長處此間耶？或別有變遷也？臣妾凡胎俗骨，罔識個中玄妙，願請吾皇明白曉諭。』帝者含笑不語，久之，始曰：『天機不可漏洩。過此一歲，卿當自知。此間係朕之本位，人間幻境既過，即當仍歸於此。卿本西王母侍女許飛瓊，因朕少年時曾朝王母，與卿有一笑之緣，遂降謫塵世，了此心願。塵緣滿後，即當管領此城，與朕為千秋萬歲之伴侶。蓋此職亦王母請玉帝之旨而畀卿者也。至此塵世之事，卿肯秘之，他日自有明驗。』是時妾聞帝者之言，尚未了悟，必欲一探底蘊。正待申說，忽駕輦之蒼龍，自庭中蜿蜒入室，頭角崢嶸，雙目如炬，直登榻上，狀極可怖。妾大呼吾皇施救，則帝者忽已不見，而蒼龍直壓妾體。五爪搏捖，觸膚奇癢，驚怖不覺失魂。回顧綠鬢，亦為龍之半體所壓。此時不暇相顧，大呼吾皇相救不止。猶覺有人推己使醒，舉目顧視，則電燈未滅，固儼與主公並臥床上也。」

袁氏聽畢，大笑曰：「然則我亦當有此夢，乃綠鬟聞夢而我不得與何也？玉皇王母，亦未免太欺人矣。」十姬曰：「此殆天機不可洩漏，而微示妾以朕兆耳。主公雖不自知，而冥冥中自有定數。亦猶漢高斬蛇，太原王氣，在當日本人俱不自覺也。」袁氏愛十姬引典敏確，信以為然，且有綠鬟同夢為證。因笑曰：「然則卿之吸煙，可謂天賜而又兼奉旨者矣。但今日尚非其時，宜稍稍避嫌。他日果有非常之際遇，終當與卿為煙霞良伴耳。」十姬合掌作禮稱謝，復以手燒之煙奉袁，袁仍吸之盡。須臾，共起披衣，徜徉湖亭弄月，膩談至曉，然後歸寢。自是十姬輒於密室自嘗異味，袁入則獻一二斗，袁亦欣然受之。比歸彰德亦然。

未幾，袁為民國元首，進議帝制，果符十姬之妖夢。袁遂深信不疑，煙癮亦漸次擴充。每值公事畢後，一燈相對，樂乃無窮。外雖厲行煙禁，而此芙蓉城之小天地，則我醉欲眠君且去，常得自樂其樂也。十姬自鐫一私印，篆文即用此四言。袁見之，笑曰：「私造印信，律有明條。帝者之封贈誥敕，當追繳為證。看汝若何對付耶？」十姬亦笑曰：「他人一紙書尚獲效力，況妾乃前身即奉煌煌天語，顧不足當雙料頭銜耶？」後陝西督軍陸氏貢土數箱，專致十姬。闞吏知之，瞠目撟舌而已。

流水音

皇次子寒雲居士，倜儻風流，略如前述。而於文藝外，尤耽音律。當洪憲盛時，有一軼事可記者。吾鄉趙子敬君，實身入局中之一人也。

初，袁氏遷入新華宮時，諸姬及子女，各擇一樓上地，為退息修養之所。袁氏曾以瀛臺指授長嫡。芸台不欲，謂此非吉地，不如福祿居。袁亦不之禁也。惟寒雲則曰：「吾本厭府中煩囂，不願久居。特朝請瞻依，禮不可廢。則宜有信宿退息之地。遍檢府中，惟流水音（南海旁一亭名，亭後有小軒，極幽靜）構造有巧思。其下疏石引泉，天然成韻，最足助吾研究音律之興味。而吾知音之友二三，亦可以是為下榻所，領略個中妙趣。誠一舉兩得者也。」遂請於袁而居之。

惟其地稍窄，寒雲僅挈一僕居前齋，蕭然如書生。而亭中則所謂知音友下榻者，僅二人而止，趙君其一也。後軒置眷屬，除子女外，婢媼二三。於諸子中為最清簡矣。寒雲本有別墅在西直門外，蓄一寵姬，即前紀玉琴室主是也。幾於每日必往，驅車僕僕，所不憚也。寒雲以為藉此可變換空氣，開拓心胸，勢難自已。府中雖推流水音為最幽寂，而空氣惡濁，終不能免。故出城以避囂，視為常課。而所謂知音友者，亦常於汽車中挈之俱往者也。

流水音中每日有定程，約須按習樂器一次，曼歌正拍一次。好諧者竟私謚之曰「教坊」，寒雲聞之，不以為忤也。平時以崑曲為主，有名伶至，則亦特開皮簧會。叫天大王聲價重，輩行老，不肯輕易過從，始終止一次臨存。時時惠顧者惟梅郎為第一流。梅郎心慕寒雲風雅，暇輒訪之。每至，則於流水音之西有坐觀軒者，外臨南海，窗檻閎敞，臨時召集知音友，開特別會以歡迎之。顧芸台亦愛梅郎甚，聞其私訪老二，必起酸化作用，或興問罪之師。梅郎恐蹈左右做人難之轍，蹤跡因之漸疏。寒雲知其故，笑勿較也。他日見梅郎，則曰：「寧我移樽就教，毋令君歧路亡羊。」因相與撫掌不置。

知音友中，尚有劉隨庵者，周郎儔也。精研法曲，抗心著述，與趙君極投契。趙君兼善吳歈，奏小令，說白科諢，詼諧雜出。寒雲甚樂之，座非有趙不歡。而劉則恂恂如老儒，正言莊論，上窺鐘律之原，中抉鐃歌之秘，下包元明雜劇之沿革節拍，無不洞徹。每一引致，則灑灑千萬言不窮。寒雲危坐聽之，未嘗厭倦也。

隨庵嘗與趙君合著一書，名曰《歌曲揭要》，寒雲擬付刊而未果。予旅京時，由趙君處得其稿，曾刊其序例及《婉嫿封》一齣於《說叢雜誌》中，未窺全豹也。其旨略謂：「三百篇變為樂府，再變而為詩，三變而為詞。迨及金元，又變詞為曲。四聲二十八調，乃專屬之曲，而詞則弗講音律矣。如明代劉誠意、楊孟載、高青邱、李昌祺、王達善、瞿宗吉諸先生，差能咀含宮商，亦未精究斯業。宜王元美、楊用修諸公，號稱作手，而朱竹垞猶訾其強作解事，未合樂章也。故樂府雖名古詩，而非三百篇之音；詩餘雖稱樂府，而非古樂府之音。若宋有院曲，金有雜劇，猶是詩餘之變相，而音則又異矣。元代盛行歌曲，至士大夫無不習之。如《荊》、《劉》、《拜》、《殺》等曲，尤為當行出色。但歲月既久，漸失真傳。況近二十年來，皮簧、秦腔，競奏雜響，崑曲乃似鳳鸞之鳴，雖係時俗變遷，要亦講習漸衰，知音愈少。雅音闃絕，於世道人心，有無關係，識者蓋能言之矣。爰與社友趙君，檢選元、明、清以來傳奇諸曲，無論新舊，必以整套為率，連帶科白，全錄工尺。庶俾當世有同好者，擫笛尋聲，按譜可歌」云云。

又其例要，以提倡崑曲講授唱法為宗旨。每齣必登整套，引子說白亦全。凡一曲自引子、正曲、尾煞、說白、科諢、乾念，應有盡有。上場角色，隨手注明。但生色有正、官、小之別，淨色有紅、黑、白之分，旦色有老、正、作、刺、閨、貼六門。外、末、付、丑，亦有蒼、白、大、小之別。如於曲內詳明注明。又應用鑼鼓，亦隨處注明，如滿打、吹打、細樂、抽頭、浪板、遝板等。而曲譜最重板拍，各為特別符號，如正板、頭板、腰板、底板、贈板、叫板等，一一為之記號。其間快慢板之別，又另列符號焉。

又謂曲譜有南北之殊，字音即因之有別。所謂北音，無入聲也。北曲從中原音韻，南曲從洪武正韻。若南北合套之曲，無論二人對唱，或數人分唱者，其說白各隨所唱之本曲而字別南北。又如北曲中之配角，單有說白而無唱句者，則應從南音。又謂白淨付丑三色，往往唱曲與說白，不一其音。蓋曲從方字，音復遵中原、洪武二韻。無論何等角色，不必改易，惟說白則否。所謂花面無正白也。間有一曲之白，一人而說中州、蘇州二音，亦有純用京白、揚白者，各視其劇中人所生產地而規定之。又譜中有名詞字音方言，以及他種符號，為外家所不甚明解者，各於本曲篇末詳加注釋云云。此書於曲界，甚為有功，惜未能將全稿付刊。甚望寒雲竟趙、劉兩家之志事，作流水音一段佳話之紀念也。

星命　附「亡清者袁」讖語

迷信星命之說者，幾於一飲一啄，莫非前定。實足以隳志氣而奪人權，無論新舊學說，皆所不許也。然亦有至奇異者，如袁氏未敗以前，予友林君質齋、吳君椒甫，俱擅星命說者。咸謂當以午日前後殞命，斷不能逃。此時袁雖有得疾消息，然烏能信其必死也？則曰：「據其八字推斷，無可倖免。」其後果驗。然則星命說之留傳永久者，殆亦有道歟？

相傳辛亥被召出山時，袁命日者呂再彭推算及觀相。再彭研究再四，囁嚅不語。袁詢以有無危險。再彭曰：「此行貴不可言，絕無疑義。吾所躊躇者，乃在五年後。正宜善自為計，恐有殺身滅門之禍也。」袁聞而惡之，自言曰：「朝聞道，夕死可矣。奚暇計及於五年以後耶？」再彭曰：「推君祿限，萬不得過五十八歲。此際凶煞當頭，諸禍畢集，若過此則又無患。吾是以躊躇不敢言也。」袁氏笑曰：「然則當有術可以禳解矣。」再彭曰：「無他，惟黃袍加身，可以禳之。」袁默然。既而偽為推獎其術之神，命心腹取酒飲之，贈以金幣。再彭欣然而歸，比晚暴卒。蓋袁已置毒為滅口計矣。然自此遂懷異志，籌安諸君子之作為，實皆逢君之惡而起者也。聞後袁病重時，再彭來索命云。

又，項城二十七歲時，已任練兵大臣，議欲留鬚，蓋謂非此無以壯觀瞻也。故事：凡留髯者，必命術士選擇吉日。是日親戚僚友，且來道賀，而主人亦宜款之以酒麵，宛如初度之例焉。項城生平最迷信，果以留鬚為一生大事，不宜草草，乃以屬術士焉。先令術士選得兩日，謂一係龍日，一係虎日，令袁氏自決。袁氏因詢何謂龍虎。術士曰：「此非他，龍以文也，虎以武言耳。」蓋術士不欲明言，故為此飾詞也。時袁氏方持練兵大臣命，自宜屬武。親友不喻其隱者，勸用虎日。袁氏獨不以為然，竟用龍日。且解之曰：「龍虎相形，仍以龍為勇。故從龍也。」自此相善之同僚，見其于思于思者，必譃之曰：「此龍鬚也。」後項城鬑者漸長，司空見慣，不復措意。龍鬚之譃，亦久不聞矣。苒苒二十年，洪憲帝制議起，舊僚或有憶往事者，私相謂曰：「龍鬚之讖，今竟驗耶？」是亦可覘袁氏之處心積慮矣。

又傳克定初誕時，袁氏命日者為之推命。日者推算良久，忽驚曰：「時日得毋有誤耶？此大福命，亦大凶命也。」袁氏先問何謂大福命，日者曰：「除天子外，幾無人可與比倫。」袁氏默然良久，乃續問何謂大凶命。日者曰：「此子騰達之日，即乃父喪身之日也。竊謂民間不宜有此，既有福命，又不應與大凶相兼。此真令人大惑不解者，故疑時日或有誤耳。」袁氏已默喻其理，亟亂以他語，給資揮日者去。袁氏之意，蓋以克定後日當為天子，但彼登極之時，即己喪身之日。然寧以犧牲己身，奪得天下，付之克定坐享，決不因畏禍而止其進取之念也。故袁氏之迷信，即其陰謀篡奪之根據。辛亥革命，諸烈士肝腦塗地，以爭自由。乃不啻為袁氏先驅，授以篡位之機會。其數十年來所醞蓄之勃勃野心，乃乘時而觸發矣。即謂之迷信之禍水，亦無不可。

又，帝制初起時，適袁氏族人聚議修譜牒。袁氏乃因某君言，謂己係明督師袁崇煥後嗣。而崇煥子孫流徙東粵，遂特遣使赴廣東東莞縣，搜求袁崇煥族譜，以明宗系之所由來。後有洩其秘於人者，謂袁氏此舉，實因日本人著書內載有崇煥遇害時，有術士傳「亡清者袁」一讖語，於現狀適合，故感而有發也。此語因觸有清禁網，不獲傳播，故存於東鄰之舊說中。有某名士（按即張君勱）為之詳考，亦當時一種趣聞也。蓋袁氏帝制之促成，此讖語亦頗有力。新莽私造讖緯，豈獨迷信星相而已哉！今錄某名士考如後：

袁崇煥於崇禎三年八月十六日磔於市，兄弟妻子流三千里，籍其家。崇煥無子，家亦無餘資，天下冤之（事詳《明史》及《東莞縣誌》）。聞吾邑父老傳說（名士亦東莞人），時崇煥之弟崇煜，以顛沛流離故，先戍電白。後有石衲者，任山東巡撫。會餉乏兵變，罪不過罰俸。體仁憾其為崇煥不平，恐石衲後雪煥事，因此嫁禍，遂謫戍電白。乙亥春間，石衲至電白戍所晤煥弟崇煜，將所匯煥前後章疏十本，付崇煜藏之。蓋自為督師至下獄時，所上職方副本也，中俱有督師鈐印關防。此書前清視為禁書，無敢言付梓者。經兵燹後，遺稿散失殘闕。余（名士自稱）曾重為編訂付梓，復經康南海先生作序，梁任公作傳題簽，易實甫先生校字，又經內務部審定存案。即余所刻《滄海叢書》中之一種，名《袁督師遺集》者是也。

又考崇煜先戍電白，越數年，挈其家人寄居河南豫東項城縣，因是寄籍於項城焉。此事吾鄉人老輩多有知之者。十年前，曾有一宦者在北方，自認為袁督師後裔。舉其家世，歷歷可數，謂其先代確由東莞避難而來。余按袁督師無嗣，諒即崇煜之後裔也。余於光緒三十四年留學東洋時，曾草一文，詳記其事，寄登日本報章。想海外好古家，曾一寓目矣。袁督師嫡傳已絕，今在吾邑奉祀者，均其兄崇燦、弟崇煜之子孫耳。

聞吾邑父老口傳，督師於棄市時，有方外人過其家，語諸人曰：「殺袁者清，他日亡清者必袁。」此言至今猶在人耳（按袁督師本為明所殺，而其原因，實由清用反間計殺之也。考其時清軍適獲明太監二人，以副將高鴻中，參將鮑承先、寧完我、巴克什達海監守之。至是，鴻中、承先遵太宗所授密計，坐近二太監，故作耳語曰：「今日撤兵，乃上計也。頃見上單騎向敵，敵有二人來見，上語良久，乃言：『意袁巡撫有密約，此事可立就矣。』」時楊太監者佯臥竊聽，悉記其言。後清軍縱楊太監歸，具以所竊聽者上聞，獄遂起。此事《明史》亦載之。紀文達讀歷朝檔案，為督師鳴冤，亦論及此事。故謂殺袁者實清也）。方外人所謂殺袁者清，其說固有徵；而謂亡清者必袁，抑何有先見之識耶！此足見古之讖語，多有於後代而驗之者。昔余大成作《剖肝錄》，亦言宋岳武穆以忠獲死，至今冤之。督師力捍危疆，而身死門滅，其得罪大略相似。但武穆有子霖、孫珂，能白其冤。而督師竟胤絕聖世（余，明人，故云云）。異日者使余（大成自稱）言有徵也，其在煜之子孫也夫。按，余氏所言「使余言而有徵，在煜之子孫」一語，一若豫知煜之子孫，後日必能為祖宗復仇，為種族吐氣而發者（按此說亦甚足促成帝制之決心）。何其言之有餘痛耶？

囍日紀念

帝制未發生前，尚復為共和紀念，鋪張揚厲，然其氣象，已漸與民國初紀元時不侔。嘗獲予友某政客手書日記一則，宛如身歷其境。共和復建而後，對於此等舉動，興味索然，不勝天寶宮人說驪山遊獵之感矣。而某政客亦墓草已青（即黃遠庸君），不堪回首，雖名囍日，實痛史也。

十月十日午後四時，余偕友人赴先農壇，觀看第二屆共和紀念會之光景。蓋因是日天雨，異常寂寞。然其中之人物風景，實今昔大異。去歲琉璃廠舉行第一次共和紀念會，陳家鼎為會長，田桐、白逾恒之徒，奔走呼躍。浪人之雜劇、女學生之跳舞、長日不息之演說臺上之奇異之演說，今皆不可得而見聞。圍棋一枰，斧柯已爛，吾輩殆在此觀棋者耳（黃君當日已如此，吾輩今日直三度滄桑矣）。

先農壇憶係今年新正時開放，先時祭器，並度置為古物陳列所一。盆缶爐磬之屬，臚列殆遍。余輩不識古董，無從別其高下。然聞其上者，亦已耗散矣（入諸要人之賞鑒櫥中）。新正時，余曾往一覽，今茲雜植之柳樹，已郁然成蔭，並列於馳道之兩方。京市人議以此為公園，今果森森然已具公園氣象。其對過則民國唯一紀念之憲法委員會也（憲法至今仍屬飄蕩，而大家想發財之儲蓄券開彩，則年年占此勝地，熱鬧一次。以黃君言參之，真令人有傷心不忍問者舊之意也）。

祭室中（今為禮器古物展覽所）以王天縱之對聯為最多，一人至三四副。所書縱七豎八，殆先生之親筆耶（今不可得而見矣）？記有一聯頗佳，云：「畫虎僅成皮，願諸公勿忘在莒」（豈知竟成語讖）；「墜驢還失笑，喜今日得見重華」（重華協於帝，不謂之帝制之語讖不得也）。署名「陳止恭祝」。新烈士之肖像，以此次殉難之余大鴻、湯則賢、吳紹麟為最著（此已近帝制臭味，然今日欲求此等人物，尚可得耶？三年中之變遷，乃至此極，校前史之光景短長，誠不啻天上人間矣）。其他武昌革命時諸偉人肖像，似皆雜取商務印書館售品及《太陽雜誌》中插畫為之者，黃興、孫文諸像則一律閉置一室焉（袁氏雖為國人所棄，而其肖像尚未閉置一室，何也）。

門外有雜戲二座，人甚寥寥，蓋因天陰之故。歸途遇李六更先生者，率三四小童，挈共和演說團之旗（當日尚能容此老自由，何也？若今日則恐為吳鏡潭氏之捕虜品矣。乃知以此較彼，袁氏畢竟尚有興王氣象也），振其木鐸，疾走而前。李六更先生之為人，不可不紹介於諸君，其人手持木梆，署曰木鐸，謂將以喚醒時人，共悟共和真理。每月輒將演說事蹟，呈報教育部。余一日遇於途，見其坐一人力車，而諄諄與車夫講說：我們都是一樣的、平等的（此理怕手創共和之人，也未必明白）。車夫唯唯聲不絕，蓋亦今世之畸人也（黃君見解如此，而袁氏又器重之，安得不見殺）。歸途遇西洋人冒雨而赴會者，三五不絕。蓋歐人於此等場所最為注意，以為係考察此國政治之最為便利的所在。余同行之友，係一憲法委員會委員，告予曰：「會中因禁絕旁聽，故赴覽者殊稀。然西洋人日輒三四起，流連而不去也。」

歸後九時半，為外交部之茶話會。請帖用孫寶琦出名，座謂外交部新公所（即石大人胡同最有名迎賓館），今正式總統袁公之最初之公署也。是日所招待者：各國公使、公使夫人，各國銀行團、商界、報界之重要人及其夫人，中國之國務員、各高等官、議長、議員，商界、報界各種人物及是種種者之夫人。胡惟德在外部時，曾舉行茶會一次，然未有如是之盛也。大抵吾曹新聞記者，最喜赴此等宴會，以人物範圍廣，則刺取材料最便也（惜今日大宴安福議員之盛會，黃君不及見之）。諸君讀報者一目而下，輒怪某報新聞太少，某記者通信太少。殊不知訪取新聞之難，往往奔走一日，不見一人，不得一事，須知盤中粒粒皆辛苦也。惟此等茶會，則新聞記者之最大秋收，自己有吃有喝，尚屬小事也（今之新聞記者，吃喝雖難為，而資料卻多。不知黃君又作何語）。

請帖中限定穿晚禮服，是日為中華民國之二大紀念，一總統就任，一國慶（此所以為雙喜日，若新皇帝登極，則千秋萬歲，一概抹倒矣）。即余一身，亦並得二種大紀念，一早間第一次穿大禮服，一晚間第一次穿晚禮服也（豈知僅此一次耶）。入迎賓館之門，則見孫總長（即寶琦）、曹總長（即汝霖）分立而肅客，一一握手。左側則有比較的舊式之孫夫人、比較的新式之曹夫人在焉，亦一一握手。記者與貴夫人之握手，自某日陸子欣夫人外，此為第二次矣。孫總長語余，天安門閱兵成績甚佳，外使甚欣賞，閱後約余（孫君自謂）同往照一相為紀念。數語後，余即退入客座。時則見峨冠而博服者、勳章粲粲者、金紫而佩刀者、玉冠霓裳舉步而搖者，已組織而成一人，每令人有人間何世之感也。是日各國務及一般高等官，並得授勳章不等，故華人中除吾曹白丁者外，大抵皆佩服累累然。吾入時，見汪教育總長（即大燮）正與一人論勳章當內束或外束。謂晤熊總理（即希齡）云：見一書當內束。而陸子欣云當外束。後又有人云：見一書有時可內束可外束。聞者莫不哄然。

既乃相率登樓，電光絢爛，照耀人身之金紫，頓成異色。余入一室與友人論事，見有瞽目之西洋人，扶相者而入。友人指以告余曰：「此乃匯豐銀行之總支配人，綜攬東洋財政之大權。其目即以銀行故而有疾者也。」嗚乎！余輩不盲者愧死矣。時樓上音樂大作，貴賓男女，各合而跳舞。凡跳舞，男女各一，然不得夫婦自為之，必求其所熟識之男或女為之，無者則介而求之。凡跳舞人，一堂中共陣列或十陣列，隨音樂低昂，不得亂節。凡跳舞之婦，大抵袒半臂，男者不得觸其胸，觸其裙，否則大不敬。凡跳舞有種種名，今夜所演者，大抵兩步轉法或三步轉法，謂兩步一轉身、三步一轉身是也。此皆友人之久於歐西者為余言之。友人且為之大感服曰：「西洋禮法最佳，此等社交，樂而有禮，男女和合，故最能怡悅心情。較之中國人每會必為牧豬奴等戲者大異矣。故必此等社交發達，而後風俗移易。」此醉心歐化者之說也。是日跳舞蓋數十次，凡一次以音樂一節為起訖。

某西洋派告人云：「今日音樂太簡，故不能極跳舞之妙也。」華婦中以謝天寶（西醫）之夫人跳舞最多，男子中則見外交部參事顧維鈞（唐少川之婿），亦時上下其間。日本夫人中，則水野參事官之夫人，與一西洋兵官合組。劉成禺之夫人亦在其內，劉夫人乃美藉也。劉君謂我：彼在美國學跳舞，三月不成，其師罷去。余笑曰：「以君體段而可跳舞，則真天下無難事矣。」劉君極魁梧，而夫人乃極清癯。余頗恨是日陸子欣夫婦未到，蓋陸君極清癯，而夫人極肥碩（法籍）。與劉君夫婦，正天然一對，絕好對照也。陸君是日為大總統就任時之大禮官，或因贊禮勤勞，闕不赴席歟？中國貴夫人之至者，有顧維鈞夫人，即唐少川之女公子；又唐在禮夫人、謝天寶夫人，其他予多不識，蓋皆社交界之花也。梁財神偕其夫人後至，其夫人仍舊式服飾，女公子後焉，大有老氣橫秋之概。樓上下皆置食堂，任客立食，取之不盡，用之不竭。較之武英殿中茶話會大異，畢竟是外交部外交能手耳。此會十二時後始紛然散去，歸而酣寢，夢見種種，以是日一日中生活最為複雜故也。

女偉人

袁氏之招待偉人，出其種種羈縻手段，既如前述矣。而偉人中復有英雌數人，恃其為老同盟會之資格，苟無以慰藉之，一時亦不能安帖。於是乃以女顧問等不義榮寵之，饜飫之，使其不興波作浪，與己為敵，亦馴服人才之一法也。顧此等英雌，往往無真正高尚之思想，則借此頭銜招搖炫耀，反多興波作浪之勢力，卒致鬧成笑柄者。如沈佩貞、唐群英、王昌國等，而以沈佩貞為最。不知袁氏實縱之使恣，然後以禁錮隨之也。

沈氏為爭女子參政權，在參議院中手批宋漁父之頰，一時哄傳其事。及二次革命失敗，諸偉人紛紛南下，惟沈氏仍翔步京華，炫耀如故，亦可以知其趨向矣。其後當袁氏醞釀帝制中，沈氏竟兩次與報館衝突，卒以物議沸騰，立足不穩。又受法律裁判，罰鍰自贖。遂遁出都門，銷聲匿跡矣。今並志之：

一為大鬧亞東新聞社。先是，《亞東新聞》本為沈等所創辦，京師惟一之女權報也。惟沈性卞急，囂張過甚，執筆人不無有微辭見諷。沈惡之，內幕中固已時起小衝突矣。忽因誤誌沈氏被拿一事，致大決裂。先是，有所謂國民軍籌餉處者，為政府所指捕，勒令停閉，發起人晏起、孫佐之等被拘。同黨因沈氏出入府院，挽其作保，向步軍統領衙門緩頰。而《亞東新聞》則因傳聞之訛誤，竟登載沈氏被拿。沈氏見之大怒，因立往報社哭詈，欲與執筆人為難。且聲言已係革命元勳，女子參政同盟會會長，誰不畏敬！我曾打參議院，擊國務院，鬧總統府，斥國民黨，誰不知名！今日入步軍統領衙門及總統府去，所有衛士，罔不舉槍立正，深加敬禮，何曾有拿我之事！本報係我創辦，乃敢於誣陷，此事豈得干休！執筆人適以事他往，同社職員多方慰藉，謂既係誤傳，自應更正。沈不允，仍叫詈如故。職員見不可理諭，遂置不顧。沈氏益怒，立將該社招牌摘下，叱令隨人等送入警廳，並自抱其一登車。職員見勢決裂，欲來勸解。沈氏乃提手中之杖揮擊，職員跳而免。

時予友黃君（即遠庸）聞之，即往訪沈氏。曾有極有風趣之記載，略謂：「記者赴西磚胡同沈宅，向詢顛末。沈氏憤然曰：『自非二次革命或謀反叛逆，何至九門提督拿人！彼輩如此誣枉，我安肯不理！我被青年會舉為副會長，此團體乃講教育，並不含有黨派意味。我運動黃克強、陳英士、二段（即合肥總理及芝貴）、梁士詒等入會為董事，會事賴以維持。近來因俄庫交涉事發生，有人發起國民軍，大半係青年會中人物，事務所即設在會所中。然不經財政部許可而籌餉，不經陸軍部許可而練兵，對於總統，僅賫一紙照會。手續如此孟浪，安得不遭政府嚴禁追捕！故發起人致有拘捕之禍。拘時聲勢頗盛，約有兩營軍士，故外間驚傳甚速。我得警告，即函告總統，請其解散此會而罷，幸勿株連。事遂完結，皆我向為府院所信任之功，絕對未興大獄也。而昨日我往步軍統領衙門之故，乃別為一事。因我之僕役，有持刀殺人一案，親向提督疏通。提督迎見，禮節甚優，且述及解散會黨事，猶拱手謝我調停有功。且言新聞登載捕人，實無其事，此次僅主張和平了結而已。當時我尚不解其語，姑妄應之。豈料一檢手自創辦之機關報，乃誣枉至此，安得不加氣憤！蓋此《亞東新聞》者，實我與唐、張、王三女士所合辦者也。我故立往報社致辨，乃社員並不鄭重視我，一若誣我亦屬當然者。我略事申說，彼輩竟敢用武，傷我手指。我摘下招牌，彼輩蜂起攘奪，故我以竹杖自衛。此即當時實在情形也。彼輩不知自反，乃更誣我打鬧府院等事。我與袁總統本係師生，甚蒙優待，絕無打鬧事蹟。其他亦多誤傳。要之自己僚友，公加誣衊，安得不令人悻悻！此事必待提起訴訟，始明真相』云。語時，見旁坐有女記室數人，為之記錄。室中尚有老夫及兒童數輩，約束井井。一方辦理文牘，料量外務，電話錚錚不絕，肆應批答，灑如也。可謂奇才」云云。其後卒以同黨解勸了結。此一事也。

未幾而又有打鬧神州日報社之事。事起神州記者汪氏，居某大旅社，樓上有數偉人入寓。某夜，沈氏登樓劇談，頗極嘩嚣，足蹋樓板作巨聲。汪不能堪，呼而詰之，語殊侵偉人。偉人怒，沈氏尤憤憤。知為汪也，益斥之，蓋或因感情積不相能之故。時旁居者共出勸解之，乃去。沈氏以汪為新聞記者，恐有所譏評，乃為先發制人計，直奔報社尋釁。適汪他出，而郭同者出問其來意。沈氏以為汪有心弄鬼也，益怒。時同往者有劉四奶奶、蔣三小姐，共三人。一言不合，即將郭同批擊，並取案上瓶盎亂擲，頗多損失。郭以其女流，無可理諭，遂避去。沈氏奏凱而歸。既而郭同以無端被辱，憤不能堪，擬訴諸法律解決。沈氏始知誤打，因哭求軍界某要人出為調停。郭同終以其女流故，業允之矣。乃事聞於政界，謂沈氏假借名義，自稱公府顧問、總統門生，在外招搖。且招集黨徒，有種種不正行為，實於政治風俗，兩有妨礙。當即發電聲明，公府並無女顧問沈佩貞其人，飭江蘇巡按使及京警廳通告報界。此信一傳，沈氏受一大打擊。

而京中報界，又以郭同一大好男兒，何竟屈於英雌一擊之下，深致揶揄。至是聞政界之追詰，復感輿論之激刺，乃決向地方檢察廳起訴。廳即出票拘沈、劉、蔣三人。沈初不以為意，抗傳不到。豈知檢廳聞沈已失勢，且有所授意，非切實辦理不可。乃命法警，倘不受拘，即用強制執行。沈、劉初猶強硬，嗣見勢不佳，遂亦屈從。既至，則暫屈於拘留所。惟蔣三小姐者，年輕貌美，且絕不類遽行兇毆之英雌。受鞫時嚶嚶啜泣，宛轉呼冤。郭同遂允為蔣開脫，問官遂判令交保矣。沈、劉判決之結果，須五閱月有期徒刑。後因同黨多情，醵金自贖。然卒以屢屢出醜，竟不復逗留京華焉。

有知其中秘奧者，謂沈氏實為袁皇帝所弄，彼自入玄中而不悟耳。彼之公府顧問、總統門生，實亦並非偽冒，不過袁氏特藉此利用沈氏。迨其效用既畢，則變顏不認。能貴能賤，其權當然操之袁氏也。初，袁氏欲操縱偉人，一切豢養，皆屬誘致作用。沈氏雖女流，性頗伉直，探以黨中暗幕，輒肯相告。袁氏知其易欺，乃益用術飴之，遂故昵之曰：「爾乃我之門生也。」蓋袁為北洋大臣時，沈係北洋女學堂學生，故云云以示親近。復慨給以津貼每月二百金，令其招致同類，服從政府，此顧問之名所由來也。二次革命事起，他女偉人皆南下，獨沈以袁氏羈縻故，戀棧不去。袁亦以多一事不如省一事，且可藉探彼中情形，因佯與褒嘉以堅其心。後漸見黨人之勢墮敗，了無足患，於是視沈為香餌，非以致魚，即被魚吞耳。沈猶不悟，驕縱囂張如故，遂用借刀殺人計逐之矣。顧袁氏尚愛其媚己，不忍死之也。是說也，殆所謂此中人語乎？

謀殺黑幕 四則

袁氏處心積慮，最為惡毒。生平於所嫉忌者，必殺之而後快。民國以前無論，自任元首以來，以毀宋案為最巨。外此所被直接間接而殞身者，殆不可勝數。暗探爪牙，密如蛛網。稍具權力而不甘服從者，則身命輒虞不保。茲舉最著者四人如左：

一、徐寶山

寶山諱名老虎，本梟匪領袖，前清劉文誠公時所招撫。令率其黨鎮守大江以北，頗有聲勢。及革命軍起，寶山首先回應。南北既統一，袁氏嘉寶山之功，授為軍統，錫之上將。於是徐且由勝朝之降匪，進為民國之偉人矣。顧寶山愛財如命，金錢勢力，足以動搖乃心。會二次革命事起，寶山頗依違其間，不與張勳同進止。袁氏聞之，議撤其兵權，復恐其不受命。乃與十三太保中之健將某氏密謀，決用暗殺手段，以除其障害。寶山既富有資財，頗嗜聚珠玉骨董之屬。故常有骨董家與之往來，或業此者群集其轅下。一日，有持函如奩盒狀者投門下，自稱係某骨董商肆賚至，乃奉軍門之命而來者。閽者習慣此等傳遞物，了不復疑。其人且循例贈以門包五金，閽者笑受之。其人自去，且行且語曰：「中有玻璃外罩，攜時須輕慎，不可致受內損。多勞注意，明後日再聽好消息也。」閽者唯唯。既而謹慎捧入，呈之徐前。徐方飯罷，見函頗遲疑，似表示已未嘗囑令賫至者。但函面包封，確係某商肆牌號印刷物，而某商肆固恒以寶物送閱者也。遂亦頷之，令侍者揭去包封。而木函膠固，殊不可開。寶山性卞急，隨手取案頭鐵鑽力掀之，砰訇一聲，炸力陡發。寶山洞胸而倒，脅下血肉模糊，橫臥血泊中矣。一侍者亦被重傷。衛士聞聲奔入，則寶山已氣絕。家人環視而號，殆不可救。亟命人捕骨董肆主，則於三小時前棄肆而遁矣。寶山既死，其弟寶珍代領其眾。及張勳既攻克南京，張文生竟奪寶珍軍而代之，而徐氏勢力全然消滅焉。

後有人見某骨董肆主於崇文門大街，氣象甚闊綽也。予友某君謂予：徐氏之被炸，實亦死當其罪。即《左傳》所謂「予殺人子多矣，能無及此」是也。但舉一事，即足為徐氏罪大惡極之鐵證。此事在十餘年前，其時端午橋方督寧。適徐錫麟刺皖撫事起，風聲鶴唳，均疑草木皆為革黨。端衛隊長米某者，徐之好友也。一日，端詢米曰：「徐寶山前為鹽梟首領，與康、梁通氣。此次徐與錫麟又同姓，其或有關係歟？」米力保其無是。退而馳書告徐，並囑速獲革黨以明心跡，兼可建功也。徐即命其書記蕭某赴日本留學，寓某旅館。同寓者有中國留學生數人，為之紹介入同盟會。蓋斯時為同盟會極盛之時代，留學日本者，未有不入會者也。適黃興倡謀內渡，蕭則挺身願赴清淮回應。並言先世巨宦，家道殷實，自願散資結合江北亡命，以襄義舉。但得數人相助為理可耳。眾壯其言，蕭因舉同寓者三人，才堪勝任。於是黃授以江北支部委任狀，並印信、旗幟、告示等件。蕭復購手槍、炸彈等事，藏置一箱。即密電徐寶山內渡日期。徐即電端督，偵得大幫革命黨內渡，請派員協拿等語。端即派米往，會合徐相機行事。伊等則暗約蕭某誘彼三人至揚州捕獲，免在租界釀成交涉。蕭唯唯聽命，雇一大船行至揚州，於徐凝門泊焉。謂三人者云：「揚州同志頗多，我獨自往謁。爾等於舟中等候可也。」三人本紈絝，諸事悉聽蕭大哥為之，豈料蕭大哥竭力引彼等入枉死城也！

斯時余（友自稱）僑居揚州南河下，見徐、米喬裝至揚，深為詫異。徐之哨弁某某等，均與予有舊，借宿余寓。酒後盡吐其實，囑予祕密，並言明日天興館有熱鬧戲看也。蓋徐與蕭已訂期天興館矣。蕭即回船，告三人云：「揚州同志明日十二點鐘於天興教門館公宴我等，並商機密。」三人唯唯。次日，米扮作堂倌，手提茶壺；徐扮作乞丐，守於天興館門首。蕭領三人昂然直入，甫坐泡茶，即聞人聲鼎沸，拿革命黨。蕭已趁混亂中潛匿焉，三人束手被擒。米揚言有一人上房屋逃走，速往城門兜拿，勿任漏網。揚城人則紛紛往曬臺觀看，渺無形跡。因相聚而言曰：「革命黨妙手空空，皆能飛牆走壁。此三人若非米、徐健將，恐亦破壁飛去也。」此時不獨揚州闔城人在夢中，即被擒之三人亦在夢中矣。復於舟中抄出各件，彼三人無可抵賴，直認不諱。予（友自稱）往觀訊，見三人者衣紫呢夾袍，兩人罩海虎絨馬褂，一人罩漳緞馬褂，年均二十餘歲。文弱書生，手無縛雞之力，為人暗弄，不禁潸然淚下。徐再三研訊：「爾同黨尚有一人，上房逃走，籍貫何所？」則互相推諉，堅不吐實。嗟乎！為人所賣，而尚抵死庇護，猶恐遺累於賣我者。此等狡謀，令人墮其術中而不悟，誠上乘也。彼滬上之偵探家，或栽贓，或託人寄物，被害者極口呼冤，承審者亦有所疑，直笨伯耳。徐果以是升官發財，予嘗歎天道無知。至民國以來，稱軍統，錫上將，又歎曰：「蒼蒼者天，何憒憒若此耶！」不知者以為予妒嫉之也。既聞被炸，反噤不能言，僅道一「噫」字而已。今又聞徐墓為匪所盜，暴骨於野。始信善惡之報，如影隨形，無所主持，不期然而然者，因果固絲毫不爽矣。

予聞是言，乃謂袁氏之殺徐，即以其人之道，還治其人之身。循環之理，信可畏也。然袁氏亦安能自免哉！因感友言，故並錄之。

二、陳英士

英士未得志時，為所暗殺者如汪雲卿、金琴孫等；既得志後，又殺陶煥卿、夏瑞芳等。稍知滬上舊史者，皆能道之，則其罪惡亦不在寶山下也。袁氏以其革命健將，反對帝制，潛圖起事甚力。二次革命雖不成，而雄心未已。其蹤跡鑿鑿可證，恐其終為後患，遂亦決以最後之手段對付。

初，袁氏稱帝之議既發，即防滬上黨人反對。特設高等偵探機關，糜金甚巨，亦所不惜。會陳聞稱帝耗，知機會已至，乃自日本返滬，召集黨人，亟圖起事。袁氏之偵探許谷蘭等知之，以為奇貨。乃在法租界某里租賃華屋，其門外懸有「鴻雲煤礦公司」之銅牌，屋內布置，甚為美麗。常與民黨相往來，聲言願以該公司股票抵押巨款，輔助民黨之起義。詞極懇切。黨人李海秋信之，為之紹介於陳其美。陳亦信之，商榷數日，遂約於某日午後至陳寓所簽字。陳居愛文義路之西隅，屋宇頗壯麗幽靜。二妾隨之，意甚適也。是日，許谷蘭等至，與陳會談，李海秋尚未至。未幾，許突出手槍向陳轟擊，連中數彈，即時殞命。惟其地在租界範圍內，外國捕房奮起搜捕，竟獲許等，歸庭審判。後卒以袁氏之道地，縱之使遁。當陳被刺後，滬人大半數均稱快意，絕不為之鳴冤。蓋因被害者多，久犯眾怒也。

三、林述慶

林氏亦同盟黨健將，為閩人中之佼佼者，光復時任鎮江都督。林為人頗倜儻好義，不似陳英士等之絕恃陰謀。顧其反對帝制亦甚力，袁氏深惡之。二次革命時，聞其在閩運動，因授意其爪牙某圖之。適林氏因事赴滬接洽，中途為某所擊，即日殞命。於是黨人咸有戒心，而袁之羽翼亦不易下手矣。顧林氏品望殊隆，且性高潔，在軍中不嗜殺。其被害也，不獨黨人扼腕，聞者咸惜之。聞袁當時所擬暗殺者有三十餘人，得達目的者，陳英士外，惟林而已。殆以林坦率，自謂無怨於人，不甚注意防衛而然歟？然其尤可惜者，則莫如予文字交之黃遠庸君。

四、黃遠庸

遠庸本與袁無仇怨，且絕非黨人關係，彼固一有學識有操守之良政客也。其文章議論，袁甚佩之，久欲予以重要位置。在京師記者中，固甚與袁接近者。又為律師，凡交際場無不有其蹤跡。其言論雋永而動中肯綮，與梁任公、吳貫因等最投契。

籌安事起，袁初欲致梁，梁不受致。乃注意遠公，欲使其鼓吹輿論，為帝制有力之臂助。以問楊晳子、薛子奇等，楊等曰：「此易與耳。資以金錢，畀以位置，何患其不入彀哉！」故《亞細亞報》初宣布時，即以其名首列。豈知黃氏登報自辯，絕對不贊成。其情狀宛如蔡松坡之遁至雲南，突然宣布獨立也。在袁氏以為黃在京師，於帝制亦未嘗有明決之反對。猶蔡氏之簽名贊成，希圖兔脫，其情節至為可恨。梁氏之〈異哉所謂國體問題者〉一篇絕大文字，聳動全國，勢如怒潮。今黃氏亦一不羈之馬，不為我馭，則他日之勁敵，正復為患無窮。乃並蔡、梁二氏之讎，欲盡洩於黃氏之一身。黃氏又未知預防，無特殊自衛之法。但知浩然去國，孑身遠引，以避此污濁之帝制。袁氏聞之，尤銜恨刺骨。此殺機之所以動也。黃起程赴美時，袁即遣其爪牙尾隨之，將俟適當之地點，而下惡毒之手段。黃氏雖不能如蔡、梁二氏自衛之完固，然亦深恐有人圖己，蟄伏艙中，不甚外出。故途中無可下手。比至三藩市，甫登岸，其人即突起狙擊，而於是可憐可敬之黃君，竟畢命於新世界之一片土。酷哉！袁皇帝之卑劣伎倆，一試再試而不已。較之曹瞞之殺禰正平，尤為陰鷙刻毒矣。黃君身後，止有孤兒寡婦，契友共釀金恤之云。

予友告予，袁氏病革時，每夜必見眾冤鬼環繞榻前，大呼索命。口中自言有某術士及紅紅、某僕、宋教仁、徐寶山、林述慶、陳其美、黃遠庸等，揮之不去。惟趙智庵尚不甚來緊逼云云。此雖一時迷信之說，然亦正見天道好還，可以警兇殘之魄也。

居仁瑣簿　五則

袁氏帝制熱方盛時，日夜在居仁堂謀畫一切，惟十三太保等爪牙心腹，方得入參祕密。此際關防甚嚴，外間莫得而詳其起居也。予友某君，謂其戚為侍從武官，值居仁堂翊衛，因得見聞較近。袁敗後，盡將當日所睹軼事告人。因雜拾數則如下：

（一）

阮內史長與袁氏為老友，而能承順袁之意旨，且謹慎縝密，有口不言溫室樹之概。每有事，輒先延內史長入，密語良久，然後更及十三太保。雖以梁財神之倚重，楊杏城之尊信，不及內史長之昵如家人也。內史而外，最為出入無禁者，惟七姬洪氏、十姬周氏（即憶秦樓）而已。于夫人且不得自由行動焉，其他可知。及袁有疾，恒居內室，自是居仁堂僅為內史（亦稱秘書廳）辦事之密室。凡得緊要文件函電，必內史長親送入寢室，由袁自閱。而所謂緊要函電者，十之八九，皆係商民迫己退位文告（袁取消帝制後，仍欲保有總統之位置。而各省團體反對，謂其已犯叛國大罪，宜退位以待國民裁判）袁閱竟，必搥床大罵。有時因憤極而昏暈，失其知覺，家人患之。一日，洪妃及周妃偕至居仁堂，請見阮內史長，面白其故。且銜袁氏口諭：請以後凡有毀罵及己之電文，無庸進呈，以防不測。阮內史長允之。旋送兩妃下階，執禮甚恭。諸侍衛咸肅然，兩妃升輦而去。聞南方來電，或詞嚴義正，或冷譏熱嘲，不留餘地以處人也。自是此等文件，皆積壓內史長案頭，無人過問。

一日，有雲、貴、桂、粵、湘、浙數省公電甚長，大旨係各護國軍首領，提出最後之警告，語極強硬。限袁於十日內宣布解職，受國民裁判。否則將盡起西南之兵，克期北伐。內史長知未便呈覽，業已擱置一旁。顧是日為星期，內史長提早出宮酬應私事，止留內史二人值守，其一人又係新任差事。蓋星期日諒無要公，故眾皆早散也。袁氏忽命內侍來堂，索文件備覽。此新內史者以為必袁氏已知消息，故急如星火。乃頓忘長官擱置之說，立起授之，則南方要電，亦捲疊於中矣。袁見而大恨，謂內史有意戲己，立召內史長入詰。侍官通電阮宅，乃輾轉於某酒館中得之，馳汽車倏至。袁氏盛氣切責，飭查察誰為此者。阮詢問再四，始知某新內史所為，立黜之去職。然明日洪妃復出，謂袁閱此電後，不啻一紙催命符，疾又加重幾分。雖逐內史無益矣。自是袁氏亦不復能閱電，雖非此項文件，亦不進呈矣。不三日而殞命。

初，袁注意南方民黨之行為，每日必閱滬漢各埠報紙數十種。此報紙即由庶務司傳進，與內史廳無涉也。自滇軍反抗，外間報紙之論調，頗多與袁氏牴觸處。內史始恐袁氏閱之生怒，乃飭庶務司轉送內史廳，檢查以進。其嫚罵不堪，或挑撥感情者，輒改削重印以進。袁氏不知也。而其間有民黨報數種，袁氏本視為化外，輒置不閱，遂仍擱置庶務司中。及袁染疾，長日無聊，則思及民黨各報，索閱一二為消遣計，仍由庶務司直接傳送。乃袁氏見之，不禁氣憤填膺，每閱一行，輒捶床大罵一頓，每頓必呶呶數十言，耗費氣力甚多，輒至語聲不能連續。諸妃患之，乃由周妃親至居仁堂，與阮內史長商定，取庶務司所來之民黨報各名目，檢閱來歷，而擇滬上言論最和平之報章，發交印鑄局重行排印。於新聞中增入數條，謂某民黨機關報，於某日為官廳勒令停版，拘捕主筆懲辦云云，陸續竄入其中，使民黨報以次遞盡，即將原報毀棄不進。袁見此新聞而樂甚，竟撫掌大噱曰：「封得好！封得好！」蓋信以為實也，而不知皆內史廳以幻術封之耳。不旬日，並一切反對報紙，無一入袁氏目者。及疾篤，漸因目力不濟，不能自閱，乃遣周妃讀之。周妃僅取《亞細亞報》朗誦以塞責，自是內史廳亦遂無修改之繁勞云。

（二）

袁氏自決行帝制後，蓋時至居仁堂，與內史長等籌商開國方略。一日，內史長等皆已退值，袁氏獨留辦公案上，餘則承繕之二等內史數人給事而已。袁氏執管吟哦，易稿再四，至夜深始定稿，付內史繕錄。則為開國首頒之祖訓，凡列四大綱三十餘條，於防杜後嗣之弊，至為詳備。大旨注重后妃弄權，及諸子奪嫡等事。其四大綱則（一）嗣子雖幼稚，母后不得垂簾聽政。須擇大臣中有才德位望者為輔政冢宰。（二）廢除立儲成例，亦不制定嫡長。但擇諸子中有才德者，預定大統之歸。法以密緘書名，藏置金匱石室中，俟前皇升遐後，由欽命大臣於太廟中當眾啟視。（三）諸子不得封王及參預政治，惟厚給資產，享畢生安閒之福。（四）椒房之親，不得身列要津。就此四綱，推演為數十條，皆防患未然之策，垂為祖訓，俾世世子孫永久遵守等語。內史錄竟，袁即袖之入寢。明日，以示內史長，且互相商訂數字，即取以示長子克定。克定大憂之，恐袁氏奪已儲貳以畀幼子。乃與其黨謀，欲先甘心於其某弟，因某弟為袁所鍾愛故也。衝突既起，暗潮益烈。一日，竟互至居仁堂告訐。此謂無禮於兄，彼謂虐待其弟。袁氏乃召二子至案前而訓之曰：「吾之訂此條例，豈專為汝儕而言！乃欲謀子孫萬世安全之道耳。汝儕胡已介介為？」二子對於其父，唯唯諾諾而已。實則咸退有後言云。

（三）

當各省反對帝制消息正惡時，袁氏攢眉入居仁堂，與內史長等密商取消帝制。內史長等因事機危迫，亦遂不敢固執前議，即將此項申令擬稿，經再三斟酌而後定，已簽字允發交印鑄局。時已夜半，袁氏忽遣近侍宣示內史長，命將原稿撤回。託言有文字不妥處，須再酌。至明日，告急之電紛至，袁氏又令將稿付印鑄局。不三小時，又復撤回。聞第一次為諸妃籲懇收回成命，堅持到底。袁氏為所動，故立命撤回也。第二次則長子克定泣諫，袁氏又復心動。然至居仁堂一閱各省函電，及內史長之勸諫，又復廢然。比第三次，則袁氏持一書示內史長，請遍召十三太保議決。內史長視其書，則皇長子所上也。其書略言：「由籌安會發生以來，迄於今日，已歷七閱月矣。此七閱月中，嘔幾許心血，絞幾許腦泉，犧牲幾許生命，擲耗幾許金錢，千回百折，始達實行帝制之目的。徒以西南數省稱兵，一隅犯順，即遽示畏怯，申令取消，盡棄前功，適足長反對者要脅之心，而短擁護者忠勇之氣。且皇父不為帝制，必仍為總統。則今日西南各省，不慊於我皇父為帝，而以獨立要脅取消帝制者。安知若輩不因不慊於我父為總統，而又以獨立要脅取消總統乎？竊恐其得步進步，殆無已時也。今為皇父計，不如仍以積極進行為愈。且西南各省，雖先後反抗，而北方軍民，固仍相安無事。皇父苟於此際正位，即使西南革黨興兵北犯，然地隔萬里，曠日持久，未必能直搗幽燕。況軍力之強弱各殊，主客之勞逸迥別，勝負結果，尚在不可知之數乎！縱令若輩不肯歸化，亦不過長江以南，或黃河南北為鴻溝已耳。則皇父縱不能統一萬方，又胡不可坐鎮北朝哉！雖一時有小朝廷之羞，然較之今日即取消帝制，完全根本廢除，孰得孰失，何去何從，願皇父熟思之。」袁氏與內史長等披閱再四，亦謂其言俱有見解。乃復將原稿撤回不印，姑嗣後命。聞書稿籌安君子楊氏之大手筆也。顧各省告急電仍絡繹不絕，乃至平日最穩健出力之人，亦復電請取消帝制，以應人望。袁執書而泣，又召克定至居仁堂，參與密謀。克定奏曰：「陛下曷不暫緩發表，以待時機？倘川湘各地，可得最後之勝利，亦殊難料。如其得寸得尺，帝制仍當賡續進行。設更逼緊，然後取消未晚。」內史長等亦然其議，袁遂置之。蓋此時袁系諸人，雖各欲自為身家計，然袁苟堅持，尚不敢獨持異議也。乃不意袁之精兵日離，天奪其魄。突聞廣東、浙江相繼獨立，即大驚頓足曰：「幾為孺子所誤，其言直不可聽也。」此語居仁堂中諸賢臣俱聞之，遂決計不敢復行勸止矣。是夜，袁氏憂泣者再，內史聽皇皇終夜，若宣告死刑然者。及明日，宣告取消帝制之申令下矣。克定曉入居仁堂，懊喪萬狀，謂某內史曰：「吾父太畏葸，胡乃不禁一嚇？設吾當此時，惟有寧死不肯取消耳。」袁氏聞之，召而詰責，克定始無辭。未幾，西南各省力爭退位事件，不允袁氏繼續總統。袁氏復召集諸賢謀對付，克定唏噓曰：「兒早知有今日，故願我父堅持也。」袁氏亦切齒悔恨而已。

（四）

袁取消帝制後，每日皆挾憂憤之色至居仁堂，命撤銷籌備各事宜。內史等俱重足屏息，恐遭譴責故也。一日，匆遽登堂，立命諸內史搜集各省代表團之請願書及勸進表，又各督軍省長勸進奏疏等原本。彙為一集，用錦袱什襲成帙，然後進呈。諸內史奉命惟謹，立即趕辦。袁既出，互相疑訝，雅不知其命意所在。或曰：「是蓋將付印鑄局印成，頒示全國，以示帝制確由眾意，非己一人之私斷也。顧此時民情洶洶，方且以偽造民意相詰難。此等舉動，亦屬畫餅，徒取辱耳。何必多此一舉！」方竊竊私議間，袁已遣人探詢裝置何如矣。諸內史益駭汗相屬，趕辦益亟。既成，內史謹敬捧入，亦不知其將何處理也。數日無耗，亦置之矣。一日，晨起，忽長子克定至居仁堂候命，似奉召而來者。少選，袁氏駕臨，後有侍從手捧錦袱，陳之座右。諸人參謁訖，袁召克定前，啟錦袱，出各件，手自檢點其數，計凡二百九十餘件。且諭之曰：「汝父德薄，辛苦一生，即此二百餘通之書表而已。然實較財產億萬萬，猶為過之。汝好自記取，他日苟有尺寸憑藉，則此物即為鐵案之佐證。所望者，爾將來能繼吾志事，吾死且不朽矣。」復顧謂內史長等諸要人曰：「諸卿咸與吾辛苦共事者，目睹斯事之成敗。請代督察吾子，俾不負此二百餘件之作用。則吾直感諸卿之德於地下。」克定再拜而受，諸要人亦各謝恩訖。侍從乃舁金匱入，舉錦袱什襲之件，盡納其中，加扃鐍，施緘印，顏以文曰「真正民意」。事畢乃退。後聞洪妃告人，袁氏挈錦袱歸寢後，逕置枕畔，每睡輒翻視一過，意似極鄭重然者。洪異而詢之，袁氏涓然出涕曰：「無他。吾因一生心血，無量金錢，始換得此兩種證券。此兩項實為吾一生最榮幸之事，亦即吾一生最痛心之事也。今既事與願違，暫行讓步，亦何足惜！惟既獲此『民意』兩字之成績，證據具在，他日終有發展之機會，決不永為亂黨所掩沒。故吾欲寶而藏之，垂示後人，以彰祖宗功德之偉大，亦以激奮子孫繼志述事之心力耳。爾以為何如？」洪力贊其說，且請即日正式付給嫡長子，並延數親信要人為證。故袁即於次日在居仁堂實行之也，諸內史始知搜集各件之作用。初頗秘之，不敢洩於外。及袁卒，凡府中人罔不知此事者。

（五）

堂外有古樹一株，枝幹可蔭數畝。而近根處似有血漬，天雨潤濕，則形跡益顯。黎總統時，府中人俱目擊之。訪求其故，則袁氏取消帝制時，曾有一段慘史在也。

先是，袁既改元洪憲，即諭禮官督率宮中給役一切人等，改易稱謂，略分階級：上曰今上，中曰陛下，下曰萬歲爺。如有誤仍前稱者，嚴譴不貸。於是府中人一律熟練成習慣，遇事皆能衝口而道。無如僅僅八十餘日，而前之以誤呼總統、老爺子而得罪者，今乃復以誤呼陛下、萬歲爺而得罪矣。彼狡黠者尚能隨機應變，而蠢蠢者流，心實未解其故，出爾反爾，雖欲依遵，而習慣束縛，不得自由。可憐哉眾生！至誠尊敬，而反逢彼之怒，雖死尚未明白也。

一日，袁在居仁堂閱檔，有某侍從者，因有要公入白。時袁方接某某省獨立之電，怒氣直上雲霄，顏色遽變作慘白色。某侍從睹其狀，驚顫不已，逡巡不敢入。聞袁氏且閱且詈，厲聲達戶外。侍從心慌已甚，呆若木雞。有頃，袁忽投袂起立，將即入寢。蓋即手刃翠媛之前五分鐘也。甫下階，見侍從肅立道旁，狀若有所謁者。袁詰以何事。侍從受詰，不覺驚顫，立舉其素所熟習之語曰：「啟奏萬歲爺。」袁不待其詞畢，遽厲聲曰：「咄！咄！誰教汝以此名稱呼我者？我已有禁令明頒，而汝獨不遵，殆欲以是譏誚我耶？吾不能汝宥矣。」語次，手抽佩刀，已露鞘外。侍從驚恐失魂，倉猝即長跽道左曰：「乞陛下息怒。」蓋為袁氏之怒氣一震，仍係急不擇語，以為易一稱謂者，當即可稍殺袁氏之怒。而不意其二五之同於一十，且愈益其忌也。是時袁氏怒不可遏，然猶無意殺之，乃先舉足蹴使仆地，適礙於古樹。侍從倚樹而呻曰：「求萬歲爺饒恕狗命！」袁氏仍認為其有意嘲己，萬無可忍之理。即掣佩刀直劈之，中顱而倒，口中猶喃喃呼萬歲爺不止。袁氏力斫數刃，一刃適中樹，入木三分，力拔之始出。則侍從已身被十數創，血流殷樹根，染成紅木。侍從亦奄奄一息矣。左右舁之下，須臾而斃。袁氏乘怒入宮，又演翠媛之慘劇。於是新華宮中給役者，莫不有戒心焉。侍從既死，樹根血漬恒不褪。袁病篤，諸妃私往樹下禱祀，且焚紙鏹無算，謂恐伊索命云。予於客秋遊三海時，曾過而諦視，果隱隱有痕似紅蘚斑者，亦異矣。

春藕志聞　五則

（一）

春藕齋為清帝遊宴之所，袁氏居新華宮時，則每於此間會較親密之客，或特別優禮之內眷。而戚族燕談，亦或於此設座焉。洪憲初建時，曾命故友勿稱臣者凡四人，名曰嵩山四友。曾欲在春藕齋開大宴以樂之，而無如所至者惟東海巨公一人而已。蓋李仲仙、趙次山本不贊成，張季直退隱南通，亦不願受其優禮。故惟東海以氣誼相投，情緒較密，不得不一參盛會耳。袁氏乃廣徵僚友中之年高望重者，為之伴食。如樊雲門輩，僅得三五人。然袁氏引此舉為春藕齋之開幕盛典，徵諸名流揮翰題詠，裝潢懸之齋中。且由某名士作記，刊石置於壁間，以為永久紀念云。

（二）

袁氏又命於齋中請宴四友之內眷，由于后為主席，而何、黃等妃副之。然李、張夫人俱不在京，惟東海、次山之眷屬，則居宣南。袁氏既再四敦請，不得已往焉。是日，徐夫人盛飾而往，較平時夐異。蓋徐與袁為布衣交，兩家眷屬亦常相過從，不自今日始也。是日徐夫人忽變易態度，眾已聳然異之。及謁于后及諸妃，均遠在數步外恭行大禮。于后大驚避，黃妃急止而言曰：「東海先生與今上始終為友誼，非臣也。今上早有明諭，夫人胡拘是項儀節為？」徐夫人正色冰語曰：「今上但言東海為四友之一，未嘗言及老婦與后妃為友。茲事老婦焉敢越分而自取咎戾哉！」正謙遜間，袁氏方入齋款客。徐夫人亟行跪拜禮，袁挽之，勸勿作是態。徐夫人亦仍舉對于后及諸妃語答之。袁知其語含芒刺，雖再四遜謝，而忸怩之色，已達於面矣。是日贊禮者為某夫人，後洩其當日情狀於所親，外間始傳此說云。亦春藕齋中一則小史也。

（三）

上海鎮守使鄭汝成之被戕，或云即袁氏遣人為滅口計。以杜揑報地方安靜，欺詐外交之陰謀漏洩。故僅辦刺客王明山、王曉峰二人而止，絕不究其主使者。其語非無由也。聞府中人言，當鄭氏喪歸時，鄭夫人入宮求見，袁氏即接待之於春藕齋中。鄭夫人挈其子入謁，嗚咽陳訴諸苦。袁氏亟慰之曰：「汝夫在日，極能效忠於予，事予如父，予亦以子視之。今竟為國捐軀，故予立頒封侯之榮典，並賞給祿田若干頃，葬費四萬金，以國禮葬於天津小站。皆特別之待遇也。今汝至此求訴，亦甚可憐。予即當待汝如媳，撫汝子如孫。汝苟不信，汝即呼予為夫翁可乎？」鄭夫人慨然允諾，袁氏立命侍從具香燭，設禮器。即於齋中延於后至，並受鄭夫人之拜謁，行子婦禮甚恭。袁氏又命設盛饌以餉之，宴畢，諸妃率之遍遊宮中。袁氏更命賜飾物無算，以為紀念。自是，鄭子常至春藕齋中謁袁，有所需無不立予，情誼與袁氏諸子如一云。

（四）

聞該齋侍值者言，齋中所招待之人，最有奇趣而向所罕覯者，厥惟王湘老之周媽。先是，湘老來見袁氏，扶周媽而入。袁氏始識之。其後，袁氏以湘老大名士，且遺老中之翹楚，苟得其贊成帝制者，當可壓倒群倫。乃欲求王為耆碩一部分之領袖。王老而貪得，袁氏所素稔。時王已由國史館解職歸湘，因電湘督湯氏關說于王。謂他無所求，惟借重大名首列。王知發財機會已至，因與周媽商榷，故昂其價。立索三十萬金，非如數不可。湯訝其過巨，電請於袁。袁笑曰：「一字十萬金，聲價未免太高。但此老名重，苟得之，亦於大事有濟，且可以間執遺老之口。謀大事者寧惜小費，不如與之。」遂電覆湯如數照給，並令其先行籌墊。湯得電，雖不敢違，而以庫款支絀，僅與其半。未幾，帝制取消，湯且謀獨立。王之十五萬金，當然不復給矣。王心終不甘，乃以周媽為代表，至京坐索於袁氏。

是日，袁氏接見周媽於春藕齋。周出一函授袁，袁啟視之，愕然曰：「是款據湯將軍報告，早以如數付訖。今乃云半數未償，豈湯將軍紿我耶？抑若主人以此相戲耶？」周媽朗聲致辨曰：「必無是事。設使已如數清償，吾家老王（述者言親聆其口語如此）縱喜嘲謔，烏忍使老婦僕僕數千里而來！且老王一日未嘗離老婦，而今顧因嘲謔故自願岑寂耶？斷無此理。若曰吾家老王既得全數，而欲壑無厭，又欲多所需索，則何不並此已交之半數而亦詭言未收乎？」袁聞其舌鋒犀利，知已受王之指導，急以語鎮之曰：「待吾電湯將軍詢之。爾姑下榻於此以俟，何如？」遂命侍從送周媽入宮，使某妃妥為照料焉。

袁方致電湘中，以明底蘊，而湯督脫離中央關係之電猝至。袁方懊喪萬狀，周媽事當然無著落矣。越日，周復至春藕齋晤袁氏，詢湯督覆電何如。袁曰：「渠已宣告獨立矣。即詢之，安得有覆電？」周媽正色曰：「然則吾家老王事當若何裁決？」袁變色曰：「無論此款交齊與否，即使未也，吾事業已失敗。而若主人必取盈，安可得哉！」周媽知袁將抵賴，殊不畏懼，乃曰：「吾家老王之列名勸進，但知促進帝制，未嘗擔保必成。今忽以事實中變，而欲反前汗，須知此款本不應待今日而始償耶？倘以為帝制不成，而可勒掯。試問我公既登大寶之後，尚有例外之權利否乎？況疇昔請願書列名之事，並非出自我家老王之干求，乃係我公所授意。與其他代表，當然有別，我公盍三思之。彼湯將軍敢於乾沒金錢，故反顏事讎，宣告獨立。然則湘局糜爛，亦在意中。我家老王年八旬矣，平昔老婦跬步不離左右，今來此旬餘矣。烽火聲中，豈宜恝然於彼？在明公財權在握，動輒可擲百萬，而獨靳此十餘萬金，以負此一窮老人之夙諾耶？明公帝制雖不成，而元首資格尚在。做事當存信用，何必授老人以口實？其速以十五萬金畀我，即日南歸，博我家老王一粲也。」袁氏沉吟良久，曰：「子既眷念主人孤寂，自當速歸，以慰老懷。在我亦未容強留。但款事正值庫中支絀萬分，一時難以應命，容緩日匯寄何如？」周媽艴然曰：「老婦奔走長途，專為取款而來。今無所得而去，何以對我家老王？尚祈明公鑒宥狂愚，成人之美。」袁氏仍不允，周媽噪聒不已。袁慍曰：「吾即不予若主人以金，若將奈何？」周媽曰：「不予金，老婦寧死於此，不復歸矣。」袁曰：「若不去，謂吾不能逐若耶？」周媽曰：「即逐我，仍不去。必得款乃去。」袁艴然曰：「然則吾且殺汝，汝將奈何？」周媽聞是言，殊無懼色，且益鼓其潑辣之勢力，厲聲相答曰：「欲殺吾乎？請即殺。第汝試問己心，欲殺一老婦何為？徒為我主人索金之故。我主人何為使我索金？徒為汝要求渠於勸進表中首先列名之故。汝自求人，而反欲殺人，是何理由？且帝制失敗，非我主人之咎，西南諸省稱兵反抗之咎。汝既有殺人勢力，曷不移向西南，盡殺諸亂黨，而區區殺一代主索款之老婦。謂示威耶？未免待己太輕。謂洩忿耶？未免視老婦太重。吾一垂死之老婦人何足惜，獨惜汝之雄名，以殺一老婦人而盡墮。不啻自表於眾曰：吾能殺一老婦，圖賴十餘萬金，亦足以快意。當世聞之，將謂公為何如人？而我家老王之史筆，將傳公於後世，果係何如人耶？公自度之，或殺或給金，兩言而決耳。」周媽語至此，縱聲大哭，且哭且述，謂老王給我入京送死，殊太無心肝。是時侍從等皆在外竊覘，歷歷聞周媽辨才無礙，甚不料一僕婦能不為威屈如此，莫不暗中吐舌稱異。袁見其愈鬧愈橫，自顧元首之尊，而與一僕爭短長，不覺羞惡頓發。知詞窮理屈，設更相持，大有勝之不武、不勝為笑之患。遂私命侍從往召洪妃等至，為之解圍。始將周媽扶出春藕齋，暫作一小結束。

顧周媽聲勢益洶洶，仍堅執前言，不達最初目的不止。洪妃善詞令，又以袁囑為疏通，因竭力解慰，謂數日後必可如願以償。周媽亦信之。凡居宮中約半月之久，與諸妃娓娓談，語帶詼諧，咸有風趣。諸妃等罔不樂聽之。惟每日必至春藕齋一次，催索全款。袁氏實猶無意償金，既而避不往春藕齋。周媽恃其老婦之面目，各院搜尋，輒得之某姬室中，則大開談判。袁氏患之，且是時府中人咸竊竊私議，殊礙袁氏名譽。洪妃以為言，何惜此十餘萬金，而坐使一賤婦人橫行無忌耶？袁氏遂籌措如數，且贈給川資，遣之去。去時猶使洪妃送別焉。春藕齋侍從見慣周媽者，皆能言其為人，雞皮鶴髮，而妝飾殊明豔，氣度尚不脫村嫗。惟口才極佳，語聲高下中節，操湘音，雜以京調。膽氣殊豪，絕不類鄉婦作瑟縮態，又不似大家風範。大有市井所謂女棍之狀，而較為高雅。人皆歎為異物云。

（五）

春藕齋旁屋中，陳設極富麗，為袁氏休息或便膳之所。袁氏好食饅首，不常御米飯，肴饌則魚翅肥鴨如常食品。每食須饅首十六枚至二十枚，蟹黃燉魚翅極爛，尤彼所嗜者也。惟春藕齋非常膳之所，且其地近外舍（在中海之濱，接近辦公室），故袁氏非有要事不能歸寢，不常居此也。惟取消帝制後，劇疾未作時，心有不平，書空咄咄，乃恒在此旁室中休憩。因撥女官數名侍從，兼料量膳事。而洪妃亦時來談話，藉以慰袁氏之岑寂焉。

女官中有沈氏者，國色也。較袁氏諸妃嬪或猶過之。袁氏見獵心喜，頗屬意焉。及居春藕齋，即飭沈氏承值庶務。沈氏溫雅而諸事諳練，甚稱袁氏意旨。時特召之入室密談，藉以消遣。洪妃聞之，心大妒，託言白事，常突入室中覘之。袁氏向寵洪妃，不忍呵斥也。無何，袁氏方晝寢，沈氏蜷伏其肘旁，亦酣聲大作。洪妃入睹之，驟起酸化作用。乃出室大聲呵他侍從女官：「主上方寢，而若等不為之下帷掩戶，職務何在！且膳具縱橫，不即撤下，廢弛至此，將謂宮中無法度耶？」其聲甚厲，故令內中聞之。沈女官果驚起，態殊惺忪，自向洪妃請罪。洪妃冰語譏之，沈大慚，知其已窺褻態也，不敢復作語。而洪妃語殊肆，且侵袁。袁氏聞之大怒，斥洪妃使退，且謂此後齋中不許婦人闌入，並飭女官退值。沈氏以為袁寡恩，不為己留地，憤泣終日。袁使人賜飾物慰藉之，不受也。袁以其執拗過甚，亦置之。

明日，復在春藕齋中午膳，箸及蟹黃魚翅，頓觸昨感。但礙於業已申令飭退女官，彷徨無可為計。膳畢，命侍者傳語庶務司，遍賜女官蟹黃魚翅一器。少頃，入寢室，傳召女官問狀。則沈女官已失蹤，彼因未得嘗所賜之珍膳也。袁心詫異，令遍搜宮中，乃於春藕齋室後儲物小室中，發見一縊屍焉，赫然沈女官也。袁氏悲之，給恤千金，又厚贈其父母，領回斂葬焉。自是不復居春藕齋休憩及進膳，偶會客亦一坐而已。不久即病，府中人以為其地不祥云。

彼昏穢史　九則

袁氏有齊桓好內之癖，人咸知之。於姬妾十六人而外，捨少年時濫遊勾闌中不計，其婢媼等之為候補姬妾者，當不下數十人。則漁色之程度，亦至可驚矣。閏自直督入軍機，以至為民國元首，進謀帝制，無一日不事理繁劇，諸務蝟集。惟隱居洹上時，稍有暇晷而已。而精力過人，夕無虛度。有時亦告困頓，髮星星，視茫茫也。則恃藥力補助之，所謂冰燕玉乳湯，所謂少女伴寢等，已述如前。迨其精力稍復，又復斫喪如故。雖其不能坐享大年，乃為事機失敗所迫。然亦未始非縱恣有以致之也。茲略舉其荒淫黑幕數則，以表示奢淫之徒，無有能獲福者。豈僅好作綺靡語，動人觀聽而已耶？

（一）

袁少時好作狹斜遊，所至無不有其豔跡。且不擇高下美惡，惟狡黠能操縱人，與己性質相近者是取。故濫淫遇毒，亦所不顧。蓋其天稟異人，抵抗力較大，雖受毒而不發也。然蘊積於內既久，終必乘間而起。迨取消帝制後，百憤填膺，起居飲食失調於外，肝火怒炎煎熬於內，而毒疾發矣。所謂尿毒者，實即梅毒耳。且其後峻劇時，頭面皆有猩紅斑點之見，而口腔腐臭，幾於不可向邇，此其明證矣。其落魄滬上時，以資已罄，而獨跌宕於花天酒地間，眷一妓曰呂商英。商英，吳人，貌僅中人。顧慧黠善解人意，對於狎客，往往以狡詐相尚，玩人於股掌之間。受其弄者，咸畏之如虎，生涯稍稍落寞矣。袁一見賞之，謂其非凡品。商英喜曰：「惟豪傑能識豪傑耳。我固知子為非常人也。」因欲以終身相託。袁仰天大笑曰：「予一寒士耳，何處有藏金之屋？」商英曰：「人生難得一知己。子苟有意，當為子圖之。」閱三日，商英出鼻煙壺一付袁，且曰：「此數千金物也，吾曾計騙自某巨公。子當鄭重貨之，不難填鴇母之欲壑矣。」袁聞言，不覺心動。蓋所謂某巨公者，即袁父保中是也。自是攜之匿他所，不復與商英相見。商英知受欺，然無如何，自怨自艾而已。後袁卒以窘於貲，出鼻煙壺，央人質之某當道。當道識為袁父保中物，窮詰之，乃知故人子流落滬濱。急招之來，衣之食之，勉以學業，遂不出戶庭一步矣。後商英嫁人不遂，聞亦以梅毒死於某醫院中。

（二一）

袁氏餐珠食玉，已見前述。自依禁方製藥服後，以興奮過甚，好動不已。夕無虛度猶不足，則招二三人為長枕大被之歡。諸妾以為袁理萬幾，繁劇過甚，而復斫喪如此，有妨體質。因諫拒之。

袁不聽，輒強制執行。諸妾弗敢忤其意，勉從焉。袁猶嫌其未暢，乃招良工特製一大床，雕鏤鉤斗，窮極工巧。製成，名之曰合歡。其床長廣約丈餘，可容橫陳者三五人。為敷錦衾繡褥，華麗香軟，實過常制。床外又施明燈錦幄，掩映生姿。晚餐後，則指定某某數妾侍寢。銅屏春色，無其妖冶也。顧袁之體質雖壯健，而日間案牘勞形，用腦亦復過度，夜又疲於奔命。古云：「雙斧伐孤樹。」於袁豈直雙斧已哉！其精神必致疲憊可想。於是又乞靈於藥物，然終無明效大驗。不得已，為之罷合歡之制，移榻於外，獨宿養精。而袁天性好動，益以姬妾滿前，可欲之誘，已成習常。不一旬，大不耐岑寂，乃潛起入妾室，遂其獸欲焉。久之，又嬲如故。雖不復行合歡故事，而夕無虛度如常矣。或曰：猿前生係狙，公狙性淫，不得牝則號。其良然歟！

（三）

袁又蓄煬度之癖，不獨厭故喜新，且不好以正取而好狗偷。凡見婢媼稍具姿色者，必百計試其竊玉偷香之手段。而或情急願違，則出強硬態度以濟之，婢媼輩鮮不披靡者。而尤喜於白晝時不擇地而為之。苟遇興之所至，突入寢室求偶，途中設遇婦女，不問其何人，必強拉與歡。或抗拒則捽而擊之，輒有致重傷者，不顧也。或所遇者為其子婦及生女，則錯愕驚怪，其狀絕醜。蓋不蹈禽獸之聚麀者幾希耳。一日，袁方與客劇談，且呼腹痛欲更衣，遂匆匆入內寢。實則淫具大發，欲覓一偶，遂其牲交狸媾也。獨行甬道中，方左顧右盼，忽睹一倩影冉冉來，乃伏檻畔伺之。及行近，則于夫人之侍婢也。婢固有姿，以于夫人拘執故，不許袁問鼎。至是適搔著癢處，乃疾起擬抱，婢大驚。蓋婢方為于夫人折花入供，突遭袁氏蹂躪，花枝片片飛墜。喘聲顫呼，而力不勝，將受污矣。忽冢婦周氏自對面過，聞爭執聲，不知其為袁也，厲聲叱問。袁驚顧間，婢得兔脫遁去。周婦見此狀，情知不善，羞惡不顧而去。婢返訴于夫人，于夫人大恚，見袁詰問。袁亦不諱，但曰：「此固予之生性如此。雖自知之，勿能改也。且婢媼本可為候補姬妾，嘗鼎一臠何害？」于知不可以理爭，乃頒一令：凡袁平日經過之所，婢媼輩皆繞道避之。自此令後，袁之淫威果稍殺。然袁漸知其如此，淫毒之性，無可發洩，乃更四出捕弋之，且或狙伏以伺。於是雖不經過之地，常有強暴之患矣。

一日，三子婦散步庭中。袁氏自其後望之，以為某姬也，突自臀揭其裙。婦驚呼顧視，袁方欲擁而吻之，忽睹其面，噭然旋踵，狂奔入花陰自障。婦已知其袁也，不敢縱詈。然慚憤不堪，疾走訴於姑。于夫人以袁益肆，馴且失其常度，乃與之大開交涉。袁避匿不與面晤，乃私遣洪妃為代袁以謝之。且自請定一規例，謂：「己性如此，亦出於不自禁。雖然，嬲及子婦，則實係誤會，非出本意。繼自今凡生女子婦，當別具徽幟，令予易於辨認，不致貽羞。予生平最重紅色，見輒起敬。設使子婦生女輩特製紅褌，以示區別，則予將一望而知為禁臠，不可犯也。爾輩盍試行之？」于夫人果如其言，使子女媳婦著紅褌。凡婢媼之心懷羞惡者均效焉，馴至姬妾不願濫淫者亦如之，而袁之獵場頓狹矣。袁至此，雖心不謂然，欲易一法，以遂其獵取。顧是時帝制議起，諸務蝟集，遂暫置之。腦力有所專注，未暇他顧也。其後帝制失敗，則益懊喪憤怒，而此豪興盡捐矣。

（四）

袁之好色，與人異趣者，則在裙下雙鉤。謂婦女動人之焦點，惟此纖纖者是也。故其選色，大都注意於蓮步。第四姬葉氏之承寵，人謂以其德性勤慎，而不知袁之獸欲禽淫，絕對無是高潔之思想。知其真相者，則謂彼固鍾情於其窄窄蓮鉤，不盈三寸耳。葉氏故饒於姿，然其臨風嫋娜，殆欲飛去，實賴凌波之妖，助其冶態。袁氏常稱為姬妾中第一人，嘗謂諸姬曰：「爾曹雖具有天姿，而人力未至。雖美而不能動人，則未師葉姨之絕學故也。此後爾輩宜俱奉葉姊為圭臬，則可得予之優獎矣。」諸姬意袁嗜痂所在，雖竭意效顰，無如年齒已長，習慣已成，斷不能收美滿之效果，亦惟有自愧不如已耳。

聞袁嘗使葉氏為纏足總管，凡姬妾子女，下至奴婢，皆歸其教授兼管理。除于夫人及高麗金妃、董妃外，雖何妃亦不免受此節制焉。諸姬等以袁氏意旨不可忤，於是矯揉造作，或致因此致疾，呻吟床蓐。其不病者，亦復伶俜叫苦。雖至室門，亦復嬌倩人扶。每月袁又必令葉氏考驗其成績，以施賞罰。葉性慈祥和藹，不忍加人以呵責。雖明知其無大效，而睹其愁苦之狀，則輒恕之，或為之百計緩頰於袁氏。且以何妃等位在己上，力勸袁氏勿復督責。袁雖勉允一二，而心知葉氏市恩，乃自起督察焉。捨何、黃、洪諸妃外，一以嚴格主義從事。如無成績者，輕則罰俸，重則施鞭撻勿貸也。諸姬咸苦之，探悉袁氏迷信，會袁使相者視己休咎，諸姬皆賂相者，使解此厄。相者見袁而詫曰：「公胡妖氣彌漫也？」袁氏訝問所謂，相者曰：「公寢室必有一妖人，日夜以殊人肢體為事。其怨苦之氣，薰蒸公之眉宇，故使紅紋暗晦，福星為之掩蔽耳。但此妖人為公之旺氣所擁，亦不能為大害。不過家人婦子，或遭其暗中克制，於公實不利也。」袁頷之，心悟指葉氏之纏足一役，令諸姬愁苦。然不信葉氏為妖人，或者前身亦係某怪，故漫指之耳。自是漸弛督察之禁，諸姬得復自由。

及民國之初，制定一律放足。諸姬聞而大喜，袁氏叱之曰：「若輩勿爾。故例惟未滿十齡之女子得適用，若已經纏足者，慎勿作此非分想也。」諸姬愕眙失色。此新華宮中除幼女外，無不窅娘新月，潘妃生蓮矣。當議籌備大典時，楊氏媚袁曰：「陛下正位後，務矯亡清慣例，以新耳目。」袁氏大笑曰：「此不待言。今姑勿論其他，第一，吾之后妃體質上即與彼滿人有特殊之點，未嘗一染異俗也。」楊氏等方不解其旨，袁正色大言曰：「愛新覺羅氏之與吾漢族殊異者，其后妃婦女，皆係天足。獨吾眷屬則異是。蓋吾之家庭，已久具一排滿之資格者也。近日冒為新學，自號文明者，輒令其家人放足，口稱革命，不知其已於暗地服從滿制矣。故當茲新舊過渡時，欲求一家之內，無一人不珊珊蓮步者，實為難得。惟吾則不愧此選耳。」楊氏等皆匿笑，而諛頌之不置。有一府中舊婢語人，袁氏每寢時，非握婦女之纖足，不能酣夢也。亦足見其奇淫而怪癖矣。

（五）

某君謂予，其室人有婢，慧黠而好弄者也。一日，於室中接一電話，其語音極柔媚，問曰：「尊處是否尹貴人寢室？」婢知有異，忽觸其狡黠好奇之性，乃應之曰：「然。予即尹貴人之侍婢。」實則婢尚不知貴人為何等人也。向電中續問曰：「尊處何所？」答曰：「予係范妃之嬪女。」婢即問曰：「然則有何事見教乎？」電答曰：「萬歲爺適在范妃宮中晚膳畢，即謂留宿不去。范妃以紅潮忽至，不能承幸，因特薦爾之尹貴人庖代。萬歲爺業許可，忽外間傳稱楊小兒有要公面陳，故已出至春藕齋接見，少頃即駕臨貴處。范妃特命通電關照，姊速告尹貴人作準備可也。」婢至是始知係新華宮中密電，接線者誤致也。心益喜躍，亟諾之應之，且謝其主婢之惠。語畢，仍持聽筒不釋，以待其續語。電中果續告曰：「尚有一密語，煩告尹貴人。昨貴人托妃所製之黃角蜂藥，今手續尚未完備。而萬歲爺已至，不識貴人亦有所存儲否乎？」是時婢已不解所謂，乃下轉語曰：「待婢子一詢，當即答覆，幸勿脫線（謂聲筒遂懸鉤上，表示語罷也）。」是時，某友聞婢絮絮，已立其旁竊聽。知有異，亦復好奇，欲試窮之。婢以黃角蜂語告某，謂不識何物，且吃吃笑不止。某友嗾婢曰：「盍答以並無儲存，欲與范妃商借一用。」婢果如語詢之，電中人笑曰：「貴人大不經意。今別無他策，惟有向范妃緩商，暫假少許一用耳。姊姑稍待，吾往求之。」婢乃即告某友，某友乃接其聽筒代聽，蓋恐婢不能再答也。少選，電中人復語曰：「吾已求范妃，渠言此係懷中秘寶，不能移假。倘貴人急索此者，亦可通融辦理，惟須有交換條件耳。姊試問貴人，能否承認？」某友乃學女子音哀之曰：「姊愛貴人甚，盍試言其所以需交換者？苟貴人力能為之，當無不允也。」電中人乃曰：「無他。昔萬歲爺所給尹貴人之大鑽石指環，乃范妃所愛慕者。苟允慨贈，則事無不諧耳。」某友果慨諾之。電中人曰：「姊能為貴人作主耶？」某友恃其聲調之變易，乃曰：「姊以予為誰？予即尹貴人是也。」電中人大喜致謝曰：「貴人親來最妙，事當無不諧。敬賀今夕乘龍大喜。」某友佯笑曰：「幸勿調侃，姊殆即范妃耳。」電中人聞言，笑聲吃吃。不知何所阻礙，至此電力忽中斷（京師電話常有此弊，蓋因電機電線等時有缺點也）。某友恐兩相對壘，至機關敗露，或生他種交涉，乃乘機舉聽筒懸鉤而止。雖窺豹一斑，已可知個中玄妙矣。

（六）

袁曾挈其姬妾遊圓明園廟址，至藏春塢，訝其構造曲折之妙，且追撫其當時淫縱之樂，不禁感慨神往。因謂洪妃曰：「此間即文宗藏四春處也。風流韻事，至今如聞薌澤。彼帝王者亦猶人耳，而乃享此無上豔福。吾雖擁有姬侍多人，然對此殊增愧恧也。」洪妃曰：「主公苟欲之，亦何遽不若漢。此海深處，有碧城十二樓，盡足廣袖之歡也。」袁忽正色曰：「此吾戲語耳。彼帝王驕奢淫泆之為，行於彼時，尚不免致外侮侵入之禍。況處此文明世界，而可縱欲敗度耶？我即得志，亦不為此。爾毋以語餂我。」及帝制發表，偶與洪妃談及清帝之行樂，及熱河行宮之風景。洪妃忽儳語曰：「曩者主公嘗慨慕藏春塢之事，今不難酬夙願矣。彼藏春塢之舊址，固已為我家物也。」袁氏笑搖其首曰：「時尚未可，且吾安得享此守成之福？須知創業者辛苦艱難，乃其畢生之分內事。欲得四海清平，萬機就理，不知尚需若干時日，豈能遽言行樂！且吾即欲效彼帝之所為，而諸姬亦疇得如四春者？東施效顰，徒增笑柄，子休矣。姑待吾登極後，中外人安，萬方無事，然後物色當世名姬，點綴勝地，庶幾為升平佳話耳。」洪妃笑受之，遂亦不復作答。

無何，袁忽有修葺頤和園之說。蓋乃寬等藉此以興土木，可恣中飽也。洪妃聞之，以詢袁氏。袁氏曰：「誠有之。欲即移瑜妃、幼帝等於彼處，讓出乾清宮，正式行事故耳。但吾意此時尚未可為，姑俟登極後更作計較也。」洪妃曰：「妾意此間宜留為我皇上遊幸之所，並圓明園故址合葺之，以擴張新朝之規模，勿遽以讓人也。」袁氏頷之曰：「此說亦有理，後日當以熱河為安置清宮地。此園逼近京畿，固未宜留為子孫憂矣。」洪妃乘勢進言曰：「曩日一遊圓明園舊址，其風景於富麗中含幽秀，至今耿耿不能忘。明日當再從車駕一遊，庶不負此好時光也。」袁氏曰：「否，否。近日政務紛紜，安得有此暇晷？」洪妃不肯已，固求一行，且以某條件為交換利益。袁氏笑不可仰，且曰：「以爾辦外交，誠一好手也。此區區遊園事，亦大用其要脅伎倆乎？」洪妃見袁氏已允，亟謝恩訖，立命傳呼侍從，明日準備汽車及遊具等勿誤時。侍從即飭庶務司遵辦。

明日，袁氏與洪妃命駕偕往，洪妃命輿夫直趨塢中，則見出而迎迓者，排如玉筍，嫋若花枝。袁氏諦視之，周妃、何氏及翠媛三人也。皆袁氏平日所最寵者，並洪妃而為四。室中則陳設華麗，筵席四張，香焚於鼎，電燈懸空，色色俱備。外則僕從，內則婢媼，奔走鵠立，無異宮中。袁笑問洪妃：「今日何事鋪張若此？」洪妃斂衽對曰：「無他。乃四春於此敬迓聖駕耳。」袁始悟其意，狂笑不止。已而樂聲大作，電燈洞明。蓋藏春塢之曲室，光線頗不甚暢，故以電光補之也。洪妃挾袁氏下車入室，氍毹貼地，帷帳生花，較宮中平時尤加綺麗。而位置之精美適當，頗動人目。袁氏笑曰：「洪兒之才，殆不減那拉太后少時也。」洪妃失色避謝，顧驟獲此溢量之褒獎，不覺眉宇飛揚，愈增興趣。因率憶秦樓等三人，羅拜階下，盈盈跪起，搖曳生姿。袁顧而大樂曰：「今日如在夢中，雖四春復生，亦何必有加於此也！」洪妃亦跪而奏曰：「妾等自知萬不逮四春之顏色，然即此聊博陛下一粲，為陛下祝萬壽。倘亦陛下所許乎？」袁氏乃命四人起，共談樂趣。是夕，電燈空明，光徹內外，音樂競奏，適時間作。復有某坤班演劇於室外。洪妃又出最精美之麻雀牌，方城一戰，消此永夜。而溫柔鄉之風味，即於此聲色貨利，氤氳得不分明中領略過去焉。是夕也，洪等四人麋金五萬餘，盡此一場東道主，不支袁氏一文也。袁氏於事後每人賜飾物等約五萬金，蓋倍蓰酬之云。每與親信楊、阮等談及之，輒軒渠不置，謂吾作一宵藏春夢，不啻半齣《長生殿》也。

（七）

袁少本嗜賭，及任方面，頗思整躬率物，遂戒絕之。而內室中之小遊戲，則未嘗絕也。至民國元首時，每屆星期三、六及星期日之晚間，必召集諸姬為麻雀之戲。而其他賭具，亦應有盡有，視袁氏隨意指定而為之。及後竟至每夕無不為之。蓋賭禁一開，既可發而不可收。而姬妾十餘人，更番為東道主，一月中亦可過值得兩次也。故多方要求，必每夕舉行一次。倘遇袁氏無暇，則指定一姬為代表，或派子婦生女，不一其人焉。其地址即以所值之東道主人居處為定。而別舉一人或二人為司帳員，以計勝負。或其他飲食消遣之具，代為開支，事畢，然後報告於東道主。其砝碼為數之巨，亦不亞於當時京中之縉紳先生。平時麻雀一萬元底為度，若有事，如某妃誕辰或子女湯餅彌月晬盤之期，則筵席鋪張而外，賭局注碼，亦必增加。其數大抵五萬元底，或至十萬元。故子婦等之謹飭者，常望而卻步。惟寵姬各恃金多，豪宕若無事也。而宮中姬妾子女眾多，誕辰諸事，周流不斷，每月間必有數次。則此巨賭，亦必有數次舉行。一日，值洪妃誕辰，諸姬競往稱祝。飲啖既畢，入局豪賭，則十萬一底。洪妃大負，竟達兩底以上。時已過丙夜，諸妃欲歸寢，而洪妃以負故，堅請增加圈數。正相持間，袁氏適入室，見洪妃悻悻狀，詰其故。袁氏笑曰：「爾今日為壽母，正宜博得勝利。乃賭運不佳，殊有此負。吾者為爾重整旗鼓，一雪此恥也。」於是強邀諸妃入局，諸妃以袁故不敢忤。甫交綏，袁仍大負，面赧，口喃喃不已。蓋已大言在前，不勝而怍，非吝金錢也。少頃，益大負，乃擲具出局，仍洪妃代為之。局終，洪妃稍獲恢復舊注，猶需二十餘萬金。明日，力索於袁氏，為之代償焉。其後翠媛動負十餘萬金，取償於袁，不靳也。

（八）

袁為練兵大臣時，最惡煙癖。凡有嗜好者，悉屏不用。或欺詐倖免，及覺察，則以軍法從事。

其後禁令亦嚴，己且自言不犯此戒。故任民國元首時，禁煙頗厲。然以寵姬憶秦樓夙嗜之故，且多方以迷信煽動，媚惑之術，種種不一，袁卒墮其彀中。逮帝制正殷時，居然一癮君子矣。蓋既助陰謀之施展，復益房中之清興故也。聞籌安會首楊氏語人，曾有欽賜吸煙一事。且於宮中祕密授受，尤為殊遇。某夜，袁氏因亟欲發第二次申令，承受代表推戴事，令楊氏即席起稿。稿將半，袁氏久坐以待，忽睹楊氏顏色驟變，眉蹙涕流，呵欠頻仍，大有提筆不起之勢。袁氏深窺其隱，驟呼曰：「晳子得毋有所苦乎？其殆芙蓉城主相召乎。」楊知不可隱，乃囁嚅以實告。袁氏笑曰：「胡不早言？此間固有以償君欲者，勿苦也。」乃命侍者入取具至，即春藕齋旁屋榻上供奉焉。其具裝潢精美，上多珍寶，似貴家婦女所用者。楊至此如登雲霄，吞吐至樂，因媚袁曰：「陛下賜臣殊恩，臣感且不朽。臣固不識陛下亦樂此也。」袁漫應之。未幾，一豔婢自內出，索還煙具甚亟，且曰：「某妃正需此，苟再延，癮發不可耐也。」袁氏笑命侍者持還之，楊已飽嘗異味矣。每舉以告人，輒沾沾自鳴得意，謂確係皇妃常御之物，今上竟出以供我。當日呼吸時，猶覺美人之口脂香，沁入心脾。人家妻妾心愛物，且不肯示友，況主上乎？此誠千古難得之知遇也。趨炎者皆豔慕之，而高潔者流，則嗤之以鼻云。

（九）

袁本不甚嗜劇，抱存公子乃借音樂澆其胸中塊壘，亦非真沉迷於此中者。惟諸妃妾中則多戲迷，其人如何妃、黃妃、洪妃、尹氏姊妹花、憶秦樓、阿香皆是也。而尤以憶秦樓為最。憶秦樓本善皮簧，自謂個中知音者。故對於譚大王、梅郎、楊小樓、劉鴻升諸人之盛情，直較尋常姻緣結合者，不啻千百。有此一人提倡，而洪憲宮中之戲劇熱，恒達沸點矣。除違例私出，赴東安市場及前門外各戲園外，復每借誕辰及子女湯餅彌月等會，醵資召諸伶入演堂劇。袁氏以寵姬等所為，非特不罪，且從而助興焉。以故新華宮中有譚、梅諸供奉之稱，而譚以老輩自居，猶不屑博此名也。惟梅郎與克文為知音交，而於克定亦常相過從，宮中人無不盼其一臨。聞某姬竟取私蓄數萬金，盡購珍物衣飾贈之，懇其枉過私室一晤談。梅郎婉辭卻之，卒不往，且曰：「吾豈以是變節哉！況吾與袁氏兩公子投契，吾何面目見人？」京師人咸重梅郎之束身自好，有以也。惟某姬既縱恣於前，朝夕與接為搆，終不能自遣，乃復降格以來。而有玉某私匿九曲亭中之秘事出見矣。

初，某姬等結賞劇團，凡有慶典或其他特別事故，則團中首先提倡演劇。其所用之庶務幹事，皆京師所謂票友流也。凡有名伶稍足動人者，罔不為之紹介。蓋演劇而外，尚有不可思議之交涉事件焉。事雖發起於周妃，而妃以袁氏寵任故，不獲公然自由。惟中以某姬為最熱心（或云即阿香）。蓋姬本小家碧玉，而父母頗疏於防範。無所事事，則與所狎者沉溺於劇場遊戲園中，故甚恭逐兔之風。以貧故，諸伶不屑一顧耳。今既貴顯，但月俸數百金，已足當貴家姬妾。況復有特別賞賜等，私蓄亦不下五萬金，雅足自豪矣。遂野心勃勃，思一償夙願。欲求梅郎不可得，則降而注意其弟子玉某者，亦翩翩濁世之佳公子也。某姬初亦慕之，嗣以熱心梅郎，欲一躍而高其聲價。不知此禁臠未容問鼎者，乃不得已思其次，必甘心於玉某。每堂會時，姬必有特別之表示。玉某漸悟其意，遂亦表示其許可狀。乃由團中庶務員為撮合，竟乘隙於豐澤園後之九曲亭相晤。此亭為光緒帝休憩之所，中有「鳳翥鸞翔」之額，係御筆留題。境絕幽勝，且為中海之尾閭，袁氏所絕不履臨者。故某姬放膽為此不規則事，且諸姬中亦絕無知此事者。平時諸伶出入府中，俱持有特別之徽識，故得出入自由。衛士既習慣見之，且恒獲諸伶之津潤，當然不復過問。其相稔者，且行軍禮以致敬焉。府中姬妾子女既眾，則恒有連日之慶典。或一日而同舉焉，則必勻分二日，以期樂事之延長。故諸伶幾有信宿府中不出者，亦不為怪也。

蓋三海地既廣袤，院落疏散，隨意遨遊，驟難稽考。況演劇往往至夜深而罷，明日又須入值，則不如寄宿之為愈。故在劇團中亦習以為常，不加注意也。而玉某固得逗留九曲亭中，竟至連日夜不出。時袁氏以帝制縈心故，不甚召幸諸姬。惟洪妃則智謀較多，袁常與之商榷諸務；而憶秦樓係內書記，且煙霞密友。故常相聚，諸姬固不能援此例也。而某姬則方以受孕故，袁益疏之，尤得暢所欲為。九曲亭中之現狀，不啻粥粥群雌，奪婿於瑤光寺也。風聲暗度，欲思染指者多。某姬不得不強自割愛，讓人以利益均沾。而於是漢宮春色，盡在此曲折中。所惜滿園紅杏，一枝出牆，非某姬之力所能關得住耳。有婢某者，年事已屆破瓜，目睹大體雙之活劇，不禁食指顫動，屢獻媚於面首。而首以其姿色可人也，亦欲一嘗異味。某姬偵知之，大恚。謂同儕中地醜德齊，勢不容不分庭抗禮，有福同享，然已令人撚酸茹苦。況爾小妮子乃嬰下材，掌中物，輒欲分我杯羹，是可忍，孰不可忍耶！遂大施訶斥，且欲加以鞭撻，婢泣求而止。因貶婢於浣濯所中，不許越雷池一步，而九曲亭中絕跡。

婢老羞成怒，銜某姬刺骨，因乘間訴諸洪妃。洪妃本好事，且夙惡阿香之不附己，今得此好題目，乃可放筆發揮矣。因先白諸于夫人，謂九曲亭地甚幽僻，然亦主公頤養之地。乃為諸伶借宿，已不可矣。比聞某姬竟私往此間，與諸伶晤譚，尚復成何體制耶？于夫人素秉正守禮，聞是語極不謂然，怒而啃曰：「畢竟是蓽門圭竇女，弗登大雅之堂。且留諸伶宿府中，亦非體制。吾其往斥責之。」洪妃因進譖曰：「聞此伶乃係某姬留彼宿府中者，劇團中本不應有是規則也。」于夫人頷之，遂偕洪姨往九曲亭中，立斥玉某出府。幸是時某姬不在此中，于夫人遂往某姬室中詰責。某姬不承，謂係十姨所主持。十姨者，憶秦樓也。于夫人命召憶秦樓至面質，憶秦樓力辯其非是，且面數某姬之陰私，以實其罪。某姬始不敢言，涕泣請免。于夫人偕洪妃悻悻去。

忽袁氏因事過某姬室暫憩，且問其孕體安否，蓋尚嬖之也。某姬進退應對殊失措，而面有淚痕。袁驚詢之，某姬紿言十姬招己醵資召劇團演劇，適以己之誕日在邇，亦欲附驥以為光榮。洪妃乃臆造蜚語，請于夫人至此大開審判，屈打成招。十姨又盡匿前言，致一身當其衝，飽受凌辱，是以痛耳。袁信之，逕往痛斥洪妃，且及憶秦樓。洪泳語曰：「主公奈何明於治國而暗於治家耶？九曲亭中之黑幕，主公何不一調查？十姨雖嗜觀劇，而未嘗與伶人相稔。且主公常在其室，亦當知之，非吾祖渠而作是言也。某姬處則主公不常蒞臨，今日突往何為？此中線索，明眼人不難覺悟。他日吾言苟踐，恐噬臍無及也。」袁氏聞之，雖覺洪氏語有芒刺，而終不甚信。

洪妃意不能平，乃遣心腹媼熟知外事者，私召某婢至曰：「爾第偕往玉伶處，言吾二人為某姬所私遣。某姬以與君私情事，為主公所微聞，勢且斥逐。今已詐得某所私財十餘萬，一生吃著不盡。不願在府中度日，但得君為指導，即君不願偕遁者，亦以五萬金為酬，當別覓所天以了此生。君既得巨資，又不累及名譽，且願以心愛之侍兒相贈（即指某婢）。君胡不值得？君可於今夕某時仍至九曲亭面商，幸勿失此時機也。」玉某猶豫未決，某婢作態以媚之，玉某竟入囮中。是夜，玉某潛入府至九曲亭，有心腹婢告於某姬。某姬以為玉某來拾墜歡，不知洪妃之羅網也。正相見各道相思時，忽巡夜武官至，突前捕之。玉以身手敏捷，竟逃去，僅獲某姬。巡官不知為姬也，亟據情報告於袁。袁始信洪妃有先見之明，因另置某姬於一室嚴鞫。時洪妃在側，急儳言曰：「茲事請主公無庸窮追底蘊，即廉得其情，不特使主公增無量懊喪，且貽外人以口實。妾意不如以不解解之。」袁曰：「此語洵得大體。然若何處置此娼？」洪妃曰：「彼傖既遁矣，張揚亦屬無益。且彼（指某姬）主公之所最寵倖者也，論其罪戾，固當予以嚴懲。然彼平日能事事得主公歡心，設去此可人兒，他日更誰承斯乏？仍請主公自酌奪可耳。」袁知其語含妒意，及顧視某姬，俯伏地上求免，啼聲宛轉，媚態愁容，畢集面部。不覺深加憐憫，乃命姑幽之於別室，將召其父母而逐之。然遲遲未實行也。蓋袁意尚有餘寵，欲過時仍還舊好也。及分娩得男子子，其事遂寢云。

遮羞錢

東昏裸逐，金亮縱淫。彼帝王之恣肆，何所不至。而不謂袁氏未為帝王，即思一嘗逐臭之滋味也。袁之牲交狂媾，出自天性。不擇時地，不論何人，白晝宣淫，旁及婢媼。皆其確鑿之歷史，人人知之，業如上述。茲試舉其一事為鑒，而「遮羞錢」之名稱，亦足比惡於「御女車」、「烏銅屏」矣。

初，袁凡於婢媼之稍具姿色者，必百計污其清白。而婢媼輩以貧役人，大都靳於得財而止。故見金夫不有躬，乃其常例。袁氏即利用此心理，凡既受污之婢媼，輒欲含羞覓死者，袁即厚贈以金錢，戒家人隱諱其事。或即遣之去，或仍留之。然春風一度，亦不復事問津矣。其喜新厭故之性然也。其所給金錢之額，即視其人要脅之程度以為衡。其僅僅含羞不敢聲張者，則臨時與以數十金或百金，或其他價值相當之飾物即止。其遇自號貞烈，宛轉覓死，不肯甘休者，袁即累加以金數十或百數十，甚有至千金始寢者。索金既多，則袁必遣之去，不敢復留，蓋恐其為後日之要脅也。久而婢媼習知其性格，即向非貞潔者，亦必宛轉再四為含冤涕泣、屢欲覓死狀，輒攫得多金始去，寧飯碗打破而後已。蓋擁巨金以歸，盡彀溫飽也。自是袁氏亦以為盡人如此，色膽益肆。

會葉氏蓄一婢曰貞姑，父故儒生也。歲饑不能事贍，遂鬻於袁氏為婢。貞姑亦廣陵人，葉氏喜其同籍，愛之如己女。遂從之針線烹飪，事事皆葉所教，而能助葉。暇則並課以文字，誦《千文》、《詩品》，琅琅上口，略能作字。年逾笄，色殊秀美。葉議欲袁氏正式收為簉室，袁氏亦願之。而貞姑殊不願，曰：「吾自顧福薄，不能為貴家姬妾。得為鄉人婦，饁耕相敬足矣。且吾聞幼時曾有所字，吾方將覓吾故劍也。」葉氏歎為人各有志，舉以告袁，取消前議而已。蓋貞姑私讀教科書，忽醉心於一夫一妻之義故也。而袁心頗不平，以為此塊俎上肉，當然供吾咀嚼。今彼乃欲妄自主張，夫亦太不自量矣。

一日，被酒過醉，獸興勃發，亟入內室，覓葉氏不得。突睹貞姑拈繡檻側，低垂粉頸，風致天然。心怦怦大動，且已久欲問鼎，今不下手，更待何時！乃直前擁之作昵語。貞姑大呼，袁氏不釋手，小衣幾裂矣。貞姑奮起自擲，且以口齧袁指。時葉氏聞聲入室，將施勸解。袁氏老羞成怒，力批貞姑之頰，血溜溜自口輔出。貞姑號哭聲嘶，以首撞柱，亟欲求死。葉姬力持其體，袁氏始釋之，猶怒詈不止。葉氏意良不忍，百計勸慰，出私蓄金錢示之。貞姑詈曰：「吾豈貪金錢者哉！苟貪焉，安得至此！主婦太不諒我矣。」葉氏乃垂淚懇之曰：「然則子將奈何？」貞姑曰：「吾求主婦施恩，函促吾父母至，以吾屍歸葬於某氏之墓。吾必不可復活矣。」葉氏乃曰：「召汝父母甚願。但云以屍歸，則子大誤。子事事明理，胡反於此累我耶？主公雖不善，吾與子猶母女也。子忍以死害我耶？」貞姑曰：「然則吾暫不死，以待父母之至。出主婦之門而後死，何如？」葉氏知其可緩，漫應之。使他婢嫗防橐嚴，一方則作書促其父母來使攜去。袁聞之，猶盛怒不許，欲立逐之。葉氏乃與于夫人謀，藏於旁室中。貞姑不肯進飲食，葉氏私以所藏參茸餌之。蓋謂待其父母至，即可勸之生還，其心固甚慈祥也。

無何，貞姑之家屬至。則云父母俱亡，乃其叔偕一鄉人耳。初，貞姑之待父母也，一則欲與生身之人一見而後瞑目，一則欲泣訴其父母，為一訟冤也。不意父母已先逝，而來者為叔氏。其人又闒茸持昧，非可與正語者。所偕鄉人，更目動言肆，尖刻如鬼，望而知為勢利所靡者。遂心念一橫，佯為歡笑，許從叔氏俱歸。葉氏甚喜，與袁商榷，給以遮羞錢二百金。袁氏不可曰：「遮羞錢者，彼順從吾意而後畀之也。今彼不從，復何羞之可遮？縱之去已為優待矣。否則退還身價，誰得而議吾非者？」葉氏知袁執拗，乃私出百金遺之。叔氏得金亦無辭。蓋本意欲挈貞姑歸，則售之他所，業已視為奇貨。今則人財兩得，更為滿意也。是夕，貞姑方宿於旁屋，俟明晨即行。

時袁方以軍機免職，退居彰德。彰德有巨紳某者，與袁積不相能。平時袁語及某紳，必怒詈不已。貞姑夙知之。是晚，呼其叔入，告以某紳家吾有金寄存，爾可持此函索之。但投函後即退居旅館內以候消息，勿煩立索也。叔信以為然，如其函書地址覓之，果獲投。夜半而貞姑暴亡之消息至，叔氏、鄉人奔視，則袁氏已立命棺斂，不容叔等逼視。叔等畏其勢，不敢較。袁乃命庶務員給以數十金，令他僕助之厝埋郊外而已。蓋貞姑之身死不明，外間咸播之矣。無何，有人來招叔往，從之，至則一律師狀之紳士也。問曰：「袁氏之婢貞姑汝侄耶？」曰：「然。」曰：「彼已自縊而死乎？」曰：「不知。但據報告以暴疾亡耳。」律師狀若喟曰：「爾奈何憒憒！彼為袁氏所辱而自縊，因姦威逼，有冤難伸，故使汝投一函於某紳，今其函在是，證之爾暴疾之說，則其死已確矣。

袁之罪不可逭，爾侄之冤不可不伸。爾但居此不去，吾為爾提起訴訟。袁氏雖勢豪，不憂其不擔威逼人命之罪也。」叔曰：「吾已受其金而厝埋之矣。將奈何？」紳士曰：「無害。爾受審時，第言初不知情，彼與吾以金，誤認為給吾攜柩而歸之川資也。後乃檢女之遺衾中得此書，始知其冤云云。則其畀汝以金，儼然情虛畏罪矣。」叔如紳士教，又遍發傳單鳴冤。蓋律師狀之紳士者，乃巨紳之爪牙，使之辦理斯事，以傾袁氏者也。

當訴訟狀及傳單發出時，邑令某私謁袁，告以紳等所謀，囑其速為料理。蓋是時清政府放袁歸里時，欲釁其隙而坐之罪。若借此興大獄，恐於己不利也。袁氏知律師某最貪黷，可以貨取。乃遣心腹私之曰：「爾若降我，不為巨紳張旗鼓，則立以萬金為壽，且每月仍可津貼若干。」律師某者歆此厚利，遂一變其態度，竟捨某巨紳而奔走於袁氏之門矣。是時，貞姑之叔亦已為律師某好言遣去，僅更與百金，欣然輿櫬而歸。

或有得貞姑之絕命書者，其詞雖不文而絕慘。略謂：「女以生命不辰，為人奴婢。然蒙葉氏主婦教養，稍知禮義，萬不肯視己身如賤娼，供人玩弄也。主公不善，頻加侮辱。女非不受抬舉，實人各有志，中心甚苦。將得一有禮者嫁之為婦，不願朝歡暮樂，為人姬妾。此固女之偏性，然而主公亦太不待女以禮。某日，竟無端逼女白晝脫衣，供其淫欲。女此時心如刀割，雖死不願相從矣。主公非但怒女，且逼女以死，鞭撻辱罵不已。幸主婦葉氏勸女不死，女欲待父母至此，一言而死。主公日夜逼逐，度日如年。不料生身父母早已下世，我叔不良，甘心賣女。見錢軟化，即將攜女而歸。女思留則為主公所不容，歸則亦且遭叔氏毒手，輾轉苦思，勢難兩全，惟有一死。至此女死志已決，血淚滿面。女死何足惜，不過一賤婢耳。但堂堂主公，身為大臣，竟逼女致命，冤沉海底。諸公仁人君子，有能憐女為之申冤者，必佑其福壽綿綿。不然，女亦必為厲鬼，以報主公之惡果」云云。聞係貞姑親筆書，字跡多錯誤。然以一婢而貞烈如此，雖古人何以加焉！

律師某既貪袁氏金錢，遂毀其書，且助袁氏收購傳單，一紙之值，至百金不吝焉。後律師某夢貞姑戟指而詈曰：「汝毀吾書以求榮利，吾必使汝受殺身之報。」醒而惡之，然以為妖夢無憑也。初，袁銜律師某刺骨，而怵其才，思以術除之。乃偽與投契，且激賞其能，恨相見之晚，因語之曰：「君具此才智，胡不上而求仕，謀有以樹立。而鬱鬱株守是鄉，寧非可惜！」某曰：「固所願耳。然莫為之先，雖美勿彰。苟無要人汲引，年年作嫁，強如家食自得矣。一旦得所機緣，某豈忘情富貴者耶？」袁慰之曰：「茲事不難，姑寬以時日，吾必有以報命。」某謝盛意。久之，袁忽召某入密室，欣然語之曰：「吾已為君謀一位置，此大可展驥足之路也。不知願往否？」言已，出函相示。某閱之，則某省制軍聘己為幕府之關書也。制軍有盛名，號稱能得士，某固夙慕之。至是，大喜過望，亟嗚謝不已。袁氏曰：「聘書既已至此，宜亟行。苟資斧不足，吾可特贈五百金，以壯行色。」某銘感益甚，即日治裝就道。不一旬，某之婦忽得一報告，謂某中途遇盜殺，而劫其金。有遺物散落郊墟以為證，屍則沉諸河矣。袁聞之，亟召其婦來，代為扼腕曰：「萬不料爾夫命薄，甫獲高就，即罹慘死。推原禍始，其咎在我。今不得已，畀爾數百金為養贍資，更當馳函該地方長官緝捕該盜治罪，以雪汝夫之冤。」某婦不知底蘊，感激涕零而歸。未幾，又揚言此係某巨紳憾某背己投袁，嗾盜殺之也。某婦聞言，又往覓某紳為難。某巨紳遂避居天津，不敢歸。袁氏始掀髯笑曰：「莫予毒也矣。」

後袁氏疾亟時，葉夢貞姑語己：「予得請於帝，許為索命之一分子矣。」葉氏哀之。貞姑曰：「主婦誠善人，後日當享平安之福。但主公已罪惡貫盈，不可挽也。」比驚而醒，不敢語袁。至袁瞀亂時，目擊冤鬼成群，中有貞姑在焉。以語葉氏，葉氏始以所夢證之。袁氏憬然曰：「吾殆不起矣。前此罪孽，皆足為世人鑒戒也。」

歡喜佛

歡喜佛為前清宮中一特別之祕密醜史，晚近以來，筆錄口述者夥矣。予亦早詳於秘史等書中，今雍和宮及熱河行宮中赫赫可證也。顧不知洪憲皇帝短期史中，亦有與此密切相關之趣事。

蓋袁氏之為人，固不啻歡喜佛之轉生，而清世宗、高宗諸帝之雛型耳。聞府中人言，袁氏為民國元首時，其內室之一隅，即有一特別祕密室。平時不許人窺視，惟派寵妾之婢媼數人更番守視。其牡鑰即存寵妾處，非有袁氏之命及寵妾許可，不得擅入也。聞袁氏興發時，輒召群妾數人會寢，名曰「合歡」（前已詳），亦即在此室中。守視之婢媼，或洩於人，謂其中滿壁皆係圖畫，畫成男女交媾狀，遠視之，宛如真相，蓋均係攝影而成者。惟其形狀衣飾，不知係何處人物，與中國人面貌絕不相同，即較之西洋人亦不類。其中有青面獠牙如夜叉狀者，有披髮帶索如善財龍女狀者，有人與禽獸立媾者，有雛獸而據美女者，有豐豔菩薩而忽與野鬼為偶者。類多自頂至踵，一絲不掛，即間有瓔珞垂珠為飾者，而不能蔽體如故也。據寵妾自言，此圖即係熱河行宮攝影而來，乃秘殿中珍藏，外人所未獲盡睹者。當袁督直時，曾往熱河有清查事件，勾留月餘，因賄行宮之管理大臣，入內參觀。得見此諸佛像，詫為得未曾有，乃陰與管理大臣密商，擬以攝影機一一攝之，攜還京師，以充閨中秘笈。管理大臣初不允，後袁氏許以萬金為壽，大臣利其金，遂允諾。預派衛兵守視，不許他人擅入。然後祕密從事，數日而罷，且監視攝影者不得以玻片傳照，事訖始放之出。遂挾以歸，秘不示人，雖于夫人不得參與焉。諸妾中亦惟被寵者，許入合歡團者，方得寓目。蓋寓目者即須仿而行之也。後于夫人微有所聞，欲搜其異。袁氏乃命封禁，四周俱加以扃鐍。比歸彰德，親與諸姬檢點入篋。曾於洹上別築一室置之，其祕密不減軍機時代也。及為民國元首，則更特設一巨室置之，裝潢更加美麗。然猶常歎為未足，謂吾必取其原物置此間，以供摩挲。

無何，帝制議起，清宮之物自可任意攫取。乃忽憶及行宮歡喜佛像，此時正宜奪為己有，以備晚年行樂。因密派心腹數輩，賫其手諭赴熱河，謂此項穢物，實為前清祖宗盛德之累。不如乘此銷毀之，以免中外人士所騰笑，更不可留此孽障貽害後人也。特令某管理員，將此諸佛相獻出，載送京師，毋得貽誤云云。管理員以袁氏將代清為帝，安敢有違！立即與心腹使者接洽，一一點交，用巨木箱裝釘固密，由京奉車轉運入京。有曾與此差事者，在熱河目擊檢點，謂與雍和宮所列者夐異，乃有大巫小巫之別。蓋雍和宮所列止五六具，為狀甚簡，而又止有塗金及銅範塑像二種，不過比於熱河之極簡雛形耳。熱河秘殿之物，五光十色，陸離變幻，大小至千數百具，其製法乃至有十餘種。此等製作，確係恣情縱欲之妖物，決非宗教家所傳授。即使蒙藏有此宗派，亦係變本加厲。如象形之舞，變為演劇，失其本意而已。美其名曰「歡喜佛」，足見當日清帝之多事粉飾也。

其種類除雕刻雜像等不計外，大抵有三種製法：一為塑像，二為畫像，三為繡像。畫像、繡像皆不甚妙，惟塑像中之活動法一種最佳（此雍和宮中所無也，繡像則武英殿古物陳列所中有數幅）。竟體熔赤銅為質，外敷以去皮存鞹之羊皮，膚色皙白，與人肌無異。而手足關節處，悉施以機括，別有總樞紐，則藏諸髮內。苟欲覘其戲術，止用一指撥之，則全身皆動，操縱如意，較之傀儡尤勝十倍也。當檢點入箱時，同僚咸任意播弄，以擴眼界，往往鎮日不作一事，飽閱此等傞傞之秘戲。司空見慣，絕不以為奇矣。聞袁氏於各箱抵京後，特於豐澤園後築一幽室，平時不露光線，用機一撥，則諸障悉去，四面洞明，飽看此西天之極樂世界。惟愛妾及豔婢得入室觀覽，且肖其穢狀，謔浪笑傲，以消遣景光焉。及出則扃鐍之，洪妃及憶秦樓互有一鑰，共司管理之職。有一女官，特承袁氏寵倖者，亦曾入室一寓目焉。後語所親，謂實見所未見，非言語所能形容也。並有小機件，可為助淫之器者，其奇妙亦夐與外間之品不同云。

又一黃角蜂

予曩舉清高宗服黃角蜂事，曾載之《南巡秘紀》中。茲聞新華宮內，亦確有此藥物（前述電話中略及之），且其後則視為常御之品。而藥物之所由來，乃出於蒙古某議員，曾為推戴帝制代表者所進獻。蓋此蜂本出於蒙古大漠冰雪中，故當然為蒙古人之土貢。惟袁氏之所以能知此物，而索諸蒙古議員者，其事絕有趣味，正非他人獻媚求榮而得之者也。

此事遠因，乃起於清季袁氏入軍機時。袁得寵信於那拉太后，時獲特蒙召對便殿，或獨召，或與親貴並召。一日，與內務府大臣同召。甫及陛，忽聞太后語聲甚厲，似甚怒者。內務大臣在前，即免冠碰響頭不已，口稱奴才萬死。太后大言曰：「予所需藥物，爾知果係何等物件，而可移文下部，遽令採辦耶？爾身為滿旗親貴大臣，數典忘祖，並此物而不知來歷。又不肯平時加以研究，臨事倉猝，竟鬧此笑話，尚復成何體統！予二十年來，何等加恩於汝，而汝負恩溺職，又輕洩秘要，毀壞聖譽。汝自問該當何罪？予夙知袁世凱生平縝密，且極盡忠於予，故今與汝並召，欲使彼知個中情節，令汝死而無怨。汝尚憒憒耶？」語罷，怒擲一摺於地，令某跪閱。且曰：「袁世凱可即此會同詳閱。」袁果與某跪近審閱，則某部滿尚書之密摺也。中略言內旨採辦黃角蜂，臣愚以為此品淫毒，不宜進御，有累聖德。皇上病體未痊，尤不宜妄進此藥云云。袁氏是時，因讀書甚少，未嫻掌故，絕不知此藥之由來，乃亦瞠目不能置對。太后問：「汝等已閱畢否？」則對已閱畢。太后因問袁曰：「此等祕密諭旨而如此辦法，該當何罪？予今即欲褫某之職，付宗人府懲治。」袁氏聞之，乃代為碰頭哀求，某更崩角不已。太后謂袁曰：「想汝未諳祖宗故事，故視若小過。實則此為最大之過失，若在祖宗朝，則殺無赦者也。袁世凱可往內庫製藥監審查，然後覆奏。今日姑退可也。」

太后即指令內務某大臣為導，既至，見室中器皿羅列，庋閣有序，每器之下，並附有說明一帖，錦軸牙籤，裝潢甚美。袁氏偕某大臣按次查閱，某大臣識字無多，滿書亦不甚通。雖照例諦視，而額汗如珠，頻頻偷眼睨袁氏，似探望其自行覓獲，以掩己之出醜者，其情狀至為可哂。袁氏窺之，不禁匿笑。顧以某本太后椒房之戚，任事多年，夙承寵倖。此次太后並召己入，披露祕密事件，豈無深意？蓋欲借己為之解圍耳。既承此旨，樂得雙方市惠，且可於慈眷更進一步。一覺心花怒放，眼力倍明，果查有黃角蜂藥之標題，其下庋有說帖。於是喜形於色，顧謂某曰：「公承懿旨後，亦曾至此檢查耶？」某聞言悚惶萬狀，鞠躬謹對曰：「某該萬死，實未知此間可檢查也。自非聖慈指導，烏能明察及之？」袁氏聞之，幾欲失笑。蓋彼身掌內務，此庫本係其職內所應管理，而茫如隔世，可怪孰甚。因嚇之曰：「今日慈聖之怒，即為公失職也。今雖檢查得此，然公意將何以善其後？」某忽作半跪狀，哀懇曰：「惟願中堂一援手，生死肉骨，不敢負恩。少頃返宅，即有以報命也。」袁知其語意，即笑頷之曰：「公無患，得此已有頭緒，事殆易辦矣。」且語且取志明書閱之，則中載來歷及製藥法。袁氏恍然太后之所以怒矣，乃顧謂某曰：「要領已得，予且持此說帖歸，明晨約會覆命可也。」某大稱謝，更屈膝要求，務必為己緩頰。袁笑頷之。

既歸，及日晡時，忽報某大臣至。袁請入見，寒暄訖，某大臣請屏侍從，即長跽以進奉一鼻煙壺為壽。且曰：「中堂援命之恩，區區微物，不敢言報，但求賞納而已。」袁遜謝再四，始受之。及某既去，取壺審視，蓋係極巨之東珠所琢成者，實為御用珍品，值不下萬金。而傾視壺中所有，則銀券一紙，又復二萬金。袁獰笑曰：「滿奴不禁嚇，此造孽錢取不傷廉，正無妨供乃公揮霍也。」詰旦，袁據實密奏，且言已遣人密往蒙古地方趕辦，不一旬可至。第願聖慈施恩，幸恕某大臣一時誤會之咎。太后聞奏大善，亟稱袁世凱果係幹才，非某之駑下可比。又諭令念袁世凱一再為某乞恩，特加恩令某罰一月正俸，以示薄懲。此後遇事與袁世凱會商辦理，毋得再有貽誤，致干咎戾云云。自是，內務瑣事，袁亦得與聞矣。某於當日復贈袁二萬金，且媵以內廷珍玩甚夥。未幾，袁果得黃角蜂製藥，密進於太后。而留其半，以備己用。故袁之淫興，倍於常人，蓋得是藥之助也。及退居彰德時，此藥漸盡。曾託蒙古密友代為探取，蒙古友乾沒其金，不與藥。袁常悻悻。

及為民國元首，乃密囑蒙古議員某專辦此差。訪得前匿金之人暗殺之，以報憾焉。但此藥性烈，清帝用時，尚有解之之法，以袪血中熱毒。袁氏未審及此，故時發腎炎尿毒之病，而不悟其由。及與蒙古議員深談，議員姑詢君當日檢查內府說帖，曾得其解藥方法否？袁瞠然答以未經注意。亟欲翻檢原說帖審視，則說帖不知於何時已經遺失。遍覓不獲，遷怒諸姬，紛擾再四，終無影響。蓋於遷回彰德，或彰德入京時誤投諸破簏中矣。乃密召蒙古議員叩之，蒙古議員亦但聞其語，而未諳其方，因力任至出產地徵求。袁氏特給巨金，令派人專往訪覓。果得一方，係彼處雪中所生之草類。提取自然汁，和陽飲之，即可解毒。據云蜂集其上，則輒墜雪中而死，蓋其性相制也。袁如其教服之，亦不知果能解毒與否。不過心性上之作用，以為即此則毒當消釋耳。後尿毒病發，乃益酷劇，始知此乃涼性相克，熱蘊於內，久而後發矣。袁乃召蒙古議員詰責，議員嘵嘵置辯，口若懸河，袁無以難。及病革，或洩蒙員之祕密於人，謂彼實未知解法，且未嘗至蒙古地方探詢。徒以利彼多金，任取一種涼性清血之藥草，飾為種種奇異之詞，以欺袁氏耳。袁氏不察，誤為解藥可恃，益恣意多使黃角蜂藥，藉縱淫樂。及毒大發，而無術可挽救。至此雖果獲當日解藥方法，而亦不能取效矣。袁氏弄巧反拙，又復誰怨？蓋袁氏始以術愚內務大臣而攫其金，後即有某蒙員亦攫其金而愚之，且因以致命。寧非天道報施之巧耶？又聞黃角蜂者，狀如小鳥，絕不類常蜂。不知何以有蜂名也。

大賭窟

前言宮中輪賭事，不過妃妾中一小部分耳。方洪憲盛時，京師厲行賭禁，而黑幕中乃有絕大之賭窟二：一北海靜心齋中之女官團，一則活財神廟中之銀行團是也。所謂女官團者，雖以新華宮中之女官為主名，實則妃嬪妾媵，以及外來之官僚眷屬咸入焉。女官長安某者，被推為團長，故名義上屬之女官團。聞當日賭興最豪者，有十菩薩、八仙、十八妖精等名目。唯菩薩之資格為最高，以賭亦純正，而位望頗重，金錢勢力較大之人稱之。洪妃及憶秦樓，又某巨公之寵姬，某總長之女公子，即十菩薩中人物也。凡設局，須菩薩資格內有三人以上至，方為第一等局面，勝負約在十萬以上。若僅一二人至，或僅有八仙至，則為第二等局面，出入不過以三五萬計而已。且一二人至，以不成合局，了無趣味，其人亦遂望望然去之，則是日僅為二等局面而已。若其日到者僅屬妖精，則往往不能成局。蓋妖精者，既不肯揮霍金錢，而又常抱一弋獲僥倖之思想，其間偷雞摸狗，爾詐我虞，往往鬧得一場無結果。故彼此相識，馴至不能成局，即成局亦興味索然也。

八仙資格，大都其人年少貌美，手腕靈敏，而金錢勢力稍次，賭術亦不如菩薩。惟能撐持局面，且以其人物漂亮，來賓咸樂與之遊，故團中亦歡迎之。如新華宮中之阿香、翠媛輩，財神之雛姬，女官中有沈氏者，皆八仙資格也。而安女士及多數之女官婢妾輩，則為妖精。為妖精者，大都欲於博場中漁利，其賭只為最下，而手段亦卑劣，為菩薩等所齒冷。但供奔走傳宣，添助熱鬧，正不可無此輩耳。聞安女士為團長，一月中輒可獲囊金數萬。除飲食犒賞糜費外，尚可餘一二萬金也，其數亦可驚矣。而女官沈氏，卒因是殞命。事聞於袁，始嚴加取締，賭風遂稍戢焉。

沈氏綺年玉貌，本一好女子，係吳人寄籍京師者。父母俱喪，兄嫂頗不甚眷顧，曾入某女校，以謀生情急，遂投效女官，獲選入宮，時年事祇二十許耳。姿首既佳，性尤慧黠，事事能解人意，且宛然有大家風。蓋無事摹仿，亦一聰明絕頂者也。其態度風格，與袁氏諸姬妾較，略無遜色。以故袁氏見之，於眾女官中，獨垂青眼。初值宮中司賓，如謁者職。既而知其長於計學，因舉出納之簿冊屬之，公然有內會計之責任矣。袁氏每月宮中出納，不在三十萬元下。未設女官以前，咸由洪妃一人處理，其羨餘中飽，約略可遠十分之一。今以洪妃既有位號，不宜躬親細務，遂以此職授之沈氏。而洪妃以明為優待，實奪其財政權，於是睊睊側目，其怨毒乃集於沈氏一身。沈氏雖工心計，而少不更事，驟握財權，未免心蕩。適賭窟大啟，遂亦思一逞其豪興焉，嘗一日負至萬餘元。沈氏家固寒素，自為女官，每月俸給，自八十元遞增至二百六十元。外間知者，無不嘖嘖豔羨。而與袁氏諸姬妾較，固不逮十之一也。雖一躍而操每月數十萬元之財政權，然為日尚淺，即使剝蝕，能有幾何？故當其興高采烈時，不無有挪移公款之疑。實獨洪妃更為注意，冷眼旁觀，欲發其覆者屢矣。

會某妃誕辰，慶祝後各商行樂之法，不免又大開賭窟。局終後沈氏大負，至一萬六千數百元，當即書約簽字，訂明一星期後償還。爾日勝者，則為憶秦樓及某女公子兩人。洪妃亦小負，因耳語憶秦樓曰：「此暴發戶舉止若狂，益復溢出軌道以外。請姊注意，此效果何自來也。」憶秦樓亦笑諾之。未幾，約期已屆，而是日適為財政部致送年金公費之期，計當入現金鈔券約有十餘萬元。洪氏故熟知之，蓋已本舊令尹也。是晚，沈氏果慨賫金帑一萬六千數百元，分致兩勝家。憶秦樓得款後，即電告洪妃。洪妃走視之，則一律交通銀券，宛然財政部所送者也。惟包封已易，已無確鑿佐證。憶秦樓曰：「將奈何？」洪妃曰：「我能發之。」因突走入會計室，問沈氏曰：「今日財政部送款已至耶？」曰：「然。」曰：「主公命吾一檢視，其中有無外國銀行鈔券。」沈氏驟聆此語，似深感不快，旋即拒之曰：「兒已檢點數過，一律交通，實無一外國銀幣也。」洪妃怫然曰：「然則即以是覆主公耶？盍不令吾一寓目也。」沈氏曰：「此事既由兒一人擔負責任，則貴妃又何必多此一舉？」洪妃頷之，乃赧然而去。

比晚，沈氏已歸宿舍矣。洪氏乃以其定制相當之牡鑰，啟門而入，即其置券之鐵櫃，洪氏亦有其鑰。啟而視之，果少銀券二萬元。乃立訴袁氏，述沈氏濫賭之狀，以及致送憶秦樓銀券可疑詳情。袁氏即立飭安女官長偕洪妃往督沈氏檢驗櫃中之款，果少二萬元。沈氏支吾其詞，語某項定制費現扣，並非己所侵蝕。袁氏方猶豫，洪妃獻計曰：「計償賭債一萬六千餘元外，尚有三千餘元，當未輸出。今不如乘其未經旋踵之時，立飭武官衛士搜檢各人箱篋，以證個中真相可也。」蓋洪已先於數小時前，遣心腹探得沈氏篋中所藏矣。及執行既竟，果於沈氏箱篋中抄出鈔券三千餘元，封裹紙上之財政部戳記猶宛然也。於是袁氏震怒，命武官立縛沈氏至。則沈氏已於搜查擾攘時，解帶自縊於室外之檻畔矣。袁氏以為畏法自盡，令斂而殯之郊外。深嘉洪妃稽察之功，仍以出納權歸其掌握。以安女官長失察，奪俸半月。而嚴諭諸女官及妃嬪，不許賭博，苟有犯者，以軍法從事。團中動色相戒，稍稍斂戢。不二月而禁弛，乃漸如故，及袁病革始已。

至銀行團之賭，則為數尤豪，每局自五六十萬至數百萬不等。蓋最低之局面，猶在十萬元以上也。其腳色則十三太保、兩小妖外，尚有清室諸爵爺，軍界諸上將，銀行各總管。其間無名者，亦有十大王之目。財神而外，則推某外國銀行買辦。後此人稱賭政總長者，獨佔首座。蓋其賭術更駕財神而上，而注碼之巨，亦足與財神相頡頏耳。相傳其要某名妓為妾，身價衣飾，窮極奢麗。又在勾欄時所擲和酒買笑之資，前後統計，不下二十萬金。乃其一夕所贏之注金，供揮霍者也。某買辦既操必勝之權，十場中可八九贏而輸一二，人咸呼為常勝王。其伎倆絕特，乃能洞見賭具之底裡，若有天眼通神術者。即易新具，兩三弄後，又瞭如指掌矣。嘗語所親曰：「凡麻雀牌，吾能辨其所鑲竹片之細紋，而定其果係何色。撲克牌則視背面花紋，如睹正面。而牌九、搖攤，均各有其特別之標識。凡人所萬不能經意者，吾獨如數螺紋。故中國之賭，可謂惟我一人，尚無敵手。若財神輩，實尚未能逃質美未學之語也。」此等學說，殆與《莊子》所述之痀瘻丈人承蜩法無異。非絕頂聰明，而又加以二十年苦功不可。其自負如故。

又云：「吾不為官商，不事生產，亦盡掉臂遊行於交際場中。雖天下大亂，吾可不失富貴。無他，恃賭術之神也。」其自負若此。或難之曰：「政府禁賭，爾將奈何？」常勝王笑曰：「此語可欺嚇他人，而非所論於我。我二十年中，目睹禁賭者屢矣。凡經一次禁賭，而我賭興之豪，亦必更近一步。我殆惟患其不禁賭耳。苟一禁賭，則不啻天授我以機會，賭運必加亨，而博進亦加多。蓋既禁無數之小賭，能使所有金錢，盡由一鼻孔入我之囊橐。此無他，小賭盡斬，大賭之力益厚耳。我知大賭而已，復何愛於小賭！則是禁賭者，我視之直係為淵驅魚，為叢驅雀也。且我所與賭者，皆當世勢力雄厚者流，禁令何與若事？故我三致巨金，數皆逾百萬，累在禁賭聲中。爾尚欲以是嚇我耶？是猶語拿坡侖以宋向戍之弭兵，告隋煬、劉龑以沙門守色戒耳。」或又曰：「公既無賭不贏，不虞負者之怨毒耶？」常勝王曰：「是更可無慮。吾雖屢勝屢囊巨金，而負者皆與我親如兄弟，引為同志。或與我合辦商務實業，信用且有增無減。非吾有他謬巧也，蓋對於負者，絕不加以空言慰藉，惟察其所以投之。彼喜徵逐遊戲，聲色貨利，則我揮霍以慰藉之；彼喜子母什一，繼長增高，則我引之合辦實業等以慰藉之；彼或惜其浪擲，口不能言，則我借他事，令彼收入突逾所出之額以慰藉。適如其分，不令知覺，彼殆無有不釋然者。故負者於我，德之不暇，而又誰怨耶？凡與我合局者，一次大負則必引我為知己，交誼更進一層。非我自譽，試按我所經歷，寧不然者！賭亦有道，夫豈漫然為之哉！」或聞其論，敬佩不已，於是常勝王之名益著。袁氏敗，彼乃仍闢大賭窟於律門，豪宕赫奕如故。及兩歲，又一躍而任總長。說者曰：「是誠天授，非人力也。」

妖由人興（五則）

自皇長子百計造作瑞應，以惑袁氏。袁氏即本其迷信之素心，發之於莫須有之事實，一若天心效順，果有此影響然者。及其敗也，則其妖孽繁興與禎祥等。且前此禎祥，猶有人洩其秘，知背後大有人在。而獨於妖孽，則眾口一詞，瞠目撟舌，若有不期然而然者。殆所謂弄假成真歟？抑即《傳》云其氣足以惑之歟？此亦大足供人研究者也。略舉數則，以著禍福自召之理。

（一）

袁死後既析產，譸張為幻之洪姬，挈其肖子僑居漢皋。間與戚屬談宮中軼事，及袁皇帝失敗後慘狀，謂袁氏取消帝制後，終日書空咄咄，如感心疾。入夜則頻頻呼魔，一夕囈語可怖。予（洪妃自稱）疾呼之，良久乃醒。問其所夢，則咨嗟太息不語。既而曰：「此蓋予之冤孽，今以語爾，爾其秘之。頃間予甫交睫，即見一形似內監者進，手執一軸宣讀，呼聖旨至。予自顧衣冠如前清狀，不覺屈膝。旨謂太后及皇帝召之入宮，將開御前會議。予亦惘不知所謂，即隨之行。及入，果見西太后、德宗、隆裕后均高據寶座。睹予至，隆裕先啟齒，其聲甚厲，似甚怒然者。回憶其生時，實未嘗有是情狀。戟指謂予曰：『汝欺我孤兒寡婦，攫取清室之政權。又用種種陰謀，傾覆宗社。從前皆被隱欺，今居明處，如見爾之肺肝矣。爾數載以來，作威作福，無所不至。兀自貪心不足，今又欲奪孤兒之位以代，偽託民意，建號洪憲。今日試問爾，何面目見太后及先帝耶？兩宮俱在，爾自思之，尚有何說？』予悸極不敢置對。即見慈禧太后本其平昔喑嗚叱吒、揮斥英傑之態度，咄嗟而言曰：『吾前此以爾為忠勇，故委以大任。萬不圖狼子野心，窺竊神器。革命黨驚其名而爾坐享其實，愛新覺羅氏之大好河山，斷送於爾一人之手。此間非比人世，陰謀悉已敗露，罪在不赦，萬無爾容喙之地。乃爾更怙惡不悛，且欲帝制自為，是何居心！將誰欺，欺天乎？爾倘以為共和政體，不適用於現今之中國，非改建君主，不足以救國家危亡。則曷不舉政權讓歸清室，斯為正當辦法。爾乃竟藉此口實，妄思身登大寶，遽為子孫萬世計。予號令賞罰，夙稱嚴明，今日定不爾宥也。』遂立命武士數人入，褫袁冠服，按地笞臀無算。旋即叱付市曹，梟首示眾。第覺武士擁予至一處，刀鋒閃爍，首已墮地，予呼痛不止。及汝頻呼，始獲漸醒，方知為噩夢也。今臀際項間，猶隱隱作痛，未知是何朕兆。但覺肉顫心驚，精爽不寧也。」予（洪妃自稱）聆其語，竭力慰藉之。謂夢由心造，主公特以近日事不順利，心意不適，故搆此幻景。苟寬心排遣，徐待轉機，則妖夢何憑焉！袁愴然不答。

（二）

洪妃又言：袁病劇時，夢魔纏繞，言之輒令人恐怖。渠曾自述眾冤鬼索命一節，不禁齒戰而毛戴也。一夕，袁宿予姪女翠媛室中。忽袁氏大呼起坐，翠媛亦驚醒，陡覺冷風撲面，肌膚為之起慄，電燈黯慘不明。袁氏口中猶喃喃：「汝輩勿爾，有言可理論也。」頻舉手作格拒狀，似有人攫搏者。翠媛大怖，伏袁肘下持之。良久始定，則言予方酣然入夢，見一隸人突入，手持捕犯之金牌，且有縲絏等物，欲予從之行。予大聲呵斥，謂汝何人，敢犯元首尊嚴！隸人怒目強項曰：「予奉地府某王之命，捕獲殺人兇犯耳。何謂元首，予則不知，須知此時無爾作威福之餘地矣。」予勃然，欲叱左右縛之，而已不知身居何地，絕無侍從在側，遂亦不復與抗。從之抵一署，堂上坐王者，階前族擁多人。予方遠望，則見一人躍而前指曰：「來矣。」予趨視之，宋遯初也。宋呼予名曰：「袁某，汝知今日至此何為？」予正愕然，則復有數人一湧而前，乃趙秉鈞、應桂馨、武士英等。予心房搏躍不止，強自鎮攝，而問曰：「諸君在此何為？」宋曰：「欲與君了前此一重公案耳。」予強辨曰：「遯初大誤，汝為武士英暗殺，與予何干？倘憑臆造之詞，疑予為指使者，須知證據不充足也。」宋笑曰：「汝猶以為陰曹地府，乃若人間世之欺詐，法官假託法律為護符，專供貴人之驅使耶？此間能燭汝肺肝，無勞許多紙上證據也。汝速上堂，人證具在，聽王者判斷可耳。」語未已，武士英等躍而前曰：「死者處明，生者處暗。疇昔公以我輩為狡兔走狗，陰謀既遂，則以口舌權勢，掩蓋己之罪戾。今至此，汝術窮矣。盍隨吾儕登堂？」予尚欲有辨，忽堂上傳呼聽審，隸人驅予速行。既上，王者判予罪大惡極，汝輩可先以私刑盡力懲治，然後付刀山等地獄終結可也。眾人聞言，爭來率予。忽變易猙獰之面目，群起相撲。頭腫脅折，痛不可忍。予大聲呼救，眾不得脫。忽堂上宣傳，謂有事相召。予驚魂乍舒，方喜獲救。而豈知更有數人控訴被予暗殺者，則江北軍統徐寶山、鎮江都督林述慶、上海都督陳其美是也。堂上聞控復大怒，謂宜改判入火樹地獄，焚屍炙骨，然後終結。

又令諸人得先以私刑相待。予哀懇求免，願以家產自贖。王者獰笑曰：「汝尚以為此間為陽世，可以情賄倖免者乎？速去毋多瀆。」一語未已，數人者各持槍械對予燃放。予洞胸貫腦，痛苦萬狀，而心之感覺如故，求死不得，諸虐備嘗。既畢，堂上忽又傳召。予方以為當獲恩赦矣。未及階而厲聲呵叱，謂非直送入阿鼻地獄，磨骨揚灰不可。蓋復有人控訴，予竊窺之，乃某相者、某術士，及私姬人之某僕、代葉氏婢提訴之某生、誤稱萬歲爺之某侍從等十數人，皆生平謀致之死，或任性妄殺者。無不怒目惡聲相向，爭言：「予等無辜受其荼毒，死而無人知覺。良心安在！天理何存！非立碎其屍，不足洩我等心頭之恨。」一語罷，各持大刀闊斧，向己直劈。自顧手無寸械，安能相敵！且身為刑具所束，逃避無從，反挺身承受，血濺肉飛，頃刻已成齏粉。而感覺痛苦，仍如前狀。未幾，諸魔鬼俱退，王者命前隸牽己下，相率抵一處，則有刀山劍樹，銳利可畏。隸驅予上，逡巡不敢前。隸大怒曰：「汝尚欲倖免耶？」力舉予身，向上一擲，刀尖觸體，痛徹心肺。正轉側間，忽覺一落千丈，又易一種世界。乃見火焰隆隆，焦毛灼膚。己身在火花中亂滾，頃刻即成燼炭，其痛更甚於刀斧也。此際覺身又下陷，罡風大起。甫著體，則覺血肉腠理，片片分離，恍如詩人所謂「紙灰飛作白蝴蝶」也。於是其痛乃備極各種之鹹酸苦辣，非口舌所能形容。一轉瞬間，則以上三團冤鬼，又復環繞予身，施以酷毒手段。予此時悔恨覺悟，向諸鬼求救。諸鬼非惟置之不理，且益變諸惡相對待。予大聲呼吁，蘧然而醒，頭涔涔汗下也。

翠媛聞袁所述，心悸色變，愈伏肘下不敢動。須臾，袁仍譫語嘩噪。翠媛怖甚，乃呼婢媼咸集室中。袁仍心魂不定，時時叫囂。于夫人聞之，乃命移入他姬室中，滋擾不少減。于素佞佛，為之禱於佛菩薩前。亦無大效。予（洪妃自稱）因獻策，請置楊春藕齋中，令侍從武官持械相守。袁始稍稍鎮靜，然輒謂冤鬼咸在窗外，其聲啁啾格磔，且有泥滓擲入，甚可畏也。然此皆出諸袁氏口中，眾人殊無所聞見。不過膽小者心理怯弱，時時為之毛髮森然而已。

（三）

北海中相傳有巨黿二，大如圓室之頂，其重不知數十百石也。聞舊宮人言，尚係金、元時物。每春夏間，即浮出水面，張巨口如盆，似索食者。宮人戲舉牛羊肉及饅首啖之。比冬時則沉匿水底不出，見慣者亦不以為異。當袁事敗得疾之際，黿忽死其一，仰臥水面。侍從爭取之，宰割其肉，烹而食之。是夜，竟死數人。即其未死者，亦呻吟痛楚，如負重疾。亟延醫投以藥餌，皆大洩始瘳。於是府中人竊竊私議，以為不祥。蓋黿之音與洪憲皇帝之姓適同，突於是時斃命，且眾遭其毒，豈佳兆耶？

（四）

袁氏子女有喜蓄犬者，多至數十百頭。是時，忽每夜作號泣聲。宮中地方寥廓，吠影吠聲，如相答和。夢回驚聽，倍覺慘惻，恍如嫠婦楚囚，同聲一慟。驟聆之，幾不辨其為犬也。袁氏已厭惡之。一日，自辦公室歸寢院，忽見群犬當前，人立而啼。侍從逐之，略不畏懼。至開槍擊殺數犬，始駭而散去。袁氏大怒，命悉數逐之。又廚役蓄雞數百隻，忽於某日凌晨，群飛如隼，追之不及。旋爭集居仁堂房屋上，鴟吻觚棱，占棲殆遍。對下俯首哀鳴，聲如怪梟。侍從驅之不下，舉空槍驚之，旋起旋集。騷擾竟日始止，則盡斃於豐澤園中之屋後矣。廚役損失不貲，聞於袁氏，為之不懌者累日。

（五）

當取消帝制時，中海一帶，侍從武官值宿所在地，往往夜出怪異，哄然不寧。其初聞空屋中有靴聲橐橐，計其巨數倍常人。眾大疑，或以為有野獸匿於中也。燃炬往覘之，輒為陰風所滅。而門闤完好，了無所睹。僅就窗隙窺覘，黑暗不可見，似聞長歎之聲。眾欲啟戶視之，然扃鑰已久，不敢擅自啟鑰也。良久，足音又寂然，遂各歸舍。及就寢，則足音又起，且復隱隱雜以哭聲，聲益繁複。眾復結黨而起，必欲窮搜其異。乃皆繞出屋後四圍視察，則見斜月朦朧中，有一巨人，高與簷齊，而目不可悉辨。但覺為古衣冠，如圖畫中狀。巡屋而走，其行甚駛。眾恃結伴，縱膽尾追之。巨人似怒為無狀者，掉首反行逼眾。眾始大駭，亟返奔，一人呼曰：「何不開槍拒之？」眾悟，疾撥槍機，轟然有聲，火光燁煜，巨人遂杳然無跡。蓋眾出室時，本攜槍以備，駭極而奔，反致忘卻利器，至某大呼而始悟也。他處衛士聞大嘩噪，且槍聲砰訇，疑為盜。各攜械來集，詢以何事，眾具告之。宮內亦聞聲出詰，互相驚異。自是輒一夕數驚，袁氏亦無術禁止。但添派值宿夜班，戒嚴警備而已。及袁卒，黎氏入居，安然無恙，眾始知袁死之兆也。

托孤（四則）

袁氏卒時之種種聞見，亦多足資談助。其斂服喪禮，皆係遺命所定，如用祭天冕服入棺；梓宮係三百餘年之真陰沉木所製，為張鎮芳氏特獻，價值十餘萬元等，皆為袁氏內幕趣聞。而其尤要者，在託孤一劇，宛如譚大王之唱《白帝城》焉。初，袁氏與某巨公為至交。某巨公為人沉毅縝密，又復圓融持大體，袁氏深信之。迨疾劇，敦請某巨公蒞榻前，授以至要極密之遺囑。蓋純為身後處分地，而追悔帝制往事不與焉。茲略舉所見聞條述之：

一、對於諸子。袁謂某巨公：「吾子乃總角交。予縱橫天下四十餘年，亦可謂富貴已極。今當死，命也。惟予諸子智識淺短，不有人指導之，恐貽家世羞。惟老友克當此任，今予命諸子拜於老伯父前，此後於伯父猶父子也。」因令諸子悉長跽某巨公前，所不與者，惟襁褓中一二人而已。既畢，復拉某巨公耳語。某巨公搖首曰：「渠胡至是？」袁慨然曰：「知子莫若父。恐蕭牆之禍，終不能免也。」某巨公竭力慰藉之，始已。

二、對於諸妾。命諸子後，即令十六姬並進而羅拜於某巨公前。既退，袁氏曰：「君視若輩何如？」某巨公謂為皆載福之相。袁搖首曰：「君譽之過甚。彼輩雖不無可取，然亦流品甚雜，斷難一致。以予觀察，除四姬葉氏德量過人，夐非他人所能企及，且子女眾多，福澤綿遠，不待予顧慮外。其餘可分數類：其機警陰鷙，善為欺詐者，首推洪、周二氏。其人才固足多，而必無厚福，且亦不能束以軌範。至若第一妾王氏、第二妾金氏、第三妾何氏、第十一妾柳氏等，雖賦性平庸，而尚知婦道以順為正，或能安守家範。若尹氏姊妹、范氏、桂氏，究係小家所出，稍事放縱，即恐生枝節，不能不依賴他人指導。至於阿香、翠鴻、娟娟等，皆在妙齡，固難許以堅貞。惟望老友與予內子商榷維持，防以禮法，濟以恩威，毋令我貽羞身後。則如天之福，咸老友所賜矣。」語次，泫然泣下。某巨公竭意慰藉之。適于夫人出，袁遂以意告之，令與某巨公同擔後事焉。

三、對於家產。袁氏謂予辛苦半生，積得財產約百數十萬磅。妻妾子女輩於將來噉飯地，自可勿憂竭蹶。如能共族而居，豈不甚善。萬一他日分產，則嫡妻及長子當然占財產之半，或十之六。其餘則約分三種酌派：（一）隨予十年以上而生有子女者；（二）隨予十年以上而無子女者；（三）事予未及五年而有所出及無所出者。當酌量情形，分數等級定之，皆由老友主持。大率以予財產作百分計，由百之十一二，至百之五六遞減止。其他若女子子，則出閣者各給以百之一，未受聘者各給百之三四。若夫僕從婢女，十年以上無過失者，或去或留，悉以另提百之一中，酌量派給。不及五年者，再提千之一，酌量多賞。分析時須由嫡妻長男以禮敦請徐伯父為中證，得伯父指定，始可發生效力。若違徐伯父，即係故違父命。徐伯父可援家法懲治之。

四、對於囑書。袁氏謂予既口頭敬懇老友，關懷予之家事，若無憑信物，恐諸子或有不肖者，妄生違言。今特垂死親書一囑書，他日萬一有釁，老友可持吾囑書為根據，裁量評判。若輩決不敢有異言矣。

囑書略稱「某某瀕死書付吾老友某某先生惠存：予與老友相交數十年，予之家世，老友知之最悉；予之妻妾子女，亦素崇拜老友之為人。曩者吾家嫡庶弟昆之間，屢起齟齬，但得老友一言，其紛立解，且交口稱頌為和平公允。蓋以老友平昔之德望，入人深也。今世凱垂死，國家重責，自有明達之士起而擔之，可無庸置念。惟家事日日憂之，食指既繁，意見又復各別，預測將來必釀分崩離析之禍。世凱在日，雖監察周詳，耳目尚時有不及，況死後乎？顧有老友能為世凱之代表，調停他日之家事，則目瞑矣。老友對於世凱所託，固義不容辭。然恐引外姓避嫌，世凱用特貽書，諄諄重託，聲明畀以全權。異日苟有分產之舉，悉取於老友。有不從者，即以違背遺訓論譴。須知予與老友一而二，二而一也。爾等諦聽，此予將死涕泣親書之遺囑，特付老友，幸老友其保存焉」。某巨公拜受之。

喇嘛咒術（二則）

前清帝王駕崩後，必召喇嘛誦經祈福，且作種種法場，云為死者懺悔。此通例也。即王公大臣及士大夫家，亦常為之，但手續較簡單耳。此際新華宮袁皇帝之死，既服祭天冕服以斂，飾終之禮，當然按照帝王成例。諸后妃皇子，又以多金好事，爭求喇嘛一施特異之法術，而於是懺悔祈福之怪現狀出焉。

（一）

初，喇嘛宣言有法能使亡者脫罪升天，對於帝王資格，更能大施法力。諸妃嬪信之，乃特至雍和宮聘喇嘛數百人，於三海空地處庋一板臺，臺廣袤數丈，高至七級，咸設香花果供，晝夜燈火不熄。法以七人為一組，組更番作法，旋繞升降於臺之左右上下，口喃喃誦咒。中推一長髯老喇嘛為壇主，手捧泥製人形一具，且誦且走，眾喇嘛從。泥人乃酷肖袁氏狀貌。先是，喇嘛預令塑工製泥人四十九具，按四十九日道場之期，每日潛易其一，狀各不同，以為禍福遞減，以次脫罪升天之佐證品。例如第十日所捧之泥人，其項下及手足，均有枷鎖鐐銬等刑具，宛然如重囚狀。喇嘛聲言謂其生前獲有巨罪，須仗佛力度脫，自可以次末減。故每誦一日經咒，即可祓除一級孽障也。於是至第二日，又易一泥人，則已釋去足鐐。第三日復釋去手銬，第四日有枷無鎖，第五日並不荷枷。如是遞變，由束縛而自由，由悲苦而歡欣。至四十九日期滿，則泥人身著帝王冠服，端立五色雲霞之上，笑容可掬，宛然富貴登仙。此時壇主老喇嘛宣言，功德業已圓滿，亡魂升入極樂世界，諸苦悉除。並向諸妃嬪子女道賀。諸妃嬪子女，皆得於臺下羅拜舞蹈，以申慶祝。老喇嘛乃於旋繞時，隨手拋擲花果食物，令諸妃嬪子女爭拾，以為亡魂之福蔭所賜，拾得者一生吉祥如意。諸妃嬪子女信之，奔走叫號，往來爭取，秩序大亂。爾時之一場活劇，雖演孫悟空鬧天宮，不能如其光怪陸離也。青年素妝之美女，白袷臨風之少年，與眾異眼之喇嘛，馳逐於廣場中。衣鬢翻飛，屨袂相及，且雜以嘩笑攫搏，跌足鼓掌之聲，是何景象歟！閱者試掩卷思之。

（二）

又有某旗人給役宮中者，獻媚於諸妃嬪，謂喇嘛尚有奇術，能攝取亡魂，與生人問答，儼然較在世時無以異也。諸妃嬪正思一求袁氏死後情狀，聞之深合本意，因詢壇主老喇嘛。時老喇嘛方在宮中敷設道場也。老喇嘛聞所請，故神其術，謂此法不輕易施用，苟必需者，非酬萬金不可。諸妃嬪習為揮霍，且十數人醵資，每人不過出數百元，眾擎易舉，何憚不為？遂立允之。老喇嘛乃期以某日夜中，擇淨室，施几席，已則沐浴盥漱，事事修飭。乃索袁氏平昔所御之服，穿著齊妥，入室中箕踞高坐，低眉斂視，狀若盹睡。令其徒數十人，環誦經咒。約數小時，經咒始畢，而老喇嘛閉目不動如故。眾皆立窗外，屏息不敢聲。又一小時許，老喇嘛忽於座上欠伸而起，張目四顧，突大呼曰：「聖駕將臨，爾曹胡不蒲伏迎迓？」語已，仍合眸如前狀。眾於階前長跽，排若玉筍。美姬嬌娃，則預遣奴婢攜重裀以俟，蓋亦喇嘛所戒也。

又半小時，老喇嘛復啟眸外視，則氣象敻不相侔。其徒私語諸妃嬪：袁之靈魂，已附老喇嘛之體矣。乃作不耐煩之語曰：「予近來事大忙，若輩招予來此何為？」諸妃嬪子女聆其語音，果與平時無毫髮異。於是環跽地上，泣曰：「陛下胡忍心棄吾儕而去耶？今仗活佛法力，得請陛下歸來，以補生前未竟之缺憾，亦庶幾稍減吾儕之哀思耳。請問陛下，近日逍遙天上，亦嫌岑寂否？」答曰：「予頗不致岑寂，因有金妃（即高麗姨太，袁死後，以身殉）、翠媛（即袁氏手刃者）伴侍，事事能適予意，較生前尤樂也。」諸妃因進曰：「陛下獨不思及妾等耶？妾等亦欲追隨陛下，陛下亦見許乎？」答曰：「否！否！予雖念及若輩，奈若輩祿命未盡，此際尚非其時，他日自可踐言。但願若輩安分守禮，勿貽予羞，則予心亦安矣。且若曹人多，意見不一致，生前且不勝煩惱，既離塵世，方耽清淨，尚願庸人自擾耶？」諸姬聞言，咸嚶嚶啜泣。旋又呼洪妃及憶秦樓二人至前，詰之曰：「汝等胸有城府，今日既邀予至，意中復爾爾耶？汝二人好詐飾偽，予生前為所欺蔽者多矣。今在明處，豈有不知？洪妃乃盜取予冕上珠鑽，周氏覺之，互相分貯。又某綢莊購服之私款，非亦汝二人入私囊者耶？速改汝過，尚可安生。否則將有大禍臨身也。」洪、周二人聞發其陰私，不啻晴天霹靂，色變身顫，叩首無算，喃喃求宥恕。又恐為他人所笑，不敢高聲，額上汗珠方涔涔下也。

袁又顧見長子不至，乃曰：「吾固知彼之肺肝，以死父為快也。彼之行為，已干神怒，不久必遭奇禍。彼尚不醒悟，予安能施救援哉？」少頃，復語曰：「予且去。來時匆猝，忘告金妃。彼睡夢正酣，恐醒而覓予耳。此後若輩能忠誠和睦，各顧令名，則予心滋喜，在明處罔有不知，自當默降福佑也。」諸妃子女又崩角，聲言欲懇少住為佳。無何，老喇嘛已昏然仆地矣。其徒復高聲誦咒不輟，良久，徐蘇，欠伸起立，狀至疲倦。叩以頃間事，茫如隔世。且言：「吾方迷眩時，仰見車駕破空而來。汽輪軋軋，武士荷槍周繞，宛如生前出府狀。予起迎之，適觸予身，遂昏暈飄蕩，如浮大洋中。約半日程，始覓得己身，翕然而合，則仍在此間室中也。」眾聞其曆述個中情事，咸酷信之，如數畀金而外，復贈衣物，俾資紀念。後有洩其事者，則知該喇嘛賄囑旗人，先為道地。而袁氏生前一切秘史，及宮闈中諸妃真相，盡以行賄探訪得來，約亦去萬金十分之一為資本也。老喇嘛亦狡矣哉！

雍和宮寶物

雍和宮為世宗潛邸，人咸知之。聞其中藏儲寶物頗夥，皆世宗以後歷代帝王所捐賜者。第以衣飾一端論，所有東珠鑽石，約值百數十萬金。其他骨董器皿甚夥，要在二千萬元以上。以舊宮例禁人窺視，至民國初元，其寶物固尚在也。

洪憲稱帝，改建新華，長子克定以三海陳設品不敷為慮。或獻策取之於雍和宮。克定用其言，大搜特搜，竟捆載入宮。所餘零星，蓋無幾矣。逮袁卒，諸妃子女邀請喇嘛誦經禮懺，旁及種種法事，四十九日蓋未嘗間斷也。喇嘛與府中人員及諸妃既稔，因諷言皇長子輦取寶物，頗干神怒，恐有奇禍降臨。或以語克定，克定笑詈為罔，不以為意也。及召擬亡魂之夜，或挽克定入局。克定以為惡僧斂錢，掉首不信。未幾，一愛子病死，而寵妾復病。其居室又常有特別怪異，時至損失。家人環勸其求喇嘛禳解，克定初猶負氣，後因寵妾囈語不已，心驚體慄，遂從諸人之請，轉求老喇嘛懺悔。

老喇嘛知魚已上鉤，於是大放厥辭矣。謂長子之獲禍，有兩種原因，一遠一近。遠者係客歲青宮開幕時，曾至本宮內搜取供佛之寶器，以充陳設品，乃至佛身所綴之珠玉寶石，剝奪而去。當時本喇嘛曾出而叩求罷免，未蒙採納。不知暗中實干佛祖之怒，曾示兆於諸喇嘛，謂目前且不與較，不過數月後得顯奇禍，於青宮有大不利，而全域亦因以推翻。此說非現今見景生情也，吾徒代吾所錄之日記中，已著此節，了無虛偽。佛祖復謂攫取宮中寶物，其罪猶小，而飾為種種瑞應，以欺其父親，為罪滋大。如居仁堂之蛇、瓊島之古碑、三海森林中之飛蝗，皆矯揉造作，陷其親於不義，此則罪之至大者。當攫取寶物時，世宗在天之靈爽，曾泣訴於佛祖。佛祖許其於數月後降之罰，今非其時歟？長公若不速行懺悔，恐後患不堪設想，勿怨老僧饒舌也。近者則前日尊父陛下神魂降臨，長公悍然不信，置若罔聞，專務營營於收拾遺財，分析家產諸事。尊父曾出怨憤之諭，以昭告諸妃嬪皇子等，諒諸妃嬪等俱聞之（見前篇）。長公聞與不聞，非老僧所知。但知尊父在冥中，殊為震怒而已。且言彼若不悛，大禍迭至，勿謂言之不預也。有此兩因，故長公之處境，萬不能希望順遂。若能改行向善，尚可徐圖挽回。若猶一意孤行，則非老僧之所敢知矣。

克定聞言大怖，謂吾將舉前所取物悉返之宮中，且願別捐他物，以表懺悔。佛祖其許我緩禍乎？老喇嘛謂容默禱之，用占休咎。既而示意克定之家人，須助裝佛金之費萬元，禍患自息。克定乃將前取寶物送還，又輸助莊嚴金一萬圓。家人疾病死之患良已。未幾，喇嘛竟有盜賣寶物於日本僧人之奇案發見（別詳「新華秘記後案」篇中）。克定聞而歎曰：「不圖為半邊禿鶖所弄。」

析產異聞

袁氏託孤一劇，明明以某巨公為顧命大臣，大有舉家以聽先生之概。無如屍骨未寒，情勢頓變。諸姬妾既挾人各有心之私見，而冢嫡專欲自恣，於財產上獨攬大權，絲毫不肯相讓。於是始則析爨分居，繼乃風流雲散。某巨公本其平素謙沖之態度，至此左右為難，幾於不敢過問。于夫人拘虛佞佛，復以反對帝制事項，母子間亦不甚水乳。且自袁氏故後，心志灰頹，誓不復問家事。於是聽彼皇長子者獨斷獨行，了無顧忌。某巨公默察局勢如此，無復有已置喙之餘地。袁氏遺囑所謂以禮敦請者，今不以禮來，而強行干涉，夫豈有濟！於是甘心放棄其職權十之七八矣。然此時力能奮起，與克定為敵者，厥惟洪、周兩氏。其私財之雄厚，竟幾達公產數之半。外間謂克定以計攫取入公，不知所攫者仍止十之三四。而兩氏私存寄頓於各心腹之手者，克定無術以取之，於是走商於某巨公。

某巨公謂子已失策於前，吾不能為子反汗於後。蓋爾既不待調查，遽行攫取，彼等早挾此為口實，以為私財既為長公子發覆攫取，今當聽公斷均分，了無異議。則其詞直，將何以難之？克定不聽，猶欲與兩氏力爭。兩氏反脣相譏，果如某巨公言。而於是公產之總額，止有二千餘萬矣。克定聲言應得其半，問於某巨公。某巨公見已之全權業已破壞，乃作摸棱語曰：「公子盍自決之？老夫無可無不可也。」克定恐某巨公蓄怒，乃稍稍相讓。然較之遺囑所載，出入甚遠矣。蓋諸妃所得之股份，少者不過十數萬，至多者亦不過百萬以上，不及公產百分之六七也。其少者乃在百分之一之下。洪、周兩氏以忤克定故，僅與以三等產，約在百分之二三左右。洪、周泣訴於某巨公前，偽為萬分慘苦狀。某巨公竟為所動，為之緩頰於克定前。克定舉私存寄頓之說相抵，謂二氏倘不分居而盡以財產本額由己調度，則當遵遺囑列入頭等，達百分之十之數。洪、周聞之，大哭曰：「今遺言在耳，而已苛待若此。他日事事仰鼻息於此公，其能一日安乎？寧攜少而去，不願貪多而留。」某巨公聞之，知不可疏解，勸二氏將就了事。二氏見風使帆，亦遂囊金而分飛矣。有知其內幕者私語人曰：「洪、周實不吃虧，寄頓之私財，殆各不在百萬下也。最可憐者，乃葉氏等之為克定所支配者耳。」寒雲公子以名士習氣，不欲斤斤於財產，所得亦止克定十之一而弱。乃詩酒音律，跌宕如故，以為己之福，遠過於陳留王也。達哉！

袁林

袁既以帝王服斂形，則葬禮尤極踵事增華，勢也。惟斂以藏形，棺中榮赫，亦無人為之蜚短流長。惟墓道碑碣，傳之後世，將為清議所予奪，不得不稍加斟酌，而於是一有趣之問題起焉。

初，克定以袁氏喪葬，事事比於帝王，則墓道所在，自當如歷代園寢之制，尊之曰陵。特懇前清某遺老大名士珥筆成文，揭櫫刊石。某遺老岸然不屑，且曰：「陵園碑碣，當奉敕修撰，皆臣子表新其君父之所為。吾謂誰為君，所奉何敕，而陵是名耶？吾不忍為此非驢非馬之美新醜文也。」克定遽遭此挫折，慚忿交並，乃走訴於顧命大老某巨公。巨公愀然曰：「此中名義，實不易斷定。況袁公生前稱帝不成，未克身登大寶。又以明令取消洪憲年號，今復用陵寢之名，何可云當乎？某遺老之名，未嘗不是也。」克定強辯曰：「伯父言固然，然何以解於大斂時之冕服耶？」巨公曰：「冕服既入柩中，藏諸地下，誰復指而目之？若『袁陵』二字，刊石建坊，垂諸永久，為眾人所瞻仰，豈可相提並論？為今之計，宜從執兩用中。然則以『陵』易『林』，其或可不道指摘乎？『林』、『陵』同音，其義古本通用。且上可比於至聖之遺規，下亦不失為新朝之盛典。避陵之名而居陵之實，事孰有善於此者乎？」

克定遂從其說，起林於彰德之洹水旁，鑿山鑿石，先成一極廣深之隧道。勢稍斜欹，拾級而下，則為平坦之地，面積約四千方尺。建築正殿，周以廊廡。殿之中央，奉置朱漆梓宮，兩旁則列俑如雁行。衣履執器，殆與生人無異。旛綽帷帳之屬，紛披繁褥，無一不備。棺前則簠簋羅列，祭品皆以蠟為之，宛如真物。殿之四隅，各置巨銀缸一。缸中滿貯膏油，列炬於中，光徹棟宇。棺之左右，有巨案橫陳，遍置袁氏生前常御之物及玩好各種，以存紀念。殿前後左右之楶與窗櫺，咸塗以丹漆堊灰，繪以龍形，張牙舞爪，作其鱗之，而狀絕獰惡，令人生怖。益以隧中深入數丈，陰慘之氣過重，似有森森鬼氣，拂面著膚，肌立毛戴，膽怯者不敢久留。隧道口則兵隊護衛，約數百人。聞此等衛士，尚由政府派遣，則其身後之威望，尚足驚人可想也。隧外四周廣百畝，遍栽樹木，雜以花草，翁仲碑碣之屬，錯峙於中。若甬道之中央，則立巨石為牌樓，高矗雲表，顏其上曰「袁林」，為某名士所書。其碑碣等亦皆名士筆也。袁林距離住宅約半里許，往還甚便。初，葬期內每日必祭供三次，每供，袁之妃妾子女咸入隧道行禮，是亦晚近來惟一之大葬典矣。

新華後案

袁皇帝曇花一現，遂以身殉。而赫濯之新華宮，亦受一番大打擊。雖他人入室，氣象更新，而其中之精華秘要，收吸殆盡。蓋不獨愛新覺羅氏之數百年取掠蘊蓄，為所囊括，即新華五載間之經營，亦捆載而去，則嫡長子之雄才大略也。

初，克定憤帝制之不成，西南之反抗。又袁氏既逝之後，不特世襲總統不成，並某伯父、某財神之曾膺顧命者，亦無代興之望。輿論譁然，袁系諸人勢難相抗。則繼任總統者，乃當然遵照《約法》，輪到革命系舊人，反對帝制之副總統身上。此則克定所至為痛心疾首者也。於是乃施其安知許事且食蛤蜊之手段，在宮中大搜特括，盡行載回彰德。凡陳設之珍物，常用之器皿，固不必論。即至窗牖玻璃、樑間燈架，下及帷幔衣桁簾鉤之細，盆盎花草樹石之雅，砌石金缸之笨重，魚鳥雞犬之活物，靡不列入行李單中，捆載出府。其初黎氏尚居瀛臺，後以受任總統，而袁氏方治喪，乃遷居東廠胡同以避之。而皇長子乃愈縱恣自由，據前庶務司某甲言，克定所搜括宮中各物，其值殆不下千萬。所未攜去者，僅瓊島之白塔、紫光閣之寶座，及諸殿閣之匾額而已。

當黎氏接替時，袁氏之舊僚尚在府中檢點。問其所檢點之物安在，則瞠目結舌，第舉大拇指作代表，且曰：「微員安能為，請問此公可耳。」黎之庶務司馳告於黎，黎搖手曰：「姑勿問。民國尚有總統，終不患無日用起居奉養之具也。」及入府，四壁蕭條，塵埃遍地。黎即命以己所有者暫取布置，苟完苟美，勿求精麗。或自捐公費措辦，曰：「此吾分也。前總統所置，非亦渠之公費耶？子承父業，其攜去也固宜。」實則袁長子所攜，大半係清宮舊物，誼應存留，以充紀念者。黎氏忠厚待人，不忍斥言之耳。

最異者，袁長子於未出宮之數月間，起居恒失其所在。尋常侍從，竟至不得覓其蹤跡，惟十數親密者知之。乃在北海極僻靜之所，挈其寵妾杜門匿居。且禁令森嚴，不許他人擅入。即嫡母欲與之言，非得親密者之報告，不能面明也。諸妃嬪及弟妹等更無論。不知者以為居喪哀戚，屏絕外事。實則此間亦常招外賓悄然而入，但非親密者之紹介，則不得其門耳。及出府後，始有人洩其事。則知所以為此者，乃特設一祕密貿易所，避外間耳目之瞻察耳。蓋長子欲以清宮所留各珍物，及袁氏所置之器具，不為己所喜者，盡行變價售去，以取現金，且免輸運棄置之損失。於是思得一策，密遣爪牙腹心，招徠外人與己當面論價。而恐為外間物議，或家人所阻止，乃佯假養靜為名，避匿僻處，由親密者引外人悄然入室，論價既合，簽定某日付款繳貨。其繳貨之日，即出喪後遷移出府之日也。故當時捆載出府，見者獨以為舁還彰德，而不知半入東交民巷，半由京奉、京漢路間出口。其有慈禧太后之玉屏風一座，及袁氏自裝之鑽寶御座一具，為最重要之物品。即此二物，已值三百萬元，皆變價入長子之囊橐矣。其餘笨重粗賤之物，有為京津商人所得者。予友某君曾見之，有湘繡圍屏一具，上繡鳴鳳朝陽，海鶴添壽等圖畫，精緻生動，想係萬壽時貢品。其代價若何，則某商僅云二千元，華人無過問者，大抵又須流出外洋矣。

長子既歸彰德，或與有素者詰其何以不留餘地若此，且以君家財產，何至不溫飽，此等物存留家中作紀念，奚不可者，而必汲汲斥賣耶？長子曰：「否，否。帝制不成，吾見此等物輒作惡，不如毀滅之為愈。而重價之器，毀滅且可惜，不如變作金錢，為他日娛樂計。所謂雖不得肉，聊且快意也。若留以與繼任總統，非適以自彰其惡，徒多此供人笑罵之資也耶？故更不願為此。」聞者或以為忌克之性，突過乃父。雖然袁氏經營畢世，其實際不外「聲色貨利，兒孫牛馬」八字而已。蘇長公曰：「固一世之雄也，而今安在哉！」請讀吾《秘記》，當知無一字非夢幻泡影，持此警世，何異鼓鐘！

跋

新華門外車轔轔，新華宮中人跡陳。
羽林虎賁猶列衛，不見鏘金鳴玉臣。
我來京華恣遊覽，夤緣乃入新華門。
新華之門背水立，望裡青荷風颯颯。
拍浮南海氣初秋，泊船先傍瀛臺側。
瀛臺萬瓦矗琉璃，屈戌深沉瑣玉墀。
此中欲訪潛龍跡，駝棘無言空涕流。
跨海一橋西北去，朱戶參差重延佇。
復堂深處綠氍毹，聞是新皇私覲處。
虎頭燕頷習山呼，拜倒將軍不知數。
豐澤園接居仁堂，萬千窔奧深色藏。
那有白頭坐宮女，猶聞走卒說新皇。

新皇故是舊清臣，清臣未徙新皇憑。
欲將帝國易帝國，先以民國臨吾民。
驕內諂外帝勳烈，損下益上臣功名。
民國不死新皇死，阿瞞無福為天子。
漆棺冉冉出宮門，重器連車壓棺尾。
前人竊國後竊鉤，豚犬古來皆若此。
遊情已倦感慨多，華屋山丘時幾何。
三年海上稱逋客，一旦宮中發浩歌。
我為新華諷且訶，居者如驛行暫過。
後之視今有覆轍，自是厥後無人訛。
莫因丹堊生留戀，長使蒼赤蒙共和。

此壺農〈弔新華行〉焉。八十三日之天子陳跡，略盡於斯。惟事蹟彰著者，固已貽譏中外，騰笑萬邦。而洪憲一朝之秘聞，猶夥於他。於是《新華春夢記》、《八十三日之皇帝趣譚》、《洪憲宮闈秘史》等相繼流行。閱者意謂奇駭，然而猶有未盡者。毗陵許指嚴先生，投筆而起，曰：「我所知新華軼事，更有玄奧於此者，是不可不寫供世人之談助。」先生江左名流，蜚聲藝苑。自丁丙迄今，寄跡冀雲，凡袁氏暨其從龍之一舉一動，目擊無餘，著為是編，則其精確，當然為餘子所不及。爰志數言，並拾壺農之詩以證之。

戊申秋日南沙姚民哀謹跋

血歷史134　PC0742

新銳文創
INDEPENDENT & UNIQUE

袁世凱內幕：
新華秘記（全編本）

原　　著	許指嚴
主　　編	蔡登山
責任編輯	劉亦宸
圖文排版	楊家齊
封面設計	蔡瑋筠

出版策劃	新銳文創
發 行 人	宋政坤
法律顧問	毛國樑　律師
製作發行	秀威資訊科技股份有限公司 114 台北市內湖區瑞光路76巷65號1樓 電話：+886-2-2796-3638　傳真：+886-2-2796-1377 服務信箱：service@showwe.com.tw http://www.showwe.com.tw
郵政劃撥	19563868　戶名：秀威資訊科技股份有限公司
展售門市	國家書店【松江門市】 104 台北市中山區松江路209號1樓 電話：+886-2-2518-0207　傳真：+886-2-2518-0778
網路訂購	秀威網路書店：https://store.showwe.tw 國家網路書店：https://www.govbooks.com.tw

出版日期	2018年7月　BOD一版
定　　價	380元

Printed in Taiwan

國家圖書館出版品預行編目

袁世凱內幕 : 新華秘記 / 許指嚴原著 ; 蔡登山
主編. -- 一版. -- 臺北市 : 新銳文創, 2018.07
面 ; 公分. -- (血歷史 ; 134)
全編本
BOD版
ISBN 978-957-8924-26-0(平裝)

1.袁世凱 2.傳記

782.882 107010092

讀者回函卡

感謝您購買本書，為提升服務品質，請填妥以下資料，將讀者回函卡直接寄回或傳真本公司，收到您的寶貴意見後，我們會收藏記錄及檢討，謝謝！

如您需要了解本公司最新出版書目、購書優惠或企劃活動，歡迎您上網查詢或下載相關資料：http:// www.showwe.com.tw

您購買的書名：＿＿＿＿＿＿＿＿＿＿＿＿＿＿＿＿＿＿＿＿

出生日期：＿＿＿＿年＿＿＿＿月＿＿＿＿日

學歷：□高中（含）以下　□大專　□研究所（含）以上

職業：□製造業　□金融業　□資訊業　□軍警　□傳播業　□自由業

　　　□服務業　□公務員　□教職　□學生　□家管　□其它＿＿＿

購書地點：□網路書店　□實體書店　□書展　□郵購　□贈閱　□其他

您從何得知本書的消息？

□網路書店　□實體書店　□網路搜尋　□電子報　□書訊　□雜誌

□傳播媒體　□親友推薦　□網站推薦　□部落格　□其他＿＿＿＿＿

您對本書的評價：（請填代號　1.非常滿意　2.滿意　3.尚可　4.再改進）

封面設計＿＿　版面編排＿＿　內容＿＿　文／譯筆＿＿　價格＿＿

讀完書後您覺得：

□很有收穫　□有收穫　□收穫不多　□沒收穫

對我們的建議：＿＿＿＿＿＿＿＿＿＿＿＿＿＿＿＿＿＿＿＿

請貼
郵票

11466
台北市內湖區瑞光路 76 巷 65 號 1 樓
秀威資訊科技股份有限公司 收
BOD 數位出版事業部

....

（請沿線對折寄回，謝謝！）

姓　　名：＿＿＿＿＿＿＿＿　年齡：＿＿＿＿　性別：□女　□男

郵遞區號：□□□□□

地　　址：＿＿＿＿＿＿＿＿＿＿＿＿＿＿＿＿＿＿＿＿

聯絡電話：(日)＿＿＿＿＿＿＿＿＿＿　(夜)＿＿＿＿＿＿＿＿＿＿

E-mail：＿＿＿＿＿＿＿＿＿＿＿＿＿＿＿＿＿＿＿＿